U0139827

Coming Apart

The State of White America,
1960 – 2010

分化

1960—2010 年
美国白人生活实录

〔美〕查尔斯·默里 著

吴玉辉 李军 译

生活·讀書·新知 三联书店

图书在版编目（CIP）数据

分化：1960—2010 年美国白人生活实录 /（美）查
尔斯·默里（Charles Murray）著；吴玉辉，李军译. —北京：
生活·读书·新知三联书店，2024.5
（新知文库）
书名原文：Coming Apart: The State of White
America 1960-2010
ISBN 978-7-108-07750-9

Ⅰ.①分… Ⅱ.①查… ②吴… ③李… Ⅲ.①社会阶
层－研究－美国 Ⅳ.① D771.26

中国国家版本馆 CIP 数据核字 (2023) 第 227274 号

责任编辑　曹明明
装帧设计　康　健
责任印制　卢　岳
出版发行　生活·讀書·新知 三联书店
　　　　　（北京市东城区美术馆东街 22 号　100010）
网　　址　www.sdxjpc.com
图　字　01-2019-1708
经　销　新华书店
印　刷　河北品睿印刷有限公司
版　次　2024 年 5 月北京第 1 版
　　　　　2024 年 5 月北京第 1 次印刷
开　本　889 毫米 × 1194 毫米　1/32　印张 14.25
字　数　295 千字
印　数　0,001－5,000 册
定　价　79.00 元
（印装查询：01064002715；邮购查询：01084010542）

献给我的试金石——凯瑟琳

目录

Contents

序 言

1963 年 11 月 21 日

回顾历史，人们会发现，某个特定的日子往往是时代转折的标志。经投票表决，大陆会议（Continental Congress）宣布了殖民地于 7 月 2 日独立，而文件很可能直到 8 月才签署，这无关紧要。7 月 4 日是《独立宣言》（Declaration of Independence）正式文本通过的日子，这一天将成为这个新国度开启的永久标志。进入 20 世纪，1941 年 12 月 7 日代表了美国与世界疏远关系的结束，同时代表了美国作为超级大国的开始。1963 年 11 月 22 日开启了著名的"60 年代"，这一天也是随后数十年文化转型的第一天，而 11 月 21 日则成为先前文化的消亡日。

那是一个星期四。纽约市一改连续数日晚秋晴暖的天气，最高气温只有 10 摄氏度，天空中显露出几分雨意。已是黄昏时分，位于麦迪逊大道（Madison Avenue）485 号的哥伦比亚广播公司（CBS）的总部里，沃尔特·克朗凯特（Walter Cronkite）正坐在《晚间新闻》（The CBS Evening News）的主播椅上。入职仅一年半的时间，他还不是这个国家的"沃尔特大叔"，甚至算不上美国的主要播音员。从入职那天起，克朗凯特的排名就落在全国广播公司（NBC）的亨特利（Huntley）和布林克利（Brinkley）等人的后面，即便是 9 月节目时长从 15 分钟增加到了半小时，也未能缩小排名上的差距。

那天晚上的新闻里没有什么让人感兴趣的东西。倒是有一件事令人心生恻隐：关押在密苏里州斯普林菲尔德（Springfield）联邦监狱的罗伯特·斯特劳德（Robert Stroud），也就是"阿尔卡特拉斯岛的养鸟人"（Birdman of Alcatraz），当天凌晨在睡梦中死去。参议院军事委员会（Senate Armed Services Committee）批准了肯尼迪总统的提名，任命保罗·尼采（Paul Nitze）为海军部长。众议院少数党领袖查尔斯·哈勒克（Charles Halleck）召开新闻发布会，声称总统的民权法案不可能在圣诞节休会前提交众议院——这不奇怪，由南部民主党人把持的极有权势的规则委员会（Rules Committee）会采取多种手段阻挠这一进程。华尔街方面，道琼斯工业指数下跌了9点多，超过了道指开盘742点的1%，然而没有人为此格外担忧。10月的住宅建筑动工数和耐用消费品的销售数字刚刚发布，更多迹象表明经济正处于上升势头。

哥伦比亚广播公司的节目在晚间新闻类中可能排名第二，但黄金时段的节目都位居第一。在那个星期的尼尔森收视排行榜（Neilsen Ratings）上，前10名的节目中有8个是哥伦比亚广播公司的，其中为首的《贝弗利的乡巴佬》（Beverly Hillbillies）的收视率为34.9%，也就是说，在所有拥有电视机的美国家庭中，有34.9%的家庭在收看该剧。1963年，美国有93%的家庭拥有电视机，由此得出的结果，就是全美国有近三分之一的家庭在收看同一节目。上述那些令人咋舌的数字在排名表上不在少数，所有排名前31位节目的收视率至少都为20%。相比之下，在2009—2010年播放季排名第一的《美国偶像》（American Idol）被认为是轰动一时的节目，其收视率却只有 9.1%。[1]

解释 1963 年的收视率很简单：那时没有多少可供选择的电视频道。在大多数大城市里，最多也只有四个电视频道（哥伦比亚广播公司、全国广播公司、美国广播公司外加某个非营利性的电视台）。在有些地方，人们只有一个电视频道可看，最著名的例子就是得克萨斯州首府奥斯汀市（Austin）对电视业的垄断，当地唯一一家电视台属于"小瓢虫"约翰逊（"Lady Bird" Johnson）女士所有。

如果将 21 世纪的孩子带回到 1963 年，那么有限的收视选择只是令其惊讶的事情之一：所有事物都缺乏变化，那种单一状况现在看来近乎离奇。

流行音乐方面，只有一个由摇滚乐、乡村音乐、民谣和相当数量的 50 年代风格的流行歌曲组成的前 40 名的排行榜。除了少数地区有专门的乡村音乐电视台外，其他音乐流派都没有各自专门的电视台。除一些大学城和特大城市外，大多数地方的书店不但数量少，而且规模也很小，通常仅有几百本图书出售。没有亚马逊（Amazon）。如果一部电影在当地上映的一两周内你没看的话，恐怕就再也看不到了。没有 DVD 光盘。某个电视节目，你要么在它播出的当晚观看，要么只能等到夏季重播时再看。没有 TiVo*。

人们开着美国制造的汽车，欧洲生产的汽车既少又贵。日

---

* 美国 Teleworld 公司开发的一种数字录像机，内置电视节目表导航器，可录制电视节目。——译者注

本车在 1963 年刚刚被引进美国，但并不受欢迎——"日本制造"是廉价劣货的代名词。你或许能在路上偶尔看到一辆跑车——福特公司的雷鸟或是雪佛兰公司的科尔维特——但绝大多数顾客选择的是通用、福特和克莱斯勒公司生产的轿车、敞篷车和旅行车。

1963 年，典型的美国城市在饮食方面的选择余地小得惊人。在某个大城市，你可以找到几家经营美国式中餐的餐馆，几家提供通心粉和披萨饼的意大利餐馆，还有一些有着法国名字的餐馆，那多半意味着它们的菜单上有法式洋葱汤。但是如果你想吃一道精致可口的四川菜、香蒜沙司面或煎嫩鹅肝，那你还是歇了吧。泰国的咖喱菜？全美国第一家泰国餐馆要到八年以后才开业。寿司？生鱼片？你在开玩笑吧？

11 月 21 日星期四，黄金时段电视节目表中有《摩登原始人》(*The Flintstones*)、《唐娜·里德秀》(*The Donna Reed Show*)、《我的三个儿子》(*My Three Sons*)、《梅森探案》(*Perry Mason*)和《佩里·科莫秀》(*The Perry Como Show*)等，但排名第 14 位的《基尔代尔医生》(*Dr. Kildare*)却得到了《时代周刊》(*Time*)的收视推荐。那周的剧情说的是一名此前有过一次流产经历的未婚先孕少女的故事。少女的个人经历使其精神几近崩溃，就连基尔代尔医生也无能为力。由于哥伦比亚广播公司的另一档节目《最后一刻》(*The Eleventh Hour*)有一期将在一周后播出，他只得向那名少女推荐了该节目中的一位精神病专家。

当然，她原本就不应该怀孕。未婚先孕总是不对的，如果一个女孩真的怀了孕，接下来她就应该同那个令她处于尴尬境地的男朋友结婚才对。要是她没有结婚，就应该把孩子送给他人收养。这些沿袭已久的观念为不同政治派系的人们所秉持。直到1963年，美国人依然不折不扣地遵守着这些行为规范。黑人（1963年时指称非洲裔美国人的唯一礼貌用语）中单身女性的生育比例，即所谓"非婚生育率"的不断上升令人担忧。而在白人中，非婚生育率只有3%，差不多整个20世纪都是如此。

所有种族中，结婚几乎是普遍的，而离婚则是个别的。在1963年的人口现状调查（Current Population Survey，以下简称CPS）中，离婚者的比例刚刚超过美国家庭总数的3.5%，而分居者的比例为1.6%。一个人受教育程度如何对婚姻而言并无太大的差别——大学毕业生与高中辍学者的结婚比例大致相同。

美国人不仅几乎都结婚，而且母亲通常都留在家中养育子女。1963年，有年幼子女的已婚女性中超过80%的人没有外出工作。[2]在观看《奥齐和哈丽雅特的冒险》（*The Adventure of Ozzie and Harriet*）时（该剧在1963年依然流行，收视率排名第26位），美国人无论黑人还是白人，无论是劳动阶层、中产阶层还是富人阶层，都在思考着家庭结构的问题，而绝大多数人是通过亲身经历来认识的。

《奥齐和哈丽雅特的冒险》中具有讽刺意味的是，哈丽雅特·纳尔逊（Harriet Nelson）本人是一位职业母亲（她是一名在表演中扮演自己的演艺界资深演员）。另一个具有讽刺意味之处是不清楚奥齐所从事的职业——至少剧中没有交代其以什么为生，但他一定有事做。无论富有或贫穷，无所事事的成年男性都毫无社会尊重可言。因此，就会有98%的三四十岁的平民男性对政府调查员称自己系劳动人口，要么在工作，要么正在找工作。自政府提出该问题以来，好像就一直是这个数字。

无论是用于描绘情意浓浓的传统家庭，还是用于警示违反准则的危险后果，电视都是一个不错的帮手。人们理所当然地认为，电视节目就是用来证实那些被普遍接受为部分"美国生活方式"的标准的正确性的。"美国生活方式"的说法在1963年仍被普遍使用。

电影业对行业规范的不满比电视网更甚，只不过多半尚可接受。与现今电影制作人所承受的限制相比，半个世纪前的陈规旧章似乎倒没有什么过时之处。1963年，如果电影制作人想要通过《美国电影协会电影制作守则》（Production Code of the Motion Picture Association of America）的审查，影片对白中就不能有任何比"见鬼"（hell）或"该死"（damn）更过分的亵渎性语言，而且只能是出于剧情的需要，几乎所有人都是这么做的。片中角色不得亵渎上帝，不得嘲弄宗教，不得有任何形式的淫秽言行——意指与任何性行为有关者。演员不得裸体或近乎裸体，也不得采用任何类似性行为的舞蹈表演方式。剧情不得因增加吸引力或合理性而出现婚外性行为。同性恋只能用于表现性变态。堕胎？《守则》规定："不得鼓励堕胎题材，且不得过多暗示，一旦违反则不得通过审查。"[3]

早在1963年11月以前，《电影制作守则》就遭受诟病。像《灵与欲》（Elmer Gantry）和《洛丽塔》（Lolita）等影片，尽管涉及被禁止的主题，却设法通过了审查。还有几部影片，特别是《金臂人》(*Man with the Golden Arm*)、《桃色血案》(*Anatomy of a Murder*)和《热情似火》(*Some Like It Hot*),未经审查就已发行。《汤姆·琼斯》(*Tom Jones*)是一部以滑稽手法表现各种放荡言行的英国影片,已于 10 月上映。但是 1963 年票房收入最高的美国电影——《西部开拓史》(*How the West Was Won*)、《埃及艳后》(*Cleopatra*)、《欢乐今宵》(*Bye Bye Birdie*)、《大逃亡》(*The Great Escape*)和《谜中谜》(*Charade*)——依然不折不扣地遵守着《电影制作守则》规定的道德戒律。

文学表达的自由度依旧是一个存在争议的问题。联邦法院于 1959 年做出一项判决,禁止邮局没收通过邮件寄送的《查泰莱夫人的情人》(*Lady Chatterley's Lover*)、《北回归线》(*Tropic of Cancer*)和《范妮·希尔》(*Fanny Hill*)等书籍,但此规定在许多州还只停留在纸面上。就在一个星期前,曼哈顿一家法院就纽约州的一项法律进行了审查,该项法律规定禁止销售任何涉及"鼓吹、渲染、美化不当性行为与淫乱内容"的书籍。《范妮·希尔》也在此列吗?毫无疑问,合议庭三位法官的回答是肯定的。法庭确认,尽管该书文笔精妙,但是,"即使有最精美的包装,污秽仍然是污秽"[4]。

这些价值观被广泛认同的部分原因在于 1963 年美国社会的宗教状况。10 月进行的盖洛普民意调查(Gallup poll)将受访者的宗教信仰和最近七天是否去过教堂(注意,1963 年的用词是"教堂",不是"教堂或犹太会堂"或者"礼拜仪式")作为调查的两个背景问题。只有 1% 的受访者称自己没有宗教信仰,有一半的受访者称在最近七天做过礼拜。不同阶层受访者的回复几乎没有差异。不论贫穷还是富有，也不论是高中辍学者还是大学毕业生，声称自己是宗教信徒与不久以前做过礼拜的美国人的比例大致相当。[5]

好莱坞对影片中可以表现犯罪活动的方式有着极其详尽的限制，这相当于一条规定，即电影必须始终表明犯罪行为是得不偿失的。但对于大多数美国人来说，这似乎并不奇怪。到1963年为止，美国社会的犯罪率已下降多年。除了一些大城市中治安状况最糟糕的住宅区外，美国大部分地区居民家中通常都不锁门，儿童可以在无人看护的情况下在住宅区里到处玩耍，也很少有人担心独自走夜路时会遭到抢劫。

美国的监狱只关押了一小部分刑期至2010年的罪犯，但各类犯罪的清除率与一旦被判某项重罪即被监禁的概率都很高。因此，与随后几年相比，我们得出这样一个悖论：即使在低收入的住宅区，犯罪率也很低，并没有多少人被监禁过，但这些住宅区里的大部分人却因时常犯罪而锒铛入狱。人们不会轻易地相信犯罪行为是得不偿失的，不过总的来说，的确是得不偿失。

说到毒品，我们拿不出普遍吸毒的准确的数字——对吸毒的调查始于20世纪70年代后期——但可以肯定的是，没有多少吸毒者引起警察的注意。1963年，每10万名美国人中有18人因滥用毒品被捕，而因酗酒被捕的则有1284人。[6]截至1963年，虽然人们毫无节制地饮酒和吸烟，但毒品数量很少且来自国外。

1963年11月21日的美国依旧问题多多，其中最大的是非洲裔美国人的地位问题，这是自开国者们在《独立宣言》中没有下决心废除奴隶制以来就一直侵袭着美国国家命脉的问题。1963

年的美国南方依然是一个彻彻底底的种族隔离的社会，至于这种种族隔离是法律上的还是事实上的，则没有太大的实际差别。在北方，尽管支持种族隔离的法律已不存在，但实际上城市中的住宅区和学校仍处于种族隔离状态，收入、教育和职业方面的种族差异都是巨大的。民权运动是20世纪60年代初国内最大的关注点，美国黑人早已有之的道德激愤奠定了该运动的基础，而美国白人迅速提高的觉悟也对该运动给予了支持。

1963年的美国女性地位问题虽未引发运动，但已是群情激愤。1963年春季入学的大学男女生数量几乎相等，但此后的差异逐渐增大。同年，大学毕业生中男女比例为1.4∶1，被授予硕士学位学生的男女比例为2∶1，而被授予博士学位学生的男女比例为8∶1。比这更糟糕的是职业前景。女性得到同等待遇和就业机会的，依然只有教育和护理两个职业，而实际进入以男性为主导行业的女性可能预料到要忍受某种程度的性骚扰，这可能使21世纪头10年中此类案件的即决损害赔偿数额大大增加。绝大多数男性认为，女性嫁人、做饭、收拾屋子、养育子女以及照顾丈夫是理所应当的，否则就是不合传统的异类。

在许多城市地区，污染是一个极其严重的问题。洛杉矶的烟雾多是一种明显的雾霾，弥漫在城市上空，而隐蔽的污染与存在于这个国家湖泊和河流中的污染同样危险。

还有一个问题在一年内可能会成为美国国内政策的焦点，那就是贫困。当时还没有官方的贫困标准——经济学家莫莉·奥尔尚斯基（Mollie Orshansky）与其社会保障局（Social Security Administration）的同事们正在为此努力——一旦通过回溯计算得出 1963 年的贫困标准，就会确定近乎 20% 的美国人生活在贫困线以下。然而贫困问题还一直处于政策议程的边缘，其中的缘由远比迟钝和冷漠要复杂得多，它归因于 1963 年仍然盛行的战略乐观主义：贫困现象这么多年来迅速减少，这让美国人觉得一切都进展顺利。经济学家们后来使用十年一次的人口普查数据推算出了早期的贫困率，并且确定 1949 年有 41% 的美国人仍然生活在贫困线以下。[7]贫困率在区区 14 年的时间里从 41% 下降到不足 20% 可谓是一个非凡的成就，然而没有人了解这些数字，但经济学家们所说的这种进步的真实性有助于解释为什么 1963 年时普通美国人对贫困问题并不担忧，日常生活的方方面面都明确表明经济在好转。

如果你根据民意调查数据的表面情况做出判断，这种进步还有助于解释 1963 年的美国不存在下等阶层或上等阶层的原因。在那年秋天进行的盖洛普民意调查中，有 95% 的受访者声称自己是劳动阶层（50%）或者中产阶层（45%）。许许多多的穷人拒绝承认自己属于下等阶层，为数极多的富人也拒绝承认自己是上等阶层。这些否认反映出一种建国伊始就盛行的民族自负：美国不存在阶层，或者，即便在某种程度上存在，美国人也当它不存在。

11 月 21 日，当沃尔特·克朗凯特用刚刚自创的结束语"事情就是这样"结束节目时，他不曾料到数小时之后一个事件的发生改变了他的职业生涯。特别播报中影像模糊的场景，播报来自官方的总统身亡消息时，克朗凯特苍白的面孔和强作镇定的声音，下意识拨弄眼镜的动作，竭力掩饰强忍的泪水，都将成为这个国家闻知噩耗时的代表性画面。

无论是克朗凯特本人还是他的观众，都根本无法知晓在政治、经济、科技、高雅文化、通俗文化以及公民文化等各个方面美国将会发生多么大的变革。

在某种程度上，刺杀事件是这场变革的起因之一。1963年11月23日的肯尼迪并不是一位非常受欢迎的总统，直到西奥多·怀特（Theodore White）在刺杀事件发生几周后采访了杰姬·肯尼迪（Jackie Kennedy），肯尼迪总统的卡米洛王朝*形象随后才得以显现。就在刺杀前几个星期，盖洛普公布了肯尼迪总统58%的支持率——还不算坏，但在那个尚未极化的时代很难算得上突出——《纽约时报》（New York Times）排名第一的非文学类畅销书就是维克托·拉斯基（Victor Lasky）那本饱受抨击的《肯尼迪其人其事》（J.F.K.: The Man and the Myth）。除了遇刺身亡时只有一般的政治影响力之外，肯尼迪因推动根本性变革的气质和信念而不受欢迎。就在全国的悲痛和自责阻挠他的政治对手之际，一位资深国会议员凭借这一突发历史事件入主白宫。可以肯定的是，如果肯尼迪总统未遭遇不幸，任何类似林登·约翰逊（Lyndon Johnson）所掌控的立法巨头就不可能出现。如果肯尼迪活着，没有人知道越南战争将会如何收场，但结果几乎不可能比约翰逊的政策造成的创伤更糟。

换句话说，刺杀事件碰巧给势在必行的变革提供了一个信

---

* 意指兴盛繁荣时期。——译者注

号。在 20 世纪 60 年代，许多具有里程碑意义的改革肇始于联邦最高法院的裁决，而不是总统或者国会的决定，激进的绝对多数制原则已在联邦最高法院确立。肯尼迪身亡后的六年中，联邦最高法院做出了诸多历史性裁决，其间有七位大法官一直在位。

截至 1963 年 11 月 21 日，某种性别革命已不可避免。第一种口服避孕药已于 1960 年面世，一经上市便大受欢迎。这在人类历史上是第一次，女性获得了一种便利而可靠的避孕方法，即便是在激情来袭以及没有男性协助的情况下，也能确保她们无怀孕之忧地享受两性情爱，性观念理所当然地要发生深刻的转变。

有关非洲裔美国人命运的一场革命也已在所难免。民权运动已经如火如荼地进行了 10 年，并在 1963 年 8 月 28 日华盛顿大游行时达到了道义上的顶点。当时有 25 万民众齐聚华盛顿国家广场，大游行以马丁·路德·金（Martin Luther King Jr.）《我有一个梦想》的著名演讲结束。虽然在合理完善立法与变革管理体制方面，约翰逊总统很可能与肯尼迪总统继续主政的情形不同，但 1963 年重大变革的势头已不可阻挡。

不管怎样，类似"向贫困开战"（War on Poverty）的计划很可能已在 1964 年提出。迈克尔·哈林顿（Michael Harrington）的《另一个美国》（*The Other America*）已在 1962 年春天出版，作者在书中声称有四千万到五千万美国人生活在贫困之中，而且他们的贫困是结构性的——无法通过经济增长来消除。肯尼迪曾读过这本书，或者至少对该书做过某些赞赏性的评论，他还曾给工作人员订购该书，该书后来可能被约翰逊用于制定他的"向贫困开战"的计划。肯尼迪实际上能通过多少项计划那是另一回事，但是哈林顿的观点已为民主党内的自由派所接受，即便刺杀事件没有发生，其观点也会成为政策辩论的部分内容。

1963年，将会对美国社会产生广泛影响的其他运动业已兴起。年初，贝蒂·弗里丹（Betty Friedan）出版了《女性奥秘》（*The Feminine Mystique*）一书，后来这被视为女权主义运动的序幕。雷切尔·卡森（Rachel Carson）的《寂静的春天》（*Silent Spring*）已于1962年出版，成为《纽约时报》的畅销书，该书激起人们对公众利益的关注，还引发了环保运动。拉尔夫·内德（Ralph Nader）首次在《民族》（*Nation*）杂志上撰文抨击汽车业，两年后随着其著作《任何速度都不安全》（*Unsafe at Any Speed*）的出版，开创了保护消费者权益运动。

60年代的文化景观已在1963年日渐成形。鲍勃·迪伦（Bob Dylan）的《随风飘去》（*Blowin' in the Wind*）、《大雨将至》（*A Hard Rain's a-Gonna Fall*）和《别想太多，没事的》（*Don't Think Twice, It's All Right*）——被我们看作代表所有60年代主题的歌曲——在肯尼迪遇刺身亡前六个月就已经发布。1963年11月，英国风靡一时的甲壳虫乐队（Beatles）正在筹划他们的首次美国巡演，该乐队曾为英国女王演出。

历史已经吞下了人口这个难题。截至1963年11月23日，婴儿潮中早期出生的同龄人已进入青少年时期，无论如何，他们正在成为将要成为的人。此时无人知道，如果一个年龄段的人口数量异常庞大，可能会产生什么样的重大影响。每个人即将会找到答案。

本书以 1963 年 11 月 21 日以来美国社会发生的某种演变为内容，该演变导致了各阶层的形成，有关它们的种类和隔离程度与迄今所知的这个国家的任何阶层都不相同。我将论证，如果不同阶层间的分化持续下去，美国将不再是美国。

为避免误解，允许我明确说明本书不予涉及的内容。

首先，我不认为美国曾经是一个没有阶层的社会。通常从一开始，富人和穷人就生活在城镇的不同区域，去不同的教堂，礼仪和风俗也有所差别。并不是出现了新阶层，而是这些阶层在核心行为与价值观方面出现了分化——几乎认不出他们同为美国人的根本亲缘关系。

其次，我没有对作为世界大国的美国的衰落给出原因。然而自相矛盾的是，我所谴责的这个产生等级社会的经济动力却促进了美国人力资本的繁荣。在未来的数年里，这些动力将会增强而不是减弱我们在世界舞台上的竞争力。我也没有预测美国军事和外交优势的衰退。

但美国计划（American project）并非是国家财富和国际影响力的最大化。美国计划——这一用语你会在后面的章节中再次看到——包含了自建国伊始就证明人类作为个体可以获得自由、所有家庭过着他们想过的生活以及人们自愿地团结起来解决共同问题的不懈努力。建基于该理念之上的政体产生了被全世界视为非凡的公民文化，这种文化得到美国人的普遍认同，以至于成了一种公民宗教。成为美国人与成为他国公民肯定是不同的，这些不同的方面是美国人十分珍视的。然而这种文化却日渐式微。

我将注意力集中于发生了什么而不是为什么会发生上。我讨论了一些原因，但大多数原因涉及无法改变的各种力量。我的首要目的是通过归纳来认识美国社会在许多方面正在发生的分化，这种分化不是沿着种族或民族的接缝处发生的，而是沿着阶层的接缝处发生的。

这就引出了本书的副标题以及对副标题中美国白人的特别说明。数十年来，人们一直从种族和民族的角度来描绘美国人生活的趋势，以非拉丁裔白人（以下简称白人）作为参照——黑人与白人贫困率的比较、拉丁裔人与白人上大学者比例的对比，等等。这样做并不算错，我的书中也尽是这样的比较。然而，由于参照本身在不断发生变化，这一方法已经分散了我们的注意力。

因此，本书第一部分描述新上等阶层所使用的大多数证据来自白人，而第二部分描述新下等阶层所使用的证据全部来自白人。我的意思是，不要欺骗自己，说我们正在思考那些通过抨击种族主义残余和限制移民就能够解除的压力，我说的这些趋势独立于民族传统而存在。在本书的倒数第二章，我扩大了讨论范围以涵盖所有美国人。

正如所有有关政策的书一样，本书最终要讨论我们可以如何改变做法。但对本书而言，就如同了解原因一样，讨论解决方法是次要的，最重要的是全神贯注地探究问题的本质。

第一部分

一个新上等阶层的形成

第一部分是有关美国新上等阶层形成的内容，就性质而言，该上等阶层与这个国家迄今所知的任何阶层都不相同。

在1991年出版的《国家的作用》（*The Work of Nation*）一书中，哈佛大学经济学家罗伯特·赖克（Robert Reich）首次将一个正在形成中的职业阶层命名为"符号分析人员"。[1]赖克调查了变化中的职业市场，将职业分为三类：制造业、服务业和符号处理业。依据赖克的阐述，这个新的符号分析阶层包括经理、工程师、律师、科学家、教授、行政主管、记者、顾问以及其他"脑力工作者"，他们的工作就是处理信息。他说新经济非常适合这些人的才智并给予了他们相应的回报。

1994年，已故的理查德·J.赫恩斯坦（Richard J. Herrnstein）同我在《钟形曲线》（*The Bell Curve*）一书中讨论了这一现象的成因，那就是以认知能力为依据的美国大学体制的日益分离以及智力的市场价值的不断攀升。[2]我们将此新阶层称为"认知精英"阶层。

2000年，戴维·布鲁克斯（David Brooks）在《天堂中的布波族》（*Bobos in Paradise*）一书中，以人类学家的视角和顽皮滑稽的笔触对新上等阶层进行了描述。布波族是资产阶级波希米亚人的缩写。布鲁克斯在书中写道，传统上将资产阶级与波希米亚人区分开来是容易的："资产阶级是古板而实际的人，他们捍卫传统和中产阶层的价值观。他们为公司工作，去教堂做礼拜，而波希米亚人则是蔑视常规的自由的精灵。"但是到了20世纪90年代，样样事情都变得混淆不清。布鲁克斯写道："现在你根本无法分清谁是小口抿着蒸馏咖啡的艺术家，谁是大口灌着热牛奶咖啡的银行家。"[3] 布波族属于布鲁克斯所称的"受教育阶层"。

2002年，乔治梅森大学（George Mason University）公共政策学教授理查德·弗罗里达（Richard Florida）区分出一个"创意阶层"，他告诉读者们，"如果你是一名科学家、工程师、建筑师、设计师、作家、画家或音乐家，或者你的创意才能在你所从事的商业、教育、医疗、法律或者其他领域中发挥着关键性的作用，那么你就是这个阶层中的一员"[4]。职场、生活方式和社会资本伴随着创意阶层的优势地位而发生变化，弗罗里达对此表示赞许。

赖克、布鲁克斯、弗罗里达以及赫恩斯坦和我一直都在描述这个中上阶层中的管理者和专业人员不断变化的性质。我所使用的"新上等阶层"一词并不指他们的全部，而只是其中的一个小子集，即指那些管理着这个国家经济、政治和文化机构的人。实际上，这是一个模糊的集合，个体是否处于该上等阶层中，取决于你希望在多大范围内来确定这个可操作性的定义。

狭义精英

位于该阶层顶端的，是那些职位高到可以直接影响这个国家的文化、经济和政治生活的人。这些人中，有些行使政治权力，有些行使经济权力，还有一些行使媒介权力，我把这个子集称作"狭义精英"。狭义精英包括构建宪政法律体系的律师和法官、决定全国性新闻节目如何报道新闻的决策者，以及在主要印刷媒体和互联网上署名的记者和专栏作家。它包括这个国家最大的公司、金融机构、基金会和非营利性组织的高级管理人员。它还包括创作电影和电视剧的制片人、导演和编剧，精英大学和研究机构中最有影响力的学者，以及资深的政府官员和政客。

　　狭义精英的人数不超过 10 万，或许只有 1 万左右。要是觉得这个数目太小，那就考虑一下狭义精英各组成部分的人数。

　　例如，有关舆论传媒行业，可以登录政治性网站，那里提供了持不同政治派系观点的专栏作家的链接名单，确保你能找到从左派到右派具有充分代表性的专栏作家，然后统计他们的人数。列出一张从左派到右派有影响力的脱口秀节目主持人的名单，名副其实有影响力的专栏作家和主持人加起来也就几百人。与排名较低者相比，为数不多的顶级人士拥有更大的影响力。

　　说到宪政法律体系，就得算一算各巡回上诉法院和最高法院法官的人数，再估计一下在他们面前争辩各类案件的律师的数量。有影响力的参与者数量不会超过两三千人，关键人物仅有几百人。在制定和通过法律方面，联邦一级的主要参与者甚至不包括众议院和参议院的所有议员，他们中的几十人远比其他人有影响。在企业界和金融界，只有那些举手投足便可影响国家经济的执行总裁（CEO）和金融大亨们才能进入那些最大的和大多数因战略目的而设置的机构中。狭义精英的情形都是如此，即便是对美国这样一个地域广阔且去中心化的国家来说，有影响力的参与者数量还是出奇地少。

广义精英

更为宽泛地讲，新上等阶层包括在某个城市或地区既成功又有影响力的那些人：当地最知名企业和公司的所有者与高层管理人员，掌管当地电视台和报纸的人，最有名的律师和医生，该城市某所著名大学中最杰出的教师，以及最有权力的市政官员。

根据广义定义，归为新上等阶层的人是一个主观判断。极端情况下，我们可以按照定义将可选择的对象限定为从事管理和专业工作的前1%的那些人。做如此严格的限定是有理由的。在军队中，海军将领——将军或元帅——仅占军队中军官总人数的0.4%。在联邦政府机构中，为高级行政官员预留的职位加上由总统任命的职位约占公务员总数的1.3%，与同级别（总薪级表七级或以上）的军官人数相当。可能会有人认为，上述这些包括了军界和政府部门中可能被视为"非常成功"的绝大多数人。

然而1%的比例或许太苛刻了。如果将私营部门中新上等阶层人数限定为前1%，那么除了大公司的总经理、规模与影响力最大的律师事务所的资深合伙人等之外，也就没有其他什么人了。此外，还要考虑金钱的因素。如果以从事管理和专业工作人员中的前1%来定义广义精英的话，那么截至2009年，新上等阶层家庭平均收入应为517700美元。

将专业和管理人员中最成功的 5% 作为折中比例似乎是合理的。2006 年，军队中位列前 5.5% 的军官都拥有上校及以上的军衔。[5] 高级行政官员、总统任命者加上总薪级表中十五级人员，位列总薪级表中七级及以上政府雇员总数的前 6.6%。在商业界，所有从事管理工作的人员中有 5.1% 是总经理。然而，不是所有的总经理都算得上新上等阶层，但在一些大公司里，职级仅次于执行总裁的高级主管也是够格的，至于说商人中最成功的 5% 属于新上等阶层，这似乎是合理的。

上述考虑促使我最终决定将前 5% 的人作为新上等阶层中确定无疑的部分，外加那些取得成功但勉强够格者中的大多数。据此，出于可操作性的考虑，我将新上等阶层限定为比例为 5% 的最成功的那些人，他们的年龄为 25 岁及以上，从事管理、各种专业（医疗、法律、工程、建筑、科学和大学教育）和媒体内容制作等工作。[6] 截至 2010 年，在从事上述职业的雇员中，年龄在 25 岁及以上者的比例大约为 23%，也就是说，大约有 1427000 人构成了 5% 这个比例。[7] 由于从事上述职业的 25 岁及以上的人中有 69% 在 2010 年时已结婚，因此大约就有 240 万人成为新上等阶层家庭中的户主或配偶。[8]

新上等阶层新在哪儿

每一个比狩猎采集复杂的社会都会有一个上等阶层，在这个上等阶层中，一个精英集团管理着关键的机构。美国也不例外，但现在的情形与半个世纪前的不同，美国的新上等阶层之所以新，是因为除了成功这个单一的事实外，其成员还拥有一些共同之处。

谈到美国人过去所使用的"上等阶层"这个短语，通常是指美国东北部地区继承祖业的富人。与我所称的新上等阶层最为相似的，是过去常常被称作建制派（Establishment）的阶层。然而，人们也认为建制派等同于东北部地区，它的作用是与几个大的公司实体（主要是石油、钢铁和铁路巨头）、保守的金融界（当人们谈论建制派时它依然保守）以及在房门密闭的精饰房间里谨慎谋划的政治势力相联系。就服务于政府的建制派成员而言，他们主要在财政部、国务院和中央情报局的高级职位上任职。建制派与电影业、电视业、新闻业、高技术产业、混乱的企业界或者乱糟糟的政界没多大关系。

到1960年，那些身居要职的人除了成功外，没有什么共同之处。建制派中大名鼎鼎的戴维·洛克菲勒（David Rockefeller）与犹太移民以及创建了好莱坞和开拓了广播电视事业的移民的子嗣们的成长环境没有什么大的差异。还有一些1960年哥伦比亚广播公司的领导者，他们是北卡罗来纳州臭鼬溪（Polecat Creek）农民的儿子爱德华·默罗（Edward R. Murrow）、大学辍学后成为一名报社记者的堪萨斯城（Kansas City）牙医的儿子沃尔特·克朗凯特和一位名字叫查尔斯·科林伍德（Charles Collingwood）的罗德学者（Rhodes Scholar）。

德怀特·艾森豪威尔（Dwight Eisenhower）的首届内阁被称作"九个百万富翁和一个管道工"。然而其中仅有两人出生在富裕家庭，其他几人中有两位是农场主的儿子，有一位银行出纳员的儿子，一位教师的儿子，得克萨斯小镇唯一一位律师的女儿，还有一个贫穷家庭的儿子，高中时被迫辍学以帮助父母养家糊口。

肯尼迪政府早期的绰号叫"波托马克河上的哈佛"，但他的内阁成员阵容远不及艾森豪威尔的豪华。司法部长罗伯特·肯尼迪（Robert Kennedy）是毕业于哈佛大学的有钱人，财政部长道格拉斯·狄龙（Douglas Dillon）是一位成熟的建制派成员，而其他人中，有三位是小农场主（其中有一人是佃农）的儿子，一位鞋业公司销售经理的儿子，一位苦心经营的男装店店主的儿子，一位移民工厂工人的儿子和一位以兜售农产品为生的移民的儿子。[9]与2010年时的情形相同，狭义精英在1960年时就已存在，只不过还没有形成一个拥有共同背景、品位、偏好或文化的群体。他们是拥有权力的人群，而不是阶层。

迄今为止，美国人依然有从卑微的出身走向权力阶层的实例。如我写到的，参议院多数党领导人哈里·里德（Harry Reid）出生在内华达州瑟奇莱特（Searchlight）的一个矿工和洗衣女工组成的家庭，且在贫困中长大。众议院议长约翰·博纳（John Boehner）出生于一个工薪阶层酒吧老板家庭，家里有12个孩子，自己打工付学费，用七年时间完成了大学学业。希尔达·索利斯（Hilda Solis）是奥巴马总统当政时的劳工部长，其父母是移民，相识于公民辅导班，一辈子在工厂工作。这样的故事还在继续，但伴随个人成功的故事不断出现的是，越来越多拥有共同的品位、偏好和文化的美国人掌管了国家的各类机构。他们逐渐形成了一个阶层。

他们还变得越来越孤立。这种新的孤立包括地域的、经济的、教育的、文化的以及某种程度的政治上的孤立。他们拥有如此多的国家权力，但是孤立的程度却随着他们对这个国家越来越多的无知而逐步加深。

这些就是第一部分要论述的内容。

第一章

我们这类人

本章描述了一种新的、与众不同的文化在美国社会的一个极具影响力的阶层中兴起。

1987年9月29日，美国广播公司（ABC）首次播出了一部每集时长为一个小时的电视系列剧，该剧有一个令人费解的名字——《三十而立》（*Thirtysomething*）。开场戏安排在一家酒吧里，不是邮递员克利夫（Cliff）同会计师诺姆（Norm）、精神病医生弗雷泽（Frasier）并排坐在高脚凳上的那个《欢乐酒店》（*Cheers*）里的酒吧，而是一个宽敞的房间，也许是某个餐馆的一部分，阳光透过格子窗户照射在灰白色的墙壁上。

房间里挤满了下班后聚在一起饮酒的高端顾客，侍者们身穿整齐的制服穿梭于他们中间。两位年纪三十左右的女子身着定制的职业套装坐在一张桌旁。在她们身后，一个有着极简抽象派风格的鸢尾和连翘图案的花瓶清晰可见；面前桌上是饮品——都是红酒，盛在典雅的高脚玻璃杯中，没有花生或椒盐卷饼。其中一名女子正在谈论着那个已经开始同自己约会的男子。她说他讨人喜欢、风趣，床上表现也不错，但有一点不足的是他总穿着涤纶衬衫。她说："我怎么能允许自己同一个总穿涤纶衬衫的男人在一起呢？"

她就是剧中的女主人公霍普·默多克（Hope Murdoch）。她最终嫁给了那个穿涤纶衬衫的男人，但我们看到的这个男子却衣着得体。霍普去了普林斯顿，她是一位有前途的作家，因为有了孩子而暂停了创作。男主人公名叫迈克尔·斯特德曼（Michael Steadman），是费城一家刚起步的广告公司的两位合伙人之一。他去了宾夕法尼亚大学（常春藤盟校之一）。霍普与迈克尔同他们7个月大的女儿生活在一起，他们的公寓有着很高的天花板、旧式的木制家具和蚀刻的玻璃窗，同研究生院书柜类似的书柜中胡乱地塞满了各类书籍。墙上有一张装饰派艺术的海报，一条美国产的毛毯搭在沙发靠背上。

在接下来的45分钟里，我们听到的对白，是从"你在热带稀树大草原发现了许多南方古猿化石，是吗"开始的，内容涉及左右脑差别和进化论中的性别选择理论。迈克尔一家买了一辆价值278美元（1987年的美元价格）的婴儿手推车。迈克尔刚在一家高档户外用品店购买了新的徒步旅行装备，很可能是安伊艾商城（Recreational Equipment, Inc., REI）。没有人在上班时穿西装。迈克尔最好的朋友是哈弗福德学院（Haverford College）的教授。霍普在一家时尚的餐馆里给孩子哺乳。她找不到保姆，四个候选者中的三个都太笨而无法照顾孩子，剩下的那个又有着太重的日耳曼人气质。霍普不愿一晚上都见不到孩子（"我必须时刻在她身旁"）。迈克尔开的那辆车太酷了，我都弄不清它是什么牌子。这些就是第一集的内容。

《三十而立》描述的这种文化是前所未有的，剧中的角色在精英学校接受教育，理性地探讨深奥的问题，性生活复杂且情绪化，因而需要拿来谈论。剧中男主角们凭借天赋和创造性都处于事业发展的上升期，而不是做驯服的组织人；女主角们则处在做母亲与依旧痴迷地成为最出色全职母亲的纠结中。剧中的角色全都具有一种敏感性：福特和凯迪拉克、郊区带有牧场的住宅和死气沉沉的豪宅，以及百威啤酒和芝华士威士忌都能让他们兴奋到发抖。

在后来的几年里，美国人还会在《我为卿狂》(*Mad About You*)、《甜心俏佳人》(*Ally McBeal*)、《欢乐一家亲》(*Frasier*)、《白宫风云》(*The West Wing*)和其他剧中一睹这种文化，但都没有以《三十而立》那样的关注度聚焦这种文化——这是可以理解的，因为生活在这种文化中的人不会有众多的网络电视剧观众，而观看网络剧集的核心人群不是特别喜欢《三十而立》所描述的文化。这是新兴的新上等阶层文化。

让我们再次回到1963年11月21日，设法去发现这种文化的对应物。

基　准

中上阶层的生活圈

从主流文化中产生一种亚文化必须满足两个条件。一是要有足够数量的人，他们必须拥有一套与众不同的品位与偏好。二是这些人必须能够聚集在一起，达到足以影响当地生活方式的临界规模。阿米什人（Amish）在选定的乡村地区通过获得当地优势做到了这一点。1963 年，这个国家的部分地区也存在其他种类的亚文化。就像现在一样，当时美国的大城市都有着各具特色的城市风貌，南加州、中西部和南部等地区也是如此。然而在1963 年，后来被称作符号分析人员、受教育阶层、创意阶层或认知精英者的数量仍未达到临界规模。

首先，没有足够的接受过大学教育并且拥有与众不同品位与偏好的人，就无法达到所需的临界规模。整个美国成年人口中，仅有 8% 的人拥有大学学历。即使是在住满了管理人员和专业人员的社区里，有大学学历的人也是少数——1963 年，这些行业的从业人员中仅有 32% 的人有大学学历。在全国范围内，也只有十几个人口普查区的成年人口中有超过 50% 的人拥有大学学历，而且这些人都生活在大学校内或周边。[1]

其次，在 1963 年，"富裕"意味着有足够的钱负担得起标准稍高于其他人的生活，而非一种截然不同的生活方式。当年，管理人员和专业人员家庭收入的中位数大约仅为 62000 美元（以2010 年美元价格计算，下同）。1963 年，不到 8% 的美国家庭有10 万美元或以上的收入，不到 1% 的家庭收入达到了 20 万美元或以上。

这种简化的收入分布反映在了居住状况上。1963 年，大多数美国人只在电影中而非现实生活中见过富丽堂皇的豪宅，只有在纽约、芝加哥和洛杉矶等最富有的郊区才有清一色的豪宅构成的住宅区。你只要驱车在 20 世纪 60 年代富人们居住的郊区住宅区转转，例如马里兰州的切维蔡斯（Chevy Chase）、马萨诸塞州的贝尔蒙特（Belmont）或者俄亥俄州的谢克海茨（Shake Heights），就能够看到自那时起所发生的变化。那个时期留下的大多数存量住宅，看上去一点儿也不像最近几十年间在富裕郊区建造的 15000 和 20000 平方英尺 * 的住宅。没有法国城堡的复制品，没有网球场，没有三层楼高的嵌花顶棚，也没有高于中产阶层住宅的天文数字般的价格。1963 年新建住宅的平均价格为 12.9 万美元。[2] 在 1963 年 11 月 21 日以前《华盛顿邮报》（Washington Post）周日版的分类广告中，切维蔡斯住宅的平均售价为 27.2 万美元，最高价格为 56.7 万美元。换句话说，在这个国家任何一个最高档的住宅区中，一套普通住宅的价格大约相当于全国当年建造住宅平均价格的两倍。

中上阶层的住宅同中产阶层的住宅有一个区别。一套中上阶层的住宅可能会有四间卧室而不是两三间，有两个卫生间和一个化妆室而不是只有一个卫生间，住宅是两层而不是一层。可能有一间双车位的车库，或许还有一间给孩子们准备的娱乐室和一间给父亲的书房。这样的住宅同豪宅相比几乎无任何相似之处，关于 1963 年豪宅的例子，下载一集《广告狂人》（Mad Men），看一看德雷柏一家住的房子就知道了——这就是纽约一家大广告公司的创意总监多半会住的房子。

在凭借汽车彰显自己与众不同方面，中上阶层精英成员们则没有太多的选择。你能在一些大城市见到几辆梅赛德斯和捷豹汽车，但即便是在那样的地方，车辆的维护保养也是一件麻烦事，

---

* 1 平方英尺大约相当于 0.09 平方米。——译者注

因为很难搞到零配件和找到能维修这些车辆的技工。还有一个原因，就是1963年时的管理人员和专业人士，尤其是在纽约和洛杉矶之外的，他们不愿被别人看成爱炫耀的人。中上阶层中很多人买得起凯迪拉克却不开的原因就是这种车太招摇。

在生活方式方面，中上阶层同中产阶层的差别并不十分显著的另一个原因是，1963年时那些没有富到可以进入最富有者行列的人比2010年时要少得多，相应地，生活在切维蔡斯的人也不会比生活在其他地方的人花费更多的钱来购买住宅。从2010年的角度看这似乎是矛盾的，因为那时的日常生活支出并不比现在少。在华盛顿1963年11月的报纸广告上，煤气的价格比较便宜，一加仑2.16美元，但一打鸡蛋要3.92美元，一加仑牛奶3.49美元，鸡肉每磅2.06美元，牛里脊肉每磅6.8美元。最畅销的1963年版雪佛兰羚羊汽车价值26000美元。旧金山的布鲁姆（Blum's）是一家价格不算昂贵的餐馆，在那里花12.46美元可以买到热火鸡三明治，花13.17美元可以吃到主厨沙拉，花5.34美元可以吃到热巧克力圣代冰淇淋。[3] 华盛顿特区的皮尔森（Pearson's）酒品店两天前开始销售红酒，每日广告中各种酒的价格是6—12美元。对2010年的消费者而言，所有这些价格可能会看着眼熟，有些是贵了一点儿。

但中产阶层并非一定无力负担最昂贵的东西。1963年，华盛顿最贵的餐馆之一，就是那家新开张的桑苏西（Sans Souci），距离白宫仅一个街区，是肯尼迪政府的官员们最喜欢光顾的餐馆。《华盛顿邮报》的美食评论家享用了菊苣沙拉、水煮多宝鱼、巧克力奶冻和咖啡，总共花了44.91美元。对美国人而言，

1963 年豪华车的象征就是凯迪拉克，最贵的一款是埃尔多拉多比亚里茨（Eldorado Biarritz）豪华敞篷车，标价 47000 美元。就是那家销售 6—12 美元普通葡萄酒的皮尔森酒品店，在广告中推出了具有传奇色彩的 1959 年份的顶级波尔多葡萄酒，每瓶价格大约 50 美元（对，我一直使用 2010 年的美元价格）。

因此，在生活方式上，一位非常有影响力的律师或一家公司的主管同社会地位比自己低好几级的人之间并没有太多的差异。1963 年，中上阶层男子喝着高杯酒中的杰克丹尼威士忌而不是金宾威士忌（Jim Beam），开着别克车（或许是凯迪拉克）而不是雪佛兰。他们的西装价格不菲，而且都是成衣，怎么看都一样。他们的妻子与其他美国人的妻子相比有更多的正装和首饰，用于美发的花费也更多。差不多只有一件事情成为中上阶层和其他美国人在日常生活方式上的主要差异，那就是乡村俱乐部，那里的高尔夫球场、网球场和游泳池不向公众开放。同时，还有许多市政的高尔夫球场、网球场和游泳池是对公众开放的。

2010 年极度富有的标志在 1963 年时并不存在。第一架私人喷气式飞机利尔 23 型（Learjet Model 23）要一年后才能交付使用。私人和公司飞机的主要机型都是赛斯纳（Cessnas）和比奇（Beechcrafts），机型小且空间狭窄。当时也只有几百架大型的私人飞机，但都是螺旋桨驱动的。即使是最豪华飞机的拥有者也不得不承认，在 DC-8 或波音 707 上订一个经济舱座位，都会使旅程更为平稳、安静和快捷。

富人的生活圈子

一直以来，拥有私人飞机是生活方式的重要差别，即便不是喷气式飞机。私人飞机在1963年确实已经存在。我们可以在富人圈中找寻一种明显不同的上等阶层文化吗？

1963年，百万富翁不仅仅指有钱人，而且还指富豪。即使依照现在的标准，100万美元在数目上也是可观的，相当于2010年的720万美元。但那时的百万富翁很少，不超过8万人，只占美国家庭的0.2%。[4] 名副其实的富豪只占到1963年总人口的微小部分。

在这个很小的数目中，有一部分人没有与众不同的偏好与品位，是因为他们在中产阶层或劳动阶层家庭长大后，自己赚钱成为新富。这部分人从未上过大学，或者上了最近的州立大学。他们可能住在帕克大道（Park Avenue）的复式公寓或者诺布山（Nob Hill）上的豪宅里，但他们是新富。有些人的举止像地地道道的暴发户，还有些人仍然认同自己的出身，过着富裕但不张扬的生活。

继承了祖上遗产的百万富翁的后代们的确拥有某种类似独特文化的东西。他们除了居住在几个上层住宅区外，主要集中在波士顿、纽约和费城。他们会选择去巴哈伯（Bar Harbor）、纽波特（Newport）和棕榈滩（Palm Beach）等胜地避暑或过冬。送自己的孩子去上经过一番精心挑选的私立预科学校，然后进入常春藤盟校或者七姊妹（Seven Sisters）联盟学院。继承祖上遗产的美国人在自己的圈子里形成了独立的社会群体。

除了作为人数很少的一个群体之外，这些人没有形成一种区别于这个国家其他文化的上等阶层文化，还有另一个原因。那些不靠自己努力致富的人都不具有特别的能力或影响力。在同 F. 斯科特·菲茨杰拉德（F. Scott Fitzgerald）的想象交流中，欧内斯特·海明威（Ernest Hemingway）的观点是正确的。[5] 1963 年，继承祖业的富人同其他人的主要区别是他们有更多的钱。

以这个独特的富人圈子的代表女性玛乔莉·梅里韦瑟·波斯特（Marjorie Merriweather Post）为例。作为通用食品公司（General Foods）的继承人，美国最富有女性之一，她在华盛顿、棕榈滩和长岛（Long Island）拥有宫殿般的住宅，一些古董和装饰品来自欧洲城堡。夏天，她在阿迪朗达克山（Adirondacks）的托普里奇营（Camp Topridge）避暑，环绕营地周围的是属于她私人的 207 英亩森林和湖泊。她乘坐世界上最大的私人游艇海云号（*Sea Cloud*）出海度假，搭乘属于自己的维克斯子爵（Vickers Viscount）客机，机上有一个装饰得如同客厅的座舱，这很可能是世界上最大的私人飞机。

她的生活是众多美国人所不熟悉的，但除了一些无关紧要的例外情形，这种差别仅仅存在于钱能买到的东西上。客人来她家赴宴时，男性都打着黑色领结，每个座位后面都站着一位侍者，餐具都是纯银的，瓷器上都有金叶装饰。然而汤很可能是牛肉清汤，主菜几乎总是烤牛肉、牛排、羊排或者烤鸡，含淀粉的食物差不多一定是马铃薯，蔬菜也很可能是焗西兰花。[6] 图书室的书架上都是些平淡无奇的通俗小说和纪实类文学作品。她在自己家中放映最新的电影，但客人们看的都是清一色好莱坞出品的影片。富人们的消遣活动非常少——马球和猎狐是我能想到的仅有的两项，而且只有一小部分富人参与——这与其他美国人的情形不同。总的来说，就像其他美国富人那样，波斯特夫人（Mrs. Post）在休闲时间里做着与其他美国人相同的事情，只是在做这些事情时，富人们身处更优雅的环境，还有自己的仆人。确实存在的文化差异是礼仪方面的——从一个角度看更加高雅，而从另一个角度看则更加傲慢。早期的富人有着不同的文化形式，却没有不同的文化内容。这些人都是奇人，却还不属于一个对除了他们自己以外的任何人都重要的上等阶层。

知识分子的生活圈子

1963 年 11 月的时候，我们可以在另一个地方找到一种独特的精英文化。在《三十而立》所表现的文化中，有许多同精英大学毕业生的品位与偏好有关。而且我曾提到，在 1963 年少数普查区的成年人口中，超过 50% 的人拥有大学学历——他们都生活在几所大学校区的周边。因此，让我们来找寻一下某个地方知识精英中的这种独特文化吧，如果这种文化无处不在的话，那么它最有可能已经存在于 1963 年马萨诸塞州的剑桥市。

1963 年，作为哈佛大学和麻省理工学院以及其他大学的所在地，剑桥市的智力资本水平与全国的水平接近。在剑桥市这两所最早的大学的教师中，学术巨星比比皆是。麻省理工学院招收在数学和科学上拥有独特天赋的大学本科生。在 1639 年以前，哈佛学院就已成为吸引全美 18 岁学子们的磁石，他们拥有最高的学业能力倾向测试（SAT）成绩和最出色的课外才能。哈佛大学和麻省理工学院研究生院的学生都是从其他大学毕业班的优秀学生中挑选出来的。

两所大学内的生活有别于普通美国人的生活，在某些方面——例如谈话的方式、审美情感、对待宗教的态度和政治理念等，形成了一种不同的文化。大学的学习生活是丰富而紧张的，没有人可以参加更多一点儿的戏剧表演、音乐会以及由著名公众人物举行的与课程同步的嘉宾讲座。然而在哈佛大学和麻省理工学院校外，包围教师与学生的文化同其他地方则没有太大的差别。

在 1961 年 9 月至 1965 年 6 月间，我就读于哈佛大学。与我生长的城镇相邻的那座城市——艾奥瓦州的首府得梅因（Des Moines）相比，哈佛广场在某些方面完全不同。似乎剑桥市的每个人都喝加奶的咖啡，在得梅因就几乎没有人这样做。在我读书期间，布拉特尔影院以举办博加特电影节（Bogart Festivals）而闻名，影院的地下室有一个小酒吧，这在得梅因很可能是没有的。哈佛广场地铁站的报刊亭出售在得梅因买不到的外国杂志。广场边上就是卡杜洛（Cardullo's）的特色商店，出售肉酱罐头和吉百利巧克力，这在得梅因很难买到。芒特奥本街（Mount Auburn Street）的 47 俱乐部（Club 47）有民间音乐表演，琼·贝兹（Joan Baez）不久前在这儿首唱。哈佛广场附近几个街区内书店的数量大约是得梅因全市书店总数的十倍。

独特之处也就这么多了。两地早餐小饭馆都是一样的，既不是欧邦盼（Au Bon Pain）烘焙餐厅，也不是欧洲风格的咖啡馆。在这些地方用餐，女服务员将盛有两个鸡蛋、熏咸肉、土豆煎饼、白面包片和其他东西的盘子放在你面前，另一只手同时将玻璃壶中的麦氏咖啡倒入白色马克杯中。剑桥市的其他餐馆同得梅因的没有什么区别。我记得离哈佛校园不远处有两家中国餐馆，一家意粉屋（有福米加塑料贴面的桌子、日光灯，用纸杯喝可乐），最受欢迎的两家三明治店［埃尔茜（Elsie's）和新开业的巴特利先生汉堡店（Mr. Bartley's Burgers）］，一家以哈佛人为主要顾客的克罗宁（Cronin's）啤酒屋和一家名为查理厨房（Charlie's Kitchen）的工薪阶层酒吧，但是那里只接待少量学生。乌斯特豪斯（Würsthaus）是一家人声嘈杂的德国餐馆，是哈佛广场享用美食最近的去处。

与哈佛广场相邻的街区有一家杂货店，伍尔沃思（Woolworth's）廉价品商店，还有一家五金店。父母来探望你时，他们可以住在特雷德韦旅馆（Treadway Inn）———一家毫无特色的汽车旅馆，或者是花园街（Garden Street）北头破旧的科曼德饭店（Commander Hotel）。除了哈佛大学的运动衫外，哈佛合作社（Harvard Coop）出售与得梅因的扬克斯百货商店（Younkers Department Store）一样的商品。

这并不是说哈佛大学和麻省理工学院的教师和学生们与剑桥市的其他人有着相同的品位与偏好。相反，他们还不足以向他人施加自己的意志，他们只是在几个住宅区内占到多数而已。在1960年的人口普查中，剑桥市的成年人口中仅有18%的人有大学学历，剑桥市的收入中位数也只有43641美元。1963年，哈佛广场地区还没有对那些宁愿留在剑桥市也不去郊区的年轻专业人士产生吸引力。哈佛大学和麻省理工学院师生的力量没有因

高技术产业和研究机构雇员的大量涌入而得到加强。一旦减去
1963 年时居住在剑桥市的所有学生、教师和大学管理人员，那
么剑桥市多半就是个劳动阶层和中下阶层的社区。创建一种不同
文化的潜在趋势已经存在，但哈佛广场的知识分子们尚未达到重
塑这个社区所必需的临界规模，一旦达到临界规模，他们就会依
其品位与偏好，完成对该社区习俗的重新确立。[7]

新上等阶层的文化

随后的几十年间，人数上已经达到了临界规模，到 20 世纪
80 年代后期《三十而立》开播时，情况正日渐明朗。至 90 年代
末，这种新文化已经完全形成。

这一背景被戴维·布鲁克斯写入《天堂中的布波族》一书
中，用于描述宾夕法尼亚州韦恩（Wayne）的变迁，20 世纪 70 年代
末，他在那里读的高中。韦恩是费城有名的高级住宅区中的一个，
布鲁克斯在那里生活的时候，商业区还是一块毫不起眼的地方，有
几家名字类似小客栈的餐馆，几家名字类似佩斯利涡旋纹花呢制
品店的雅致的服装店，还有为数不多的主要为韦恩的有钱人提供
日常服务的药店、杂货店和加油站。到了 20 世纪 90 年代末期布
鲁克斯写作时，那里的一切都已经改变了。

> 以前城里喝不到蒸馏咖啡，现在有了六家极品咖啡
> 厅……普罗科皮奥咖啡馆（Café Procopio）位于火车站对
> 面，周日上午有很多中年夫妇来这里，他们围坐桌前，浏

览报纸的不同版面，就孩子大学入学前景交换意见……那家单独经营得非常好的书店，名字叫作读者论坛（Reader's Forum）的，已经搬到了城里老药店的位置上……那些附庸风雅的人现在可以去"你来做"（Made by You）——顾客可以自己动手装饰杯盘的各处，而花费则超过购买已装饰好的成品器皿价钱的六倍；还可以去"B 工作室"（Studio B）——一个举办富有创意生日派对的礼品大商店，确保自负的孩子们变得更加自负……甜爸爸（Sweet Daddy's）出售美味的夹心软糖、五香果汁冰糕和口味类似英式甜羹的意大利冰淇淋……大丰收面包公司（Great Harvest Bread Company）在城里开了一家连锁店，属于美食面包店的那种，出售 4.75美元一份的杏仁或菠菜芝士面包……要是你要求面包切片，他们会投以同情的目光，好像你的面包意识还没有得到提高……城西有一家名为泽尼布雷尼（Zany Brainy）的玩具店，是那些装扮成教育机构的玩具店中的一个。该店出售栩栩如生的濒危动物小雕像，挤垮了出售玩具却没有改进经营策略的老韦恩玩具城（Wayne Toytown）。[8]

尽管我省略了更多的内容，但你明白——我们正在关注《三十而立》中霍普和迈克尔四十几岁时搬进的那个社区。

新上等阶层文化在各个方面都有别于美国的主流文化。有些差别是生活方式方面的，这些差别单个来看是无害的，可是一旦累积起来，就会在新上等阶层和美国主流社会间产生文化上的隔阂。还有一些差别是，好事碰巧落在认知精英身上而其他美国人却没有份。

倾向于文化隔离的生活方式的选择

如果只想快速了解新上等阶层同美国主流社会间的差别有多么明显，你可以去参加收入中位数与全国平均水平相当的某邮政区内一所小学的家长晚会，然后再去参加一所精英私立小学的家长晚会。

先从停车场说起。在普通学校的停车场上，大约有一半车是美国品牌；而在精英私立学校，绝大多数是外国车。[9] 当你进入会场，开始和他人交谈时，留意一下父母们的年龄。主流学校孩子们的母亲大多为二十八九岁到三十五六岁，而在精英学校孩子们的母亲中，你可能根本看不到二十多岁的，许多母亲已经四十开外了。至于孩子们的父亲，差别更大，更多人已经四十多岁了，甚至有五十多岁或者更老的。

还有一个明显的差别是体重。在主流学校中，三分之二学生的父母体重超重，三分之一学生的父母过度肥胖（与美国国家卫生统计中心 2009 年过度肥胖调查全国分布比例相符）。[10] 而在精英私立学校中，新上等阶层很重视健康，很多学生的父母是比较瘦的，很少有过度肥胖者。他们会在健身俱乐部锻炼，让身材保持健美，或者跑马拉松，看起来清瘦。他们每天做一个小时的瑜伽，在周末骑山地车，在平日里游泳，无论如何，他们中的肥胖者都大大少于任何一类随机抽取的美国人。

证据的性质

我在描述这些差别时，大部分证据肯定是定性的。就政府的规范调查所使用的各项标准而言，样本数量少，无法集中讨论少数几个社会经济分布的最高百分位数。尽管存在很多有关新精英集团品位与偏好的专业定量信息，而这也正是我需要的，但是我却无法获得。无论是宝马还是福特皮卡，抑或百威淡啤（Bud Lite）还是坎特一号伏特加（Ketel One），每一位广告销售人员对于顾客的偏爱都有详细的统计资料，但这些资料是专有的。我最好的选择就是使用分布式数据库（Distributed Data Base，DDB）中的生活方式数据，罗伯特·帕特南（Robert Putnam）曾将这些数据用于《独自打保龄》（*Bowling Alone*）一书的相关研究，现在其他学者也可以获得这些数据。[11]虽然数据库不允许单独考虑少数几个最高百分位数——最高的收入值为10万美元——但它确实给出了一个收入、教育和各种各样的品位与偏好间关系的定量测度。

我还要继续对戴维·布鲁克斯和理查德·弗罗里达的著作加以充分利用。在《天堂中的布波族》和《创意阶层的崛起》（*The Rise of Creative Class*）以及他们的其他书中，包含大量的文献资料，有些是定量的，有些是定性的，这些文献都被他们分别用于概括布波族和创意阶层的品位与偏好，我的尾注中也参考了他们的论述，我的判断与他们的是一致的。还有另一个方面会证实或反驳你即将要读到的内容：你自己的经历。对于读过有关美国社会经济阶层的书的人来说，由于某些将他们中大多数人置于已近距离观察过新上等阶层境地的个性特点的缘故，他们被选择了。你自己来断定我的判断是否与你的经历相符。

新上等阶层的成员在其他方面是健康的。他们了解自己的胆固醇指数和体脂率，非常关注日常饮食，多吃全谷物食品、绿色蔬菜和橄榄油，限制红肉、加工食品和黄油的摄入量。他们甚至清楚什么样的维生素补充剂最流行。素食者和素食餐馆在上等阶层的购物飞地中找到了消费与经营的最佳所在。一些上等阶层成员把吃快餐食品视为坏习惯，他们从不带自己的孩子去麦当劳。对另一些人来说，享用巨无霸汉堡或大力水手炸鸡是一种偶尔有罪恶感的乐趣，但新上等阶层中几乎没有人能达到这些人大约每周吃一次的程度。[12]

说到酒，新上等阶层通常喝红酒或者精品啤酒。虽然他们中有很多人乐于滔滔不绝地讨论这两种饮品的细枝末节，但在饮用时是有节制的。至于吸烟，千万别在拜访新上等阶层家庭时试图点烟，除非你想立刻成为受鄙视的人。尽管根据疾病控制中心（Center for Disease Control）的资料，有大约三分之一的美国成年人吸烟，但你不知道在你周围的是不是新上等阶层人士。[13]

在美国主流社会中，每天看报的人数比例低到了令人沮丧的程度。[14]相比之下，新上等阶层的成员们则非常了解政治和时事，无论住在美国的什么地方，他们都会找到一些这方面的资讯。新上等阶层中的自由派成员照例会每天查看《纽约时报》的网站，该阶层中的保守派成员则会每天浏览《华尔街日报》（*Wall Street Journal*）——双方大量成员还会阅读彼此的新闻纪实报纸。在新上等阶层家庭的咖啡桌上，你也许会看到《纽约客》（*New Yorker*）和《经济学人》（*Economist*）等杂志，偶尔也会有《滚石》（*Rolling Stone*）、《园艺》（*Fine Gardening*）和《纽约书评》（*New York Review of Books*）等杂志。

在收听广播方面，新上等阶层是有选择的。开车通勤的人和自由派成员很可能在上班路上收听全国公共广播电台的《早间报道》（*Morning Edition*），下班回家途中收听《时事纵览》（*All Thing Considered*）——还有相当数量的新上等阶层的中间派和保守派成员也收听这些节目。他们或者听过或者知道加里森·凯勒（Garrison Keillor）——如果你身处新上等阶层人群中，可能会说那句"所有的孩子都是优秀的"，并且确信几乎每个人都认同这一典故。除了政治狂热分子外，几乎没有新上等阶层成员收听那种已经主导了广播收听率的谈话类节目，一个可以接受的例外是《车迷天下》（*Car Talk*）。

新上等阶层成员们不怎么看电视。[15]如果他们看电视新闻，很可能就是美国公共广播公司（PBS）的《新闻一小时》（*News Hour*）。许多人除了看电影以外，不把看电视作为娱乐活动。有的人是某些电视剧的忠实观众——最近几年可能是《豪斯医生》（*House*）或者《广告狂人》，像《辛普森一家》（*The Simpsons*）和《南方公园》（*South Park*）等讽刺动画片在新上等阶层中有一批拥趸。但即使是这些深受喜爱的节目，人们每周也不会花 6 小时以上的时间来观看。而普通美国人每周花在看电视上的时间大约为 35 小时。[16] 对大多数新上等阶层成员来说，美国主流大众观看的许多电视节目是不入流的——竞赛节目、肥皂剧、音乐视频、家庭购物以及新上等阶层一次都不会看的热播电视剧。

新上等阶层人士不会时常出入那些有桌球台、允许吸烟或内置许多播放职业体育赛事宽屏幕的酒吧。即使在家里，新上等阶层的男性们也不会花大把的时间收看电视播出的职业体育赛事——如果他们自己打网球或许会看网球赛，打高尔夫球或许会看高尔夫球赛，还有可能就是收看特别喜爱的棒球队或橄榄球队的比赛，但从周六或周日的中午起就坐在电视机前看一下午比赛的情形则是不多见的。

新上等阶层和美国主流大众不会度过一样的假期。钱是主要因素，假期是不同的。对还没有孩子的三十多岁的精英们来说，假期可能是去不列颠哥伦比亚省某个遥远的湖畔徒步旅行，或者去伯利兹跳水；与他们同龄的劳动阶层和中产阶层的人都已经有了孩子，会驱车带孩子们去迪士尼世界。四十多岁的新上等阶层成员可能迷上了直达波尔多的游艇旅行，或者租一艘帆船去缅因州海岸航游，而不是去拉斯维加斯。新上等阶层与主流大众中五十多岁的人或许会选择乘船游览，但新上等阶层人士绝不会考虑在容纳2000名乘客的客轮上订一个座位。他们会选择仅能容纳100名乘客且只提供套房服务的小型船只，目的地是科隆群岛。

对主流大众而言，一次赴欧洲、亚洲或南美洲的旅行是一件了不起的事情——许多人从未经历过。对新上等阶层而言，去国外度假是平常生活的一部分，但他们同世界的联系并非只依靠度假。对许多人来说，出国是工作中的家常便饭。高级管理人员、顾问和涉外律师经常四处奔波，拜访国外的客户、去子公司出差。各种会议和嘉宾讲座让杰出学者们一年出国好几次。每一职业领域中的新上等阶层成员很可能有来自世界各地并同自己定期交流的合作者与同行，业务关系与个人友谊常常融合在一起。在新上等阶层知识分子中，许多人觉得同来自其他国家的知识分子同行相处要比非知识分子的美国人愉快得多。

家庭生活中的文化隔离

对子女的抚养涉及一种不甚明显但更为基础性的文化隔离。从某种意义上说，不存在隔离。两位用婴儿车推着孩子的母亲挨着坐在公园的长凳上，无论在年龄、种族和社会经济地位方面有着怎样的差别，她们都会很快地进入有关孩子的睡眠和进食时间安排的深入交谈中。但《三十而立》中霍普·斯特德曼严苛的育儿之道反映了一个真实的现象。

从女性得知自己怀孕的那一刻起，新上等阶层的孩子就成为热切规划的对象。孕妇立即着手了解产科医生的情况（如果她在期待怀孕时还没有这么做），而且会对各方面要求严格。怀孕期间不饮酒，甚至不允许自己暴露在二手烟之中。确信自己摄入的营养完全来自最佳的饮食方法和食材，同丈夫一起去上课，为自然分娩做准备——剖腹产是最后的选择。怀孕期间，她的体重不多不少，与之前设定的一致。分娩后保证母乳喂养，通常完全排除配方奶；使用合适的身高与体重表格，来持续记录婴儿的成长历程。[17] 婴儿一出生就受到各种智力激发举措的重重包围，甚至有的是从怀孕的那一刻就开始的。婴儿床上方的风动饰物和各种玩具，都是为了刺激婴儿大脑皮层中每一点可能生长发育的神经而设计的。

到了孩子蹒跚学步的时候，有一些新上等阶层的母亲重返工作岗位，将白天照看孩子的任务交给保姆（有时这样做的部分原因是父母认为孩子应该学习第二种语言），或者是白天将孩子送到高档幼儿园。许多新上等阶层的母亲在孩子年幼时也会暂停工作，有的人还会持续到孩子离家上大学时。"足球妈咪"（soccer mom）一词大约就是中上阶层中"70后"母亲们的孩子上小学时出现的。

新上等阶层在生育和抚养孩子方面的许多做法是令人钦佩的。如果每一位怀孕的女性都像新上等阶层女性这样一丝不苟地照料自己和未出生的孩子，那会是一件完美的事情。一些抚养孩子的出色做法作为孩子成长所必要的内容而被普遍接受——基本的例如自然情感的流露、同婴儿和学步孩童的言语交流以及对孩子始终一致的规训。社会科学家们发现，在上述以及其他一些养育子女的良好做法上，作为群体而言，中上阶层的父母们要远远胜过中产阶级和劳动阶层的父母们。[18]

新上等阶层父母们的缺点是他们的做法往往会过头。精英家庭孩子们的时间表中有时排满了芭蕾课、游泳课、特别辅导和心理治疗等内容，使得孩子们没有属于自己的时间。有些父母送孩子到考前辅导学校，以便能通过条件苛刻的幼儿园的入园考试，这不是都市传奇，而是有文献证明的事实。[19] 很明显，有些父母会为孩子进入某所有名望的大学创造最大的机会，他们为此无限努力。即便孩子已经上了大学，这些父母仍然寸步不离，这就让他们有了一个"直升机父母"（helicopter parents）的称谓——这种说法在美国的大学管理者中普遍使用。大量的社会科学研究还发现，精英父母们对孩子没完没了的赞扬可能会适得其反，因为赞扬的内容多是告诉孩子们他们是多么地聪明，而不是赞扬他们实际所做的事情，结果让许多孩子变得刻意保护他们作为聪明者的形象，而不愿意做有可能损坏这一形象的尝试。[20]

虽然其他阶层的母亲们也非常爱自己的孩子，但她们的孩子幼时接受了不同的教育，还有长期以来的文化影响。主要原因会在第八章论述：与中上阶层的孩子相比，更大比例的劳动阶层的子女成长于破裂的和从未形成的家庭之中。单是这种差别对孩子适应社会生活和各阶层间不同的社会规范的影响就无处不在。

前面提到，文化隔离的另一个原因是新上等阶层女性往往在较大的年龄生育子女。具体来说，2006 年，所有美国女性中，教育年期少于 16 年者首次生育的平均年龄是 23 岁，教育年期为 16 年者首次生育的平均年龄是 29.5 岁，教育年期 17 年及以上者

首次生育的平均年龄为 31.1 岁。各有利弊。三十多岁的母亲要
比二十多岁时成熟得多，从统计学角度来看，成熟往往与更好
的养育子女的做法相关联。但我们现在讨论的是文化隔离问题。
当父亲三十多岁和五十多岁时，少年棒球联合会（Little League）
所发挥的作用是不同的。一位三十五六岁和年近五十岁的母亲，
与她十三岁女儿的代沟也是不一样的。

　　或许最普遍的文化差异——是好是坏可能取决于个案——就
是对于子女而言，主流美国大众比新上等阶层人士要淡定得多。
我不是说其他的美国父母对此漠不关心，而是说作为一个群体，
他们不太愿意像新上等阶层父母那样，着迷于宝贝有多么聪明、
如何让宝贝更加聪明、该去哪儿上幼儿园以及该读哪个法学院。
他们会在沃尔玛超市购买廉价的汽车儿童座椅，而不是花几个小
时在网上寻找模拟正面碰撞测试结果最好的同类产品。要是孩子
在学校闯了祸，他们也很少像上等阶层父母那样提出是老师而非
其子女有过错的理由。

　　当孩子们进入青少年时期，上等阶层父母关注的主要事情之
一就是大学录取程序，而这种情形在主流美国大众中几乎是不存
在的。在美国，只有一小部分的大学很难进入。除此之外，你所
要做的就是提出申请并附上一份还过得去的高中成绩单和美国
大学入学考试（ACT）或学业能力倾向测试的分数。精英圈子之
外的人们对于孩子们能否进入首选州立大学系统可能会存在轻
微的焦虑，但也不会超过这个程度。大多数主流美国父母无论
如何也不会因为孩子们所上的大学不在《美国新闻与世界报道》
（*U.S. News & World Report*）大学排名的前十位中而夜不能寐。[21]

工作中的文化隔离

现在，我们来讨论一个领域，在此领域中，许多新上等阶层人士的生活已经从根本上发生了改变，但许多主流美国大众的生活却未曾改变。这些改变不仅限于新上等阶层，而是更宽泛地发生在大多数从事管理和专业性工作的人们身上，最多的还是发生在那些身处社会最高层级的人们身上。

在从事上述工作的人群中，一些幸运者不必在规定的时间签到上班，工作时也不必待在某个指定的场所。他们外出工作，甚至带着笔记本电脑去海滩办公也不会被阻止。对于另一些人而言，工作时间比较宽松，他们采用弹性工作制，有些工作在办公室干，有些则在家里干。

对于在办公室上班的人们来说，工作场所已经发生了彻底的改变。[22]1963年，办公桌摆放在中间，高管人员的办公室沿外墙一溜儿排开，每间办公室门外都坐着一名秘书，这种场景现在几乎看不到了。在全国，办公室——不管是谷歌那样的时髦新公司的办公空间，还是宝洁——已经按照被认为能够最大化地实现创造性互动的原则进行了重新布局和改造。有时候不设单独的办公室，从执行总裁以下，所有人在同一间屋里办公。有时候是将办公室分成若干互动小组——团体个人主义是此类结构的技术术语之一。这种物理办公空间给人的感觉不同于传统的办公室，比较注重有高的屋顶，每个人都可享受到外部的景色（老板不再通过转角的办公室独占风景），有数量充足且设备完善的休息区，有醒目的颜色、裸露的结构构件、无影照明设施和大量的图片。[23]

在新上等阶层工作的办公室中，传统办公室等级与地位的标志已经不复存在，至少减少了。在许多场合，大家相互之间直呼其名。着装规范已经不再严格，或者彻底摒弃了。各公司不再寻找顺从的员工，而是以能招到崇尚精神自由和特立独行者为荣，前提是这些人确有才能。如果你拥有真才实学，工作又以创造性为基本要素，那么你就有了成功的把握，会成为高级管理层关注的中心人物。什么能使你更快乐？给予什么样慷慨的支持能使你的创造力得以发挥？最重要的是，绝不会有什么事情影响你施展才华。

这么说并不意味着新上等阶层中从事这些职业的幸运者们就可以无所事事。那些在纽约和华盛顿的大型律师事务所得到梦寐以求工作的一流法学院毕业生，入职薪酬可能是六位数，但也被要求每周工作 60 多小时。在一家业内领先的量化对冲基金公司里，管理层专门安排了一个房间，里面除了各种盛满糖果的架子外别无他物，糖果可以随意拿取。这么做的理由是，要用糖果来保持公司中的天才数学家们随时处于活跃的工作状态。当某项工作的期限迫近时，苹果、谷歌和微软的天才程序设计师们以通宵加班而闻名。但在这些长时间工作的精英生活的世界中，工作同先前相比有了更多趣味性。

对于不从事管理和专业工作的 82% 的美国成年人来说，如此闻名的职场变革几乎未对他们的生活产生任何影响。他们中有些人是新上等阶层所在办公室中的辅助人员，而且他们体会到了身处某种物理空间的优点，因为与几十年前相比，这种空间更有吸引力和更实用。但辅助人员在工作时间内不得离开工作场所，或许他们能够设计出某种弹性工作时间，但除此之外，对辅助人员的管理依然同先前那样严格。

在美国，其他工作场所的变革还没有这么大。虽然医院的技术变革已在大范围展开中，但是护士、营养师、呼吸治疗师和勤杂工还干着以前的工作，同样受到所从事的职业带来的工作时间与地点的限制（应该说内科医生也是如此）。尽管从幼儿园到12年级的教师工作的学校比以前拥有了更多的视听和计算机设备，但老师通常还是坐在教室里面对学生，努力使学生们掌握当日的学习内容，上班来，下班走。警察一直干着相同的事情，计算机为他们的工作提供了更多的帮助。店铺老板、管道承包商、保险代理人和其他经营自己小企业的人都要服从职业始终要求的各种限制与惯例。要是没有计算机，工作场所的变革很大程度上会与这些行业失之交臂。

在蓝领职业中，某些工具设备已经发生了变化。要是你为联邦快递公司开送货车，你就会使用一种连接复杂的计算机追踪系统的手持设备，这在1963年是不可想象的。但职场结构通常是相同的。如果你在西夫韦连锁超市（Safeway）的农产品区上班、安装板墙、在餐馆当厨师、修理汽车或在煤矿场当矿工，你就会轮班工作。会有打卡上班和打卡下班的时间，在这期间，你会待在某个具体地点。工作的环境同先前的几乎一样，建筑工地依旧是建筑工地，石油钻塔依旧是石油钻塔，农场还是农场，装货码头还是装货码头。有些装配线已经发生了改变，不完全像以前那样单调烦闷，但也仅仅出现在某些产业中。不管怎样，当制造业已经输出海外时，美国的装配线正在消失。

政治怎么样?

我只是给出了有关新上等阶层的群体习惯与规范中最基本的要点。我用了一个段落来描述新上等阶层的假期,而戴维·布鲁克斯在《天堂中的布波族》中用了 8 页的篇幅。我甚至没有提到性,而布鲁克斯对此又用了 8 页的篇幅。我没有提到宗教,他书中第六章的 37 页全是这方面的内容。关于职场的变革我用了几页的篇幅,理查德·弗罗里达整本书中有一大半内容都是关于这方面的。在你的头脑中最重要的缺漏可能是政治。新上等阶层倾向于成为自由主义者,是这样吗?

绕不过去的是,对该问题的所有回答都是肯定的。在第三章中,我对政治做了较多的讨论,因为这同新上等阶层的孤立有关。但现实无须掩盖另一个问题:该章中大多数有关精英文化的描述超越了意识形态的界限,具体细节可能是不同的。作为一个群体,在不成熟这一点上,自由派精英比保守派精英更令人担忧。同新上等阶层中自由派的女主人相比,保守派的女主人更可能用红肉作为宴会的主菜。保守派精英的孩子们因举止不当而面临被打屁股的风险很可能高于自由派精英的孩子们。然而这些差别已经被那些在美国占据精英地位的人以接受类似规范和习俗的方式所掩盖。新上等阶层文化的精髓就是在各政治阶层间保持惊人的一致。

第二章

新上等阶层的基础

本章阐述了导致新上等阶层出现的条件。

四个方面的发展状况把新上等阶层从掌管着这个国家的一群人中区别出来，他们在文化上不同于日渐生活在自己圈子里的新上等阶层。这四个方面是日益增长的智力市场价值、财富、大学精选机和同类婚配。

一切的根本：
日益增长的智力市场价值

20世纪90年代初期，当比尔·盖茨被问到什么样的竞争对手最令他担忧时，他回答是高盛集团（Goldman Sachs），并解释说："软件业是一个比拼智商的行业，微软必须赢得这场智商的战争，否则，我们就不会有未来。我不担心莲花汽车（Lotus）或者国际商业机器公司（International Business Machines Corporation，IBM），因为最聪明的人更愿意到微软公司来工作。我们在智商方面的竞争对手是像高盛集团和摩根士丹利（Morgan Stanley）那样的投资银行。"[1]盖茨的话反映出一个促使新上等阶层形成的现实：过去的一个世纪，智力在市场上变得愈加值钱。尽管这一观点的证据在《钟形曲线》一书中占用了两个章节的篇幅，但这种情形发生的原因并非难以理解。[2]

认知能力对职业成功的作用

对于一些达到职业顶峰的人而言，认知能力仅仅是取得成功的因素之一，勤奋、积极、自律和善于交往等优点都发挥着至关重要的作用，但也容易让人产生误解，以为认知能力是不重要的。

社会学家史蒂文·戈德堡（Steven Goldberg）的比喻有助于我们正确认识这个问题：如同全美橄榄球联赛中，运动员的体重在决定进攻截锋成功与否方面发挥的作用一样，对于专业工作、创意工作和庞大且复杂机构的管理工作而言，认知能力在决定成功与否方面也发挥着相同的作用。最有力的擒抱并不见得是最好的。实际上，在全美橄榄球联赛中，体重与进攻截锋表现之间的相关系数可能相当小，但为了有一个得到该工作的机会，你的体重起码应该达到300磅。[3]同样地，智商值与那些从事律师、编剧和生化工作的人的业绩之间的相关系数是适中的，但要成为顶级的律师、编剧或生化学家，你就得在智商测试指标的各方面表现得非常出色才行。

首先，越是高技术经济，就越依赖于技术改进和创新人才，这为那些认知能力突出的人带来了许多就业机会。一个只具有突出数学能力而不具备人际交往能力或者直觉判断力的人，在一百年前的就业市场上的价值如何？不怎么高。在私营部门中或许只有像精算师等几种职位适合他，最好的选择是进入学术界，努力成为数学教授。1960年时，他的选择范围不是很大，但是同样的能力在今天的情况如何呢？如果他是一位奇才程序员，那么他就会像数学能力突出者那样，在微软或谷歌公司获得六位数的薪酬。如果是一位出色而纯粹的数学家，某些对冲基金公司能实实在在地为其提供获得巨大财富的职业前景。

其次，经营决策越复杂，企业对有能力掌控复杂局势人才的依赖程度就越高。无论是否要求具备判断力，出色的认知能力肯定是要求必备的。考虑一下律师业的发展前景。一百年前，律师主要是为个人客户提供法律服务，服务对象会根据自己的经济状况支付律师费。公司律师领取公司发放的工资——虽然优厚，但并不理想。随着商业交易规模的增大和监管法律的日益复杂化，对非诉讼律师的需求有所增加。在今天，如果一位一流的律师能在案值数以亿计的法律裁决中增加10%的胜诉概率，那么付给他每小时几百美元的律师费是值得的。要是他能够妥善解决两大公司合并中方方面面的问题，那么报酬就可能是几百万美元。当技术让全新而复杂并且利润高昂的金融工具成为可能时，同样的情形就出现在了金融行业。

再次，投资越大，技能方面的边际增益价值就越大。《财富》500强中排名前100位的公司1960年的销售额为32亿美元[4]，而在2010年为245亿美元——以定值美元计算，销售额几乎增加到8倍。公司领域中这种扩大化的情形普遍存在——2010年排名第500位公司的规模大约是1960年第500位公司的8倍。能使所在部门的利润率从5%提高至10%的经理的美元价值也会相应地大幅增加。

在某种程度上，由于要抉择的事务往往众多且越来越复杂，在过去的半个世纪里，对管理者认知技能的要求也相应提高，但这不是问题的关键。即使在1960年和2010年，公司对某部门经理的技能要求相同，并且先天智力也没有发挥更重要的作用，认知能力依然是一种通用的手段。若人际交往能力、精力和判断力相同的话，拥有更高认知能力的这位经理在将利润率由5%提高到10%时就拥有了某种优势——再加上更高额的奖金，还能让智力的市场价值变得更高。

推动者：财富

考虑到背景因素，2010年从事管理和专业工作的人们与1960年相比赚了更多的钱，而且不断增加的财富使他们获得了

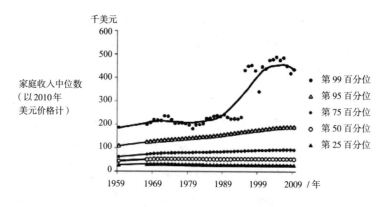

图 2.1　美国家庭收入分布状况

资料来源：世界人口微观共享数据库（IPUMS）。以家庭为分析单位。最初的年份是 1959
年，因为十年一次的人口普查或 3 月的 CPS 中的收入变量指的是前一个自然年

最大的成功，新上等阶层的成员们在他们先前无力负担的一些
方面同其他美国人分隔开来，这并不令人感到意外。图 2.1 显
示了收入分布中不同时期家庭收入的中位数，从第 25 百分位
起直到第 99 百分位。该数据以所有种族和年龄的美国家庭为
依据。

　　图 2.1 是许多专著和学术文章的中心内容，每一个层次都值
得分析。处于最低四分位美国家庭的实际收入自 1970 年后开始
下降，穷人们实际上没有变得更穷——实物福利和所得税税额抵
免的增加足以弥补税前现金收入的下降——但这也并没有让他们
的处境改善多少。[5] 处于中等水平美国家庭的实际收入与之前持
平，只是从 1979 年到 2010 年，几乎所有经济增长的好处都归属
于收入分布在上半区的人们。

Centile 与 Percentile

Centile 与 Percentile 意思相同，但在频繁涉及百分比和百分比变动的文字中，使用前者有利于句意清晰。

收入分布中最高部分的增加量是极为引人注目的。从 1960 年到 90 年代初期，处于最高百分位美国家庭的收入始于 20 万美元左右。1994 年至 1995 年，最高百分位范围中的最低收入已由 23.3 万美元跃升到 43.3 万美元。这一变化是否发生在仅仅一年的时间里有待商榷——一项使用国家税务局（IRS）数据的分析表明，收入的激增发生在 80 年代后期到 90 年代后期——但在这一时期的某个时候最高收入出现惊人的增长是毫无疑问的。[6] 2010 年 3 月的 CPS 反映了 2009 年的收入数据，位于第 95 百分位的劳动年龄美国人的收入从 19.9 万美元起，第 99 百分位的从 44.1 万美元起。要知道 44.1 万美元是最高百分位中的最低收入。

就我们的目标来说，最高的 5 个百分位数是重要的，因为其几乎囊括了所有的新上等阶层。依据我的操作定义中对成为新上等阶层成员的成就特性的要求，得出这个结论是合理的。在 21 世纪的美国社会，符合这个定义，还意味着你几乎肯定拥有一份将你置于最高 5 个百分位之列（19.9 万美元以上）的家庭收入。

在你是否有资格成为新上等阶层成员的众多条件中，19.9 万美元是远低于收入平均水平的。如果你是一家大型律师事务所的合伙人，或者是一所知名大学的校长或基金会的主席，你一年的收入可能是几十万美元。如果你是一家大公司的执行总裁，那么你每年的薪酬总额将是几百万美元。

即使你的职位不能使你变得真正富有，但你的家庭收入几乎可以肯定接近收入最高的 5 个百分位，而且这种可能性常常是很大的。截至 2010 年，政府内阁成员的收入为 191300 美元，最高法院法官为 208100 美元，众议院议长为 217400 美元。普通国会议员的收入为 169300 美元，副国务卿和各主要行政机构负责人为 172200 美元。以上数字仅为担任该职务者本人的薪酬，并非其家庭的全部收入，他们中许多人的配偶也挣得了丰厚的薪酬。此外，人们大多是在先前的职位上挣得一大笔钱后才转而走上现在这些职位，担任政府高职所获得的额外津贴与那些执行总裁相当。

一般来说，新上等阶层中其他"贫穷"的成员是记者、大学教师和公众知识分子。戴维·布鲁克斯把这种境况称作收入状况的不平衡，就像在广场饭店（Plaza Hotel）发表完赞赏华尔街高管们的演讲后，某位著名的哥伦比亚大学教师在回家之际会产生的一种心理状态。听众们纷纷钻进豪华轿车，驶回位于上东城的复式联合公寓，而他乘坐一辆出租车回到哥伦比亚大学附近局促的公寓中；听众们起立致意的掌声还长久地在耳畔回响着，他却被妻子告知浴室的排水管堵了，必须赶在明天早上孩子们起床上学前修好。[7] 布鲁克斯提到了许多著名的大学教师、记者和周六新闻节目的嘉宾们可能认同的一种令人困惑的现实状况，那就是他们的社会地位高出实际收入很多。即便只有一份收入，这些人一年的家庭收入也超过了 15 万美元（知名人士在主要大学、报社和智囊团至少挣这么多）。就算他们没有出版畅销书，也经常会有著作预付款和演讲酬金作为补贴。要是配偶还有一份收入，那他们的收入就能轻松地达到最高百分位数。那些经受着收入状况不平衡的人感到缺钱，是因为税收占去了一大块，而且他们中的大多数人生活在纽约或华盛顿，得在住房、儿童保育和私立学校学费方面花费不少。不过他们感到贫穷可能只是因为所从事的工作与真正富有的人频繁接触的缘故。即便是新上等阶层中最贫穷的成员，其收入也位居美国人收入分布的最高几个百分位中，罕有例外。

这些评论得到了 CPS 发布的收入状况的证实。我已将供职于管理和专业领域中前 5% 的人暂时定义为新上等阶层。2009年，上述行业从业人员家庭收入第 95 百分位的截止点为 28.7 万美元。

财富使孤立的新上等阶层得以发展，首先使其在空间上变得孤立。住宅区内房屋的价格能够反映出居住者的经济状况。尽管自感贫穷，纵然公寓狭促，但哥伦比亚大学教授所在居住区的住宅价格也只有收入位于最高几个百分位者负担得起。一对新上等阶层夫妇可支付的房屋的价格越高，他们就能更加准确地界定他们生活的住宅区的类型。花的钱越多，买到的私人空间就越大——这体现为郊区公寓大楼前厅有管理员和守卫，差不多封闭的社区，或者远离下层民众的高档的市郊住宅区。

财富还使新上等阶层与众不同的生活方式得到了发展。市场满足需求，如果存在对某种另类生活方式的商品及服务的需求，那么市场就会悉数提供。

机制：大学精选机

最初将不同品位与偏好的人集中在一起的机制就是大学精选机。

尽管有比尔·盖茨和史蒂夫·乔布斯这样的特例，但几乎每一个新上等阶层成员都完成了大学学业，然而仅凭一个学士学位并不能深入地把握教育与新上等阶层性质之间的复杂关系。一般来说，理解新上等阶层形成的原因和为何该阶层拥有与众不同文化的关键，在于理解高认知能力与教育之间的相互作用，更确切地说，是高认知能力与精英大学间的相互作用。

认知能力——产生隔离的先天诱因

新上等阶层孤立背后的动机也是寻常的：人们喜欢身边都是理解自己并能谈得来的人。一旦聪明过人者有机会与其他聪明过人者交往，势必会产生认知隔离。

对于这种机会的渴望始于年轻人。当不具备其他能力时，拥有出色的认知能力便孤立了一位年轻人。具有出色运动才能的少年成为明星四分卫，即使他腼腆或不善交际，也会有许多人渴望成为他的朋友。人际交往能力突出的少年在学校是最讨人喜欢的——这就是出色的社交能力带来的结果。然而只具备寻常社交能力的数学明星被看作怪人，如果幸运，他会与一两个同班同学谈论所擅长的事情，但也有可能一个这样的同学也没有。具有一般人际交往能力和出色语言表达能力的少女面临同样的问题。她迷上了艾略特的诗，很难有人会理解她。同班同学听不懂她讲的笑话，或许还会对她的言辞表示反感。她知道，要是自己试图同别人谈论《圣灰星期三》(*Ash Wednesday*)，就会立刻遭到别人的白眼和随之而来的无情奚落。

遭遇这种情形时，有认知天赋的孩子通常会设法应对。他们自己私下在卧室里学习拓扑学或者阅读《圣灰星期三》，然后男孩子学会和他人谈论各类体育运动，女孩子则学着不再使用可能引起别人嘲笑的言辞。当有认知天赋的孩子意识到其他孩子要比想象的更加聪明和有趣时，这种努力常常会产生意想不到的结果。就所有情况而言，有认知天赋的青年需要努力提高他们的适应性、成熟度和坚韧性。

这是他们自愿做过的事情之一，只不过是不得已而为之的。他们设法适应环境，否则就会深陷孤寂［见辛克莱·刘易斯（Sinclair Lewis）描写偏远小镇聪明男孩复仇的小说《大街》(*Main Street*)］。年轻人会抓住机会与像他们一样的人交往，过去的半个世纪为此提供了机会。在这一进程中，大学教育规模的扩大发挥了唯一最为重要的作用，但另一进展几乎同样重要。

高校的认知分层

高校的认知分层非常迅速地发生了。[8] 1950 年之前，精英大学还没有出类拔萃的学生。但到了 1960 年，情况发生了改变。

二战前，某所精英大学的大多数新生来自这一地区的社会经济精英阶层——常春藤盟校的来自东北部地区，斯坦福大学和南加州大学的来自西海岸，杜克大学和范德比尔特大学的来自美国南部。他们中有些人富有才华，但多数人成绩平平。在1926年完成的一项研究中，包括哥伦比亚大学、哈佛大学、普林斯顿大学和耶鲁大学在内的全国一流的名牌大学学生的平均智商为117，刚刚超过全部大学毕业生115的平均水平，认知能力位于第88百分位。[9] 同年，卡内基基金会对宾夕法尼亚州的高等学校展开了一项研究，采用的就是得出一流大学学生智商平均值为117的那套智商标准。仅在宾夕法尼亚州，有10所高校的新生拥有认知能力从第75到第90百分位的平均智商值，表明在认知方面，这些新生与精英大学的学生并无差别。

这种情形持续到20世纪30、40年代。直到1952年，哈佛大学新生的SAT语文成绩（现在称为分析性阅读成绩）的平均分仅为583，稍高于全国平均成绩，但并不显著。[10] 后来发生了重大变化。到1960年，哈佛大学新生SAT语文成绩已经迅速提高到了678分。变革的发起者意识到了这一变化的重要性。哈佛大学招生办公室主任威廉·J.本德（William J. Bender）对前八年的形势做了总结："这些数字表明了哈佛大学有历史记录以来招生情况的最大变化，这种变化也发生在学生的体量方面，在很短的时间里——两届大学毕业生。"[11] 1952年哈佛大学普通新生素质可能只相当于1960年最低10%新生的水平。

同样的情形发生在整个大学系统内，如图2.2所示。图中展示了不同大学SAT语文成绩的不同水平。背景是1960年的SAT成绩分布图，假定所有18岁者都参加了该考试。

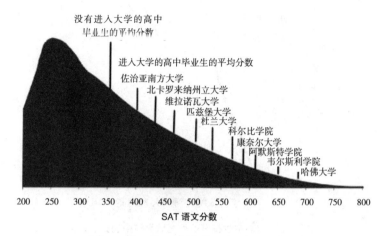

图 2.2　截至 1960 年高校间的认知分层状况

资料来源：Siebel, 1962; College Entrance Examination Board, 1961.Adapted from Herrnstein and Murray, 1994

1960 年时，北卡罗来纳州立大学是典型的备受青睐的一流大学，而佐治亚南方大学则是州立大学系统中第二等级的学院代表。后来有更多的私立重点大学不断出现，即便在这些院校中，新生语文平均成绩上的差别也是明显的，哈佛大学位列最高。

20 世纪 60 年代，这种分层情形变得更加极端。1961 年，耶鲁大学的新生中有 25% 的人 SAT 语文成绩不到 600 分。仅仅五年后，这一数字就下降到了 9%，而 SAT 语文成绩 700—800 分的新生比例已经从 29% 增加到了 52%。[12]

罗杰·盖格（Roger Geiger）研究了考试分数（SAT 1400 分以上或 ACT 30 分以上）位于前 5 个百分位的学生在全国大学中的分布状况，20 世纪末期的情形在其著作中得到了表述。使用 1997 年的数据资料，盖格估算了 1997 年进入排名前 35 所公立大

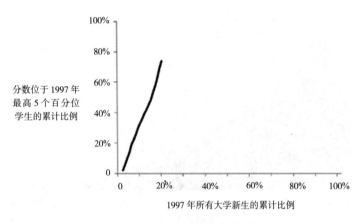

图2.3　一流高中生在105所名牌高校中的集中情况

资料来源：Geiger, 2002, tables 3.2, 3.3, 3.4

学、前35所私立大学和前35所小的名牌学院学生的大概人数。图2.3展示了被以上105所高校录取的高分数学生的累计比例。我已将图中的水平坐标轴延长至100%，以便在和全体四年制大学的学生总数比较时，对上述学生的集中情形有一个直观的感受。

同时，仅有10所高校录取了全国范围内SAT或ACT成绩位于前5个百分位学生中的20%，41所院校录取了这些学生中的一半。1997年，全部105所院校录取的人数只占全体新生的19%，占到了SAT或ACT成绩位于前5个百分位学生人数的74%。

鉴于学术人才集中在相对少数的学院和大学，起初的问题已经被相反的问题所取代。不必为有特殊才能的学生无人可以交流而感到遗憾，我们需要担心的是，有特殊才能的学生只与其他有特殊才能的学生交往会产生什么后果。[13]

什么是精英学校？

学院和大学排名是从不缺少的，《巴伦周刊》（*Barron's*）和《美国新闻与世界报道》就是最为著名者。你应该从一般怀疑者的角度来考虑这个问题。位于最顶端的是一流名校——哥伦比亚、哈佛、普林斯顿和耶鲁。紧随其后（有人会说是伴随其旁）的是公认的拥有高声誉的高校，如斯坦福大学、杜克大学和麻省理工学院，其他的是常春藤盟校和一些十姊妹联盟高校，而后是对于渴望自己的孩子进入重点大学的所有父母来说熟知的二三十个高校的名字。《美国新闻与世界报道》排名中前 25 位的全国性大学和前 25 位的文科学院，包括所有人都认可的精英学校，外加几所小有名气的高校，都可以在线访问。[14]

当今大学体制的隔离，意味着从整体而言，坐满某所三流公立大学标准教室的学生并不比全国范围内的普通年轻人聪明多少，而精英学校标准教室中的学生没有一个不是认知天才中前十分之一者，而且许多人还居于分布中前百分之一或千分之一的位置。严格地说，这两类学生获得文科学士学位时，都算受过了"大学教育"，但二者完全不同。学校的认知等级对每个人的影响是显而易见的——雇主们关注求职者们的简历，父母们考虑要送自己的孩子去哪里读大学，而高中生们想着如何取得人生的最大成就。

需求方面的刺激已经同供给方面的刺激发生了相互作用。越来越多最优秀的学生想进入精英学校，而精英学校则渴望保住地位，更加努力寻找出色学生中的佼佼者以充实到新生中来，为达到同一目的而展开的两方面竞争已不可阻挡。20 世纪 90 年代初，理查德·赫恩斯坦和我撰写《钟形曲线》一书时，他是哈佛大学本科生招生委员会的成员。有一天，我们在电话里讨论书稿，他高兴地告诉我说，哈佛大学预先获得的下一届新生比往届更加优秀。"可是，迪克，"我说，"我们写的正是由此产生的问题。"热爱哈佛的赫恩斯坦（一定是面带微笑地）回答："他们，我都想要。"

精英学校里中上阶层的优势

如果富有才华的学生只具有相同的才能，那么这些学生集中在一起的情况还不会这么糟。在理想的英才教育制度下，新的耶鲁大学或者新的普林斯顿大学中皆是我所描述的孤寂的高中生，他们来自小镇和近市中心的旧城区，父母是面包师、银行家、护士和保险代理人，彼此都显示出对于美国生活的方方面面他们应该了解多少。

然而事与愿违。精英学校对于有着各种背景的学术人才的开放并未与这些学校的社会经济民主化同步进行。从表面看，似乎情形已经改变。来自社会地位显赫家庭学生的比例降低了，来自为富家子弟设立的预科学校学生的比例下降了，实际上对能被录取的犹太学生的数量限制放宽了。平权措施使各精英学校中非洲裔美国学生和拉丁裔学生的人数有所增加，亚裔学生的数量因成绩优异而成倍增加。[15]尽管如此，精英学校招收的学生绝大多数仍来自中上阶层。根据社会学家约瑟夫·索尔斯（Joseph Soares）在《特权的力量》（*The Power of Privilege*）一书中的分析，截至20世纪90年代，"一类"（Tier 1）大学中79%的学生家庭的社会经济地位处于最高四分位组，只有2%的学生家庭的社会经济地位处于最低四分位组[16]，这与其他此类分析的结果是一致的。在索尔斯看来，这些数字就是对非中上等及以上阶层最有才华学生存在明显偏见的证据。"除非有人相信只有富人是聪明的，"他写道，"为使人人获得进入各级教育系统的平等机会，我们还有漫长的路要走。"[17]

索尔斯着手研究的偏向可能发生在两个方面。一是申请人得到了偏向，二是招生程序继续给予富家子弟优待。

索尔斯就申请人得到偏向问题提出了有说服力的证据。借助美国国家教育纵向研究（National Educational Longitudinal Study, NELS）的资料，索尔斯说明申请人主要是来自高收入专业阶层的年轻人，尤以美国东北部居多。在对NELS数据进行的一项排除了其他影响申请决定因素的逻辑回归分析中，索尔斯发现，具有相同性别、种族和SAT成绩的学生如果来自东北部某个高收入专业人士家庭，那么他们申请进入重点大学的次数很可能超过三次，而来自东北部以外高收入专业人士家庭学生的申请次数可能为两次。[18]在其他条件相同的情况下，亚裔学生会像非亚裔学生那样差不多申请两次，相比公立学校的学生，来自私立学校学生的申请次数很可能是四次。[19]

所以说申请者被误解了。但在这些申请者中，招生官员会优待那些真正拥有文化资本的人吗？毫无疑问，某些申请者不必凭成绩就能占得先机。在《录取的代价》(*The Price of Admission*)一书中，新闻记者丹尼尔·戈登(Daniel Golden)证实了精英学校的一贯做法，这些学校为校友、大捐赠者、名人、运动员以及员工子女提供机会，还包括那些凭借资产最终能使继承人成为大捐赠者的富有父母的子女。[20]问题在于，如果完全根据考试分数、课外成绩、老师推荐和高中成绩单做出录取决定的话，那新生班会是什么样？答案是从社会经济方面来看，班级简介中的变化会很小，甚至接近于零。精英学校将会拒绝至少三分之二且常常为80%或90%高素质学生的申请。如果所有的优待被取消，那些被录取的位居前列的申请者仍然主要是来自中上阶层的孩子们，因为是这些年轻人主导了申请人群。

索尔斯将他的多元分析运用到录取决定的研究中时，却因精英学校未披露的内容而闻名。在控制了学生真实才能的各项测度后，申请者社会经济地位最基本的指标——父母的收入和职业——与录取概率之间并不存在显著联系。[21]

中上阶层子女在精英学校学生中占优势的原因，是当今中上阶层父母们养育了太多的最聪明的孩子。例如，获得体面地进入精英学校机会的必备条件之一，是要有高的SAT分数，所谓"高"是指SAT语文和数学分数至少在700分以上。以参加了2010年SAT考试准备升入大学的高中毕业生为例，在数学和语文成绩超过700分的学生中，87%的学生父母至少一方有大学学历，56%的学生父母至少一方有研究生学历。[22]这不是辅导发挥的作用——对辅导的客观研究表明平均获益仅有几十分——而是在具有挑战性的学业环境中取得良好成绩的能力所发挥的作用。[23] 这一能力反映在招生委员会所使用的其他测度中——分数、教师评价和各种课外成绩。

高分数与父母高学历之间存在的这种显著联系，不是各类考试及招生过程中的偏向产生的结果，而是父母高智商产生的结果。大部分得高分者是高学历者和富人的子女，他们占了最聪明孩子中的绝大多数。他们聪明在很大程度上是因为他们的父母聪明[24]，这就说到了同类婚配的作用。

永久稳定器：同类婚配

同类婚配指具有相似特征的个体之间的婚配。教育同类婚配发生在有相似受教育程度的个体之间育有子女时，认知同类婚配出现在有相似认知能力的个体之间育有子女时。

认知同类婚配的增多

进入流动性时代之前，人们通常会与同镇或者某城区同一住宅区的某个人结婚，这些把人们结合在一起的活动很少与认知能力有明确的联系。相似的认知能力是青年男女和睦相处的原因之一，认知同类婚配在某种程度上存在，但只是一种偶然的过程。[25] 同时，教育同类婚配的比例高是因为几乎没什么人上过大学。大部分已婚夫妇的双方都是高中或高中以下学历。

大学毕业生增多，他们发现有着更多潜在的同为大学毕业生的婚姻伴侣，这也增加了更多高端教育同类婚配出现的可能性。利用大量的专业文献和 CPS 资料，1940 年到 2003 年，社会学家克里斯蒂娜·施瓦茨（Christine Schwartz）与罗伯特·梅尔（Robert Mare）一直致力于"选型婚配"（assortative marriage）趋势的研究，"选型婚配"成为当时为大众所熟知的专业术语。[26]他们发现，同类婚配在受教育程度的两端呈增加趋势——大学毕业生更可能与大学毕业生结婚，而高中辍学者则更多地选择与高中辍学者结婚。

就我们的目的——努力理解新上等阶层如何形成而言，受教育程度提高的效果可以从一项简单的统计指标中看到。1960 年，美国仅有 3% 的夫妻都拥有大学学历，到 2010 年时，这一比例已达到 25%。变化如此之大，以至于它本身就成了新阶层产生的重要因素之一。

教育同类婚配的增加还产生了另一个后果，就是认知同类婚配也不可避免地增加，而有关同类婚配的学术文献却对这一现象避而不谈。

大学教育，从录取开始一直到毕业，就是一系列的认知测试。[27]即使想主修工程学或自然科学专业，学生也必须要掌握高等微积分，还需要具备名列整体分布前十分之一的数理逻辑能力。为了能够自如应对真正大学水平的社会科学和人文学科的学习内容，学生还需要具有良好的语言能力——如果只满足于勉强合格，那么该能力位于整体分布的前四分之一即可，如果想在一所要求适中的大学获得好成绩，那么该能力要更接近整体分布的前十分之一才行。[28]毕业意味着通过所有考试，外加一项对毅力的通行测试。

教育和智商哪个是第一？

受教育程度与智商相关，但在孩子进入小学后，教育对智商就没有多大影响了。我这样说并不意味着孩子在 6 岁以后是否接受教育都一样，也不否认有特例存在。我是说如果 1000 个孩子在 6 岁时做了智商测试，后来这些孩子上了各种各样的小学和中学，他们 18 岁时的智商同他们 6 岁时的智商非常接近，而且作为结果，统计分析并未表明就读昂贵私立学校的孩子智商就高。这一调查结果涉及 20 世纪 60 年代著名的《科尔曼报告》（*Coleman Report*）。[29] 关于一般智力能力的提高或者仅仅是考试分数的提高是否同额外教育年期有关，学者一直在争论，但没有人相信常规教育能将普通孩子转变为智力杰出的成年人。

结果是对于获得相应层次学历的人来说，受教育程度的每个层次——高中毕业、准学士、学士、硕士以及专业学位或博士——都意味着一个平均智商，至少从 20 世纪 80 年代初起，这种情形在白人中非常普遍。当我列举这些资料时，我必须把这些数字限定在白人身上，因为积极的平权措施已经为受教育程度中每一层次的非洲裔美国人和拉丁裔人给出了平均智商，只是大大低于白人的平均值，并且更容易发生变化。[30] 但从讨论新上等阶层起，我们有充分的理由从白人平均智商的角度考虑问题，部分原因是进入新上等阶层的非洲裔美国人和拉丁裔人已经通过了若干职业测试，这预示着在受教育程度的各层次上，他们的认知能力已接近白人的平均智商，还有部分原因是白人依然是新上等阶层中压倒性的多数。[31]

表 2.1 给出了这些稳定的平均值的根据。20 世纪 80 年代和 21 世纪前 10 年成年者的数据源于全国青年纵向调查（National Longitudinal Survey of Youth, NLSY)1979 年和 1997 年同生群的资料，这些资料用于制定军人资格测试（Armed Forces Qualification Test, AFQT）的国家标准，测试内容是与智商测试相同的认知能力。[32]

表 2.1　全国青年纵向调查 1979 年和 1997 年同生群中各学历层次白人的平均智商

仅拥有以下学历者的平均智商	调查对象满 25 岁时的年份	
	1982—1989 年	2005—2009 年
无学历	88	87
高中学历 / 普通同等学历	99	99
副学士学位	105	104
学士学位	113	113
硕士学位	117	117
哲学博士、法学博士、医学博士、牙科博士学位	126	124

资料来源：NLSY-79、NLSY-97，样本限于白人

从 20 世纪 80 年代到 21 世纪前 10 年这 30 年间，数值的稳定性引人注目，就学士学位而言，以 22 岁者为例，比例已从 1981 年的 22% 提高到了 2008 年的 37%。然而这期间，在使最优秀的学生进入大学的问题上，国家也变得更加有效率，因此在

校大学生数量的增加并不意味着标准的降低。

如果在受教育程度的更高层次上，平均智商一直保持稳定，那么双学位夫妻的增多已经不可避免地表明，在最高端出现了更多的认知同类婚配。但这仅仅是开始，大学精选机也一直在发挥作用。

大学使正处于四处寻觅婚姻伴侣人生阶段的年轻人相遇，而大学精选机则让拥有高智商的青年男女在最负盛名的高校走到了一起。如果这些还不够，研究生院又加了一层分选，为的是让读完一所州立大学才华横溢的年轻女子来到哈佛大学法学院，在那里进入精英阶层。对于那些身为大学生或研究生的单身新上等阶层准成员来说，他们所就读大学的校名给了他们向未来伴侣表明身份的标签。不同的学习内容让他们进入各行各业，也增加了他们最终与具有相似特性者结婚的可能性。[33]

所以，不仅是大学毕业生很可能与大学毕业生结婚，而且精英大学毕业生很可能与精英大学毕业生结婚。[34]想当年哈佛大学的男生和韦尔斯利学院的女生更有可能变得富有而不是格外聪明，这意味着钱更可能和钱结缘。在一个他们几乎肯定位于智商分布前十分之一的时代，显然非常聪明者更可能与非常聪明者结婚。

共同的文化

将具有更多教育和认知相似性的人聚集在一起，他们也会拥有更多文化相似性的品质。当配偶一方是认知能力处于前十分之一的大学毕业生，而另一方是认知能力略高于平均水平的高中毕业生，他们可能在读书和看电影方面各有偏好，有不同消遣方式，有不同的朋友，生活中还有十几个其他方面的差别。这些差别包含着婚姻里文化传播的内在标准。有三分之二从事管理和专业性工作的家庭在1960年时存在这种内在的教育异质性。在2010年，当四分之三经济上最成功的夫妻都拥有大学学历时，满足非常聪明者和受过良好教育者不同品位与偏好的商品和服务的需求已经被合而为一了。

传递认知能力给下一代

教育和认知同类婚配增多的另一个结果是，精英阶层历经几代人在保持地位的过程中所增强的稳固性。谚语"富不过三代"出自一个观察到的现实：如果子女和孙子女能力平平，那么第一代人赢得的财富不会使他们成为人中龙凤。父母只有同时传递认知能力与金钱，其精英后代的持久力才会增强。

我们有具体的统计数据来支持这些说法。久而久之，就不同层次的受教育程度而言，平均智商的稳定性意味着，我们能够预测孩子们的平均智商，尽管他们父母的受教育程度各异，而且能对如何生出下一代最聪明的孩子进行预测。

通常，孩子既不会像父母那样聪明，也不会像父母那样笨，他们的智力水平更接近于父母智力水平的中间值，这一趋势称为均值回归，其存在与遗传基因无关。均值回归是父母与子女已测智商之间经验观测统计关系的函数。考虑到本书第411页注释中的各种参数，一个成年子女智商的期待值是从父母中间智商到接近总体均值的40%。[35]

假定有四对受教育程度相同的白人夫妻，插入表 2.1 中给出的各类受教育程度的平均智商（必要时折中 NLSY–79 和 NSLY–97 数值间的差别）。我加入第五对夫妻，他们都拥有精英大学的学历和 135 的中间智商。[36] 以下就是我们所能期待的这几对夫妻的子女们的平均智商。

父母的受教育程度	子女的期待智商
两个高中辍学	94
两个高中学历	101
两个大学学历（仅此而已）	109
两个研究生学历	116
两个精英大学学历	121

资料中的数值显示了下一代作为遗产加以保存的智力方面的重大差别。大学毕业生与高中毕业生结婚，考虑到二人具有各自受教育程度的平均认知能力（分别为 99 和 113），他们的期待中间智商为 106。假定他们开办了一家小企业，企业经营得非常成功，留给儿子 500 万美元。如果他们儿子的期待智商略低于 105，即使努力去上大学，他完成大学学业的可能性也仅有 50% 左右。或许他继承了父母的超凡的精力与决心，这会有帮助，但这些品质也会回归到平均值。对于成功范例的后代而言，富不过三代是很有可能会发生的情景。将此种情形同父母双方均毕业于精英学校的儿子的情形做比较，如果他确有121 的期待智商，要是去上大学，他有超过 80% 的可能性获得学位。这些比例并非统计学理论的产物，它们建立在全国青年纵向调查 1979 年和 1997 年同生群实际经验的基础上——如果

你具有 105 或 121 的智商并且进入大学，这些就是你获得学位的概率。[37]

此外，对于智商处于 105 和 121 之间的年轻人来说，那些毕业可能性的不同是质的差异。首先，智商为 105 的人没有读完大学的原因中很可能包含严重的学业障碍，而智商为 121 的人没有读完大学几乎肯定与学习兴趣和自律有关——没有智商为 121 的人会因为未通过课程考试而不得不退学。其次，在向这两位年轻人开放的就业领域中，存在着一个质的差异。准确测得智商为 105 者不可能期待在任何一个负有声望的行业中获得成功，这是因为他的智商达不到学历要求（例如医疗、法律、工程、学术研究）。准确测得智商为 121 者如果有优秀的数学和语言才能，他就可以在上述任何一个行业中取得成功；或者，如果他的数学和语言才能不均衡，则可以在适合其才能的行业中取得成功。[38]

现在从整个子女同群体的角度来考虑问题。拥有出色认知能力的下一代子女会来自哪里？我们所说的"非常高的认知能力"指的是下一代白人子女中位于前 5 个百分位者。超过四分之一的父母可能被期望具有 125 以上的中间智商[39]，另外四分之一父母的中间智商预计可能为 117 到 125。第三个四分之一父母的中间智商预计为 108 到 117。剩余四分之一父母的中间智商可能会低于 108。在位于前 5 个百分位的子女中，仅有大约 14% 的人可能全部来自白人父母分布中的下半部分。

其中有对我先前提到的有关 SAT 分数惊人统计数字的解释：2010 年，87% 阅读分析或数学成绩在 700 分以上学生的父母一方拥有大学学历，57% 的学生父母中一方有研究生学历。仅通过了解与不同教育水平相联系的智商和父母与子女智商相关性的事实，这些百分比或可被相当准确地预测出来。在认知能力传递中，有关先天与后天的作用，无须任何理论假设就可能做出预测，在对那些 SAT 应试者的家庭收入状况一无所知的情况下也同样可能做出预测。他们的子女参加过多少考前培训课程，子女是否上过私立学校，或者当子女蹒跚学步时家中的益智玩具有多精巧等，这些都可能被预测出来。

在大多数认知能力处于前 5 个百分位父母的从业身份是农民、店主、蓝领工人和家庭主妇等的年代里——鉴于 20 世纪前 10 年早期的职业与受教育程度的分布状况，这是一个世纪前肯定普遍盛行的情况——父母与子女认知能力之间的这些联系没有什么预示性含义。今天，当出色的符合条件者被如此有效地纳入中上阶层行列的时候，当他们如此寻常地与具有相同能力和背景的人结婚的时候，这种预示性含义就显现了。由于没有证明传递认知能力给下一代的任何数据，所以无法对近几十年教育同类婚配增多的效果予以具体化，但实际上这些含义甚至会比我刚才描述的情形更加具有预示性。无论如何，根本的情况是不容反驳的：在下一代中，绝大多数拥有非凡能力的孩子有来自中上阶层的父母，更确切地说，是来自已经成为广义精英阶层成员的父母。

第三章

一种新的隔离

在本章中，我将描述新上等阶层与其他美国人之间的文化差异是如何因居住分离而被加剧的，居住分离使大部分新上等阶层过着与其他美国人隔离的生活。

2009 年，美国研究居住隔离问题的领军人物、普林斯顿的道格拉斯·马西（Douglas Massey）与乔纳森·罗斯韦尔（Jonathan Rothwell）、瑟斯顿·多米纳（Thurston Domina）共同发表了一项关于 20 世纪美国居住隔离问题的重大研究成果。[1] 好消息是民权运动之后种族歧视的势头已经减弱。尽管种族隔离现象依然大量存在，但近 40 年来的趋势一直朝着正确的方向发展。坏消息是社会经济方面的隔离仍在加剧。

马西和同事们将研究集中在贫困线以下家庭与收入至少四倍于贫困线的家庭的比较上。他们的根据不是重要新闻的内容。处于贫困线以下的人们与大都会区贫困线四倍以上家庭的相异指数（dissimilarity index）从 1970 年的 0.34 提高到了 2000 年的 0.42。[2] 他们还发现人口普查区内的大学毕业生的隔离指数从 0.19 提高到了 0.36。[3] 如果这些数字表达不够明白，那么三位作者的简要判断是足够清楚的："换句话说，在 20 世纪末期，受过良好教育的人和富人越来越多地把自己同美国社会的其他人分离开来。"[4] 这让他们回想起了罗伯特·赖克在 1991 年首次描述符号分析人员这个新阶层时独创的一个短语："成功者的脱离"（secession of the successful）。

作者们已经适度地定义了"富裕"这个词语。至少四倍于贫困线的中位数覆盖了 2000 年人口普查中 42% 的美国家庭。[5] 实际上作者们已经证明中产阶层以上的人们已经让自己远离了穷人。住宅区内真正的富人和真正的受良好教育者会是怎样的呢？正如你将要看到的，他们不仅让自己与穷人分离，而且还与几乎每一个不像他们一样富有和受过良好教育的人分离开来。

三个城市的故事

得克萨斯州的奥斯汀市

1960 年人口普查时，奥斯汀只是一个小城市，仅有 186545 人。奥斯汀是得克萨斯州州府和得克萨斯大学主校区所在地，这让这个城市有了一些特别之处。但在其他方面，奥斯汀就像分布在州内的其他小城市一样，经济主要依靠接收和运输来自周边农业地区的农产品。当地的公司还生产砖、瓦和卧室家具。

州议会大厦和大学校区都位于城市商业区内。奥斯汀最富有的市民居住在城市中心区以西和科罗拉多河以北的四个人口普查区中，占奥斯汀成年人口总数的 16%。[6] 这些富有的人口普查区的家庭收入中位数为 60700 美元——差不多相当于奥斯汀市一位经验丰富的公立学校教师在 2010 年的收入。[7] 在这四个人口普查区中，35% 的 25 岁及以上居民拥有学士或更高的学位——换一种说法，在奥斯汀最富有的住宅区里，几乎三个成年人中有两个没有接受过大学教育。[8]

在 2000 年，经历了四次人口普查的奥斯汀已经发生了改变。全市人口已增加到 656562 人，成为美国第 16 大城市。与城市商业区相邻的西侧区域依旧是富人所在的城区，到了 2000 年，向西进一步扩展，不过现在这里的人口结构不同于 40 年前，收入中位数为 106100 美元。最富有邮政区的收入中位数为 211800 美元。

同收入一样，受教育水平也有提高，12 个邮政区中拥有学士学位者的比例超过 60%。财富与受教育水平同步增长，前 12 个最富有邮政区中包含了受教育水平最高的 12 个邮政区中的 10 个。[9]

使奥斯汀西半区前后有别的不仅仅是更多的钱和更高的受教育水平，它已经成为美国某些最时尚和尖端科技企业的所在地。戴尔计算机公司（Dell Computer）是年在财富 500 强中排第 48 位，总部位于奥斯汀。全食超市（Whole Foods Market）已经从一家小天然食品店发展成全国连锁企业，2005 年进入财富 500 强。当时或此后的 10 年间，一部分新经济公司在奥斯汀设立了部分业务机构，包括苹果、谷歌、飞思卡尔半导体（Freescale Semiconductor）、凌云逻辑（Cirrus Logic）、思科系统（Cisco Systems）、亿贝网（eBay）、贝宝国际（PayPal）、英特尔（Intel）、

美国国家仪器（National Instruments）、三星电子（Samsung）、芯
科实验室（Silicon Laboratories）和太阳微系统（Sun Microsystems）
等。到 2010 年，大约有 85 家生物科技公司落户奥斯汀，该市成
为充满活力的新兴产业中地位领先的雇主集中地。

这类公司提供的技术性工作不仅要求有大学学历，还要求
雇员拥有很高的智商。雇主偶尔会雇用天才的大学退学者（得克
萨斯大学在戴尔公司有过大量先例），但通常会在大鱼最多的池
塘里下网，也就是说，奥斯汀的西区挤满了莱斯大学、加州大学
伯克利分校、斯坦福大学、杜克大学、常春藤盟校和其他精英大
学培养出的管理人员。得克萨斯大学奥斯汀校区也已经发生了改
变。在 1960 年，该校区主要以拥有一支出色橄榄球队的派对学
校闻名。到 1985 年，在一本介绍最优秀州立大学的书中，其学
术声誉已经上升到被称作八个 "公立常春藤盟校"（Public Ivies）
之一的高度。[10]

附带说一下配偶的问题。自 1960 年以来，越来越多的教育
同类婚配意味着当人们被高科技公司雇用时，大多数人的配偶
是从同一个有出色认知能力和受过良好教育的群体中挑选出来
的。仅仅依靠金钱，奥斯汀西区家庭生活的许多方面并不能发生
改变。

纽约市的曼哈顿

距离奥斯汀 1700 英里的曼哈顿是另一个世界。1960 年和
2000 年一样，纽约市是这个国家首屈一指的大都市，而曼哈顿
则是这顶皇冠上的明珠。跟现在一样，那时候纽约财富的象征

是上东城，范围在第 59 大街和第 96 大街之间，从第五大道延伸至东河（East River）。[11] 而其他住宅区处于混杂状态。中央公园正北面是哈莱姆（Harlem），是美国最有名的黑人住宅区。岛的东南部靠近布鲁克林大桥的部分是下东城，是 20 世纪初犹太人和意大利移民的居民点，还是 1960 年时白人劳动阶层的居住地。分散在该岛西面和北面的是华尔街周围的金融区、前卫的格林威治村、肉类加工区和服装区，还有几十个在种族、文化或经济上不同的住宅区。

除了上东城外，1960 年的曼哈顿仍然是一个以蓝领人口为主的城区。对曼哈顿中央公园以北的地区来说，那里 67% 的成年人没有读完高中，收入的中位数仅为 34500 美元，这可能并不令人意外。但曼哈顿其他地区（上东城除外）的受教育程度或富裕程度都不太高，大多数成年人没有读完高中，家庭收入的中位数为 39300 美元，整体低于全国中位数水平。此外要记住，这是 2010 年的美元价格。试想一下，在曼哈顿供养一个家庭一年的费用要 39300 美元。

现在来关注上东城。在某种程度上，1960 年的上东城已经是另一个世界。从第五大道到帕克大道的人口普查区中，家庭收入的中位数超过了 15 万美元。所有普查区中最富裕的位于大都会艺术博物馆对面，家庭收入中位数为 17.6 万美元，但是从列克星敦大道到东河的上东城地区并不富裕。总的来说，上东城的家庭收入中位数仅为 55400 美元——远低于 2010 年纽约市公立学校一名经验丰富教师的薪金。[12] 上东城总体上仅有 23% 的成年人拥有大学学历。

接近 2000 年时，居住于曼哈顿的人，数量没有多大的变化，但谋生手段大有改观。1960 年，曼哈顿有 40% 的职业属于工业领域。到了 2000 年，这一比例减少到了 5%。到 2000 年，曼哈顿所有职业中有 15% 属于金融行业，还有 15% 归入了"专业性、科学性和技术服务业"等类别中，另有 9% 完全归入"信息"类，这就是占全部职业中 39% 的行业类别。

然而，这并不是说在曼哈顿已经不再有人从事蓝领工作，只是说到 2000 年时，90 年代居住在曼哈顿南区的人不再从事这类工作。相反，90 年代的曼哈顿南区已经变为一个拥有高学历、从事高收入的专业性、管理性和技术性职业阶层的居住地。即使不包括上东城，曼哈顿南区第 96 大街的家庭收入中位数已从 1960 年的 39300 美元提高到 2000 年的 121400 美元，拥有大学学历的成年人比例已从 16% 提高到 60%。仅在上东城范围内，家庭收入中位数已从 1960 年的 55400 美元提高到 195300 美元，拥有大学学历成年人的比例由 23% 提高到 75%。

2000 年，纽约市的街道景象依然像 1960 年时那样生机勃勃，充满活力。从视觉上来说，非常多样化。人行道上挤满了更多来自世界各地的人们，乍一看，似乎依然有着同样喧闹的各式活动，爱迪生联合电气公司的工人们刷洗着各家投资银行的建筑外墙，街头摊贩向广告业的经理们兜售着热狗。然而这种多样性仅仅存在于街道上，一旦进入办公大楼或公寓，就会陷入教育水平和收入状况位于前几个百分位的同事和邻居们的包围之中。

艾奥瓦州的牛顿市

曼哈顿以西 1100 英里，是艾奥瓦州的牛顿市，1960 年人口普查时，该市人口总数为 15381 人。洗衣机制造商美泰格公司（Maytag Company）总部设于此，公司是年在美国最大企业的财富 500 强名单中排第 326 位。

因为牛顿市太小而没有单独列为人口普查区，所以我们没有该市富人区 1960 年或 2000 年的收入和受教育状况数据。但是牛顿市是有富人的——美泰格公司给予它的管理人员优厚的待遇——包括弗雷德·美泰格二世（Fred Maytag Ⅱ）在内，这些人几乎都居住在牛顿市西南区。弗雷德·美泰格二世在牛顿市西南区的住宅比别人的大，但也没有大很多，该住宅之所以出名主要是因为它有一个游泳池。

在弗雷德·美泰格家周围的三个街区内，居住着城中第二大公司弗农公司（Vernon Company）的所有者、几位美泰格公司的管理人员、几位医生和律师、本地报纸的出版商，还有两家本地汽车经销公司的所有者。三个街区范围内的其他居民有本地治安官及其做钢琴老师的妻子，管理城市自来水厂的市政雇员，几个保险代理人，一家药店、一家纺织品店和一个贮木场的所有者，高中管乐队老师，许多低端白领工人和工厂工人。[13] 还有一位被人们叫作"河上查理"（Over the River Charlie）的隐士，其住宅破败不堪，他还在后院养鸡。

牛顿市是我孩提时代生活的地方，令我难以忘怀，然而对居住在弗雷德·美泰格二世住宅周围三个街区内的人群的描述是一个事实陈述，即在拥有全国 500 家最大公司之一的城市里，居住在富人区的人群呈现出混杂的状态。这说明牛顿市的情形可能与截至 1960 年作为产业公司所在地的许多美国城镇和小城市相当。

四十年后，美泰格公司依然名列财富 500 强，排第 368 位。公司总部与制造洗衣机和烘干机的工厂仍然留在了牛顿市，但情形已发生了改变。公司新任董事长已住进了牛顿市以西 36 英里外艾奥瓦州首府得梅因市的富人住宅区，其他高级管理人员纷纷效仿。留在牛顿市的人聚集到高档住宅小区，而住在这些小区的也仅仅是他们中有能力买得起大房子的人，这就是说其中没有工厂工人，没有低端白领工人，也没有高中管乐队老师。很少有公司高管在当地扶轮社和同济会的会议上露面，他们也不大可能为市民委员会或者慈善捐助活动服务。他们的配偶对牛顿市的学校和教堂事务并不热心，子女也不大可能去上牛顿市的公立学校。

在 20 世纪 80 年代和 90 年代，美泰格公司发现吸引高层管理人才变得越来越困难。1960 年时，大多数美泰格公司的管理人员是在像牛顿市这样的中西部城市中长大的。2000 年时，为获得管理人才，美泰格公司同那些在全国范围内招贤纳士的公司展开了竞争，被录用者中几乎没有人愿意生活在像得梅因这样的艾奥瓦州大城市里，更别说一个被玉米地包围的 15000 人口的小城了。

精英住宅区与超级邮政区

奥斯汀、曼哈顿和牛顿在不同方面都经历了"成功者的脱离"，然而改变的本质并非地理意义上的分离。诚然，与 1960 年的奥斯汀富人住宅区相比，西区新富人住宅区更加远离中心城区，与他们的"前任"相比，居住在得梅因的美泰格公司管理人员当然远离了牛顿的商业区。在数十年中一直作为"城市最佳地区"的住宅区内，1960年与2000年的差别通常是在人口密度与资源方面。

传统的精英住宅区

美国有着闻名了一个世纪的住宅区，比如纽约市的上东城、波士顿市的灯塔山（Beacon Hill）和芝加哥的北岸（North Shore）。为了说明最近半个世纪出现的高学历人口密度和收入变化的幅度，我收集了1960年最著名的14个"城市最佳地区"家庭收入中位数和拥有大学学历成年人比例的数据，以及到2000年时这些指标的变化情况。结果见表3.1。

表3.1 精英阶层住宅区1960年与2000年数据对比

	大学学历成年人中位百分比		收入中位数（以2010年美元价格计/千美元）	
	1960年	2000年	1959年	1999年
纽约				
上东城 [a]	23	75	55	183
下韦斯特切斯特县 [b]	25	58	87	155
康涅狄格走廊 [c]	27	65	90	191
波士顿				
布鲁克林	21	77	69	124
西郊 [d]	27	70	75	157
费城				
梅因莱恩 [e]	25	64	83	140
华盛顿，哥伦比亚特区				
华盛顿西北部 [f]	35	79	88	172
下蒙哥马利县 [g]	42	77	94	176
麦克莱恩/大瀑布城	26	74	74	180

续表

	大学学历成年人中位百分比		收入中位数（以 2010 年美元价格计 / 千美元）	
	1960 年	2000 年	1959 年	1999 年
芝加哥				
北岸 [h]	32	68	95	152
洛杉矶				
贝弗利山 [i]	19	56	115	158
旧金山				
下马林县 [j]	26	69	64	158
伯灵格姆 / 希尔斯伯勒	21	54	89	144
帕洛阿尔托地区 [k]	28	65	72	157
平均	26	67	84	163

资料来源. 伊丽莎白·马伦·鲍格档案（Elizabeth Mullen Bogue file, 下称鲍格档案）1960 年人口普查区数据与 2000 年人口普查邮政区数据，通过人口普查局网站的美国资讯检索站获得

a. 在第 59 大街和第 96 大街之间，从中央公园到东河。

b. 伊斯特切斯特（Eastchester）、格林堡地区（Greenburgh area）、哈里森（Harrison）、马马罗内克（Mamaroneck）、佩勒姆（Pelham）、拉伊（Rye）（镇和市）、斯卡斯代尔（Scarsdale）。

c. 达里恩（Darien）、格林威治（Greenwich）、新迦南（New Canaan）、北斯坦福德（North Stamford）、韦斯特波特（Westport）。

d. 康科德（Concord）、列克星敦（Lexington）、尼德姆（Needham）、牛顿、牛顿中心村（Newton Center）、牛顿海兰兹村（Newton Hightlands）、牛顿下瀑布村（Newton Lower Falls）、牛顿上瀑布村（Newton Upper Falls）、牛顿维尔（Newtonville）、萨德伯里（Sudbury）、韦兰（Wayland）、韦尔斯利（Wellesley）、韦尔斯利山（Wellesley Hills）、韦斯顿（Weston）。

e. 阿德莫尔（Ardmore）、巴拉辛维德（Bala Cynwyd）、伯温（Berwyn）、布林莫尔（Bryn Mawr）、德文（Devon）、格拉德温（Gladwyne）、哈弗福德（Haverford）、莫尔文（Malvern）、梅里恩（Merion）、纳伯斯（Narberth）、佩奥利（Paoli）、维拉诺瓦（Villanova）、韦恩（Wayne）、温尼伍德（Wynnewood）。

f. 岩溪公园（Rock Creek Park）西部住宅区。

g. 波托马克（Potomac）以及贝塞斯达（Bethesda）与切维蔡斯（Chevy Chase）隶属马里兰州的部分。

h. 埃文斯顿（Evanston）、格伦科（Glencoe）、凯尼尔沃思（Kenilworth）、威尔梅特（Wilmette）、温内特卡（Winnetka）。

i. 除贝弗利山外，洛杉矶的富人们居住的人口普查区已经发生了相当大的改变，使得重现类似 1960 年和 2000 年时的住宅区已无可能。

j. 米尔山谷（Mill Valley）、索萨利托（Sausalito）、蒂伯龙（Tiburon）。

k. 阿瑟顿（Atherton）、洛斯阿尔托斯（Los Altos）、门洛帕克（Menlo Park）、帕洛阿尔托（Palo Alto）、波托拉谷（Portola Valley）、斯坦福（Stanford）。

这 14 个精英住宅区具有相同的情形。1960 年，大学毕业生还为数不多，即使在美国精英阶层最多的地方，通常也是少数，仅贝弗利山的家庭收入中位数超过了 10 万美元。在随后的 40 年间，凭借大学毕业生和为上等阶层的品位与偏好付更多钱的方式，这些曾在 1960 年就已是时尚富裕之地的地方被注入了新的文化资源。被注入的不是几个百分点或者几千美元的事情，这 14 个精英城镇和住宅区的收入中位数从 84000 美元升至 163000 美元——几乎增加了一倍，大学毕业生的中位百分比从 26% 提高到了 67%——增加了一倍还多。

使用 2000 年人口普查数据的意外优势

本章中所有的邮政区数据都以 2000 年人口普查数据为基础，因为在本书交付出版前，2010 年人口普查中有关邮政区的社会经济数据尚未发布，我打算在《分化》后续修订版本中加入 2010 年的数据。但是在某些方面，使用 2000 年人口普查数据也有优势。我认为新上等阶层 2010 年的隔离情形会比 2000 年更加极端，尽管 2000 年时已显极端。我们不必在将来为新上等阶层隔离的后果担心，即使这些结果许多年来一直影响着整个社会。2000 年的人口普查数据有助于证明这一点。

这些相对极少的精英城镇与城市住宅区的重要性是怎样的呢？非常重要——正是因为数量极少，反倒成了如此众多广义的精英阶层和更大比例的狭义精英阶层的居住地。

定义超级邮政区

为说明这一问题，第一步就是要从根本上揭示精英住宅区与其他地方的住宅区有什么不同。为此，我为全国所有的邮政区设计了一种结合教育水平和收入状况的评分标准，得出分数的方法可以在附录二中找到。

这些分数是采用与标准化测试中百分位数（percentile）含义相同的百分位数（centile）来表示的。如果你的SAT成绩位于第80百分位，那么在100名参加SAT考试的学生中，仅有20人取得与你一样的成绩。如果你居住的邮政区位于第80百分位，那么100名美国成年人中仅有20人居住在教育水平和收入状况的综合上与你一样高的邮政区内。

超级邮政区指的是从第95百分位到第99百分位的邮政区。我选定这一范围的部分原因在于，最高5%的邮政区所涵盖人口的教育水平和收入状况同表3.1中那些有名的精英住宅区的情形相似，拥有大学学历成年人的平均比例为63%，家庭收入中位数为141400美元。另一个考虑是，我希望超级邮政区的人口数量足够大，可以占到新上等阶层人口的大部分。最高5%邮政区内25岁及以上人口的总数是910万——几乎是我的可操作性定义所确定的新上等阶层人数240万的四倍。总而言之，882个邮政区符合超级邮政区的条件。

超级邮政区概况

从表面上看，超级邮政区之间的差别很大。有几个超级邮政区是由老住宅区的旧豪宅构成的，有一些则是由20世纪80年代以来建造的住宅区构成的，这些住宅区的房子比传统的豪宅大得多，由于没有预算限制，屋内设施应有尽有。其中许多住宅区都装有大门或有私人保卫，明显不同于当地的其他住宅区。然而超级邮政区中也有许多住宅区看起来并没有这么堂皇或者抢眼，序言中提到的位于切维蔡斯的住宅就很典型。这些住宅大多建于20世纪上半叶。最近，许多房屋在原本不大的地皮上做了最大限度的扩建，还有一些房屋因占地面积有限，甚至不及邮政区中的房屋富丽堂皇，更不必说与富裕的超级邮政区相比了。然而即使是位于切维蔡斯的一所普通住宅，也能卖出几百万美元的价格——仅仅因为它位于切维蔡斯。

显然，大部分居住在超级邮政区中的人都是富人和受过良好教育者，他们还有其他方面的优势。我们先从整体上预测一下中上阶层的趋势（对此我将在本书第二部分详细陈述）：与居住在其他地方的人相比，超级邮政区的居民更有可能结婚，不大可能经历离婚，不大可能存在子女同单身母亲共同生活的情形。超级邮政区男子的就业人数更可能多于其他美国人，他们不大可能失业，工作时间也长于其他美国人。城市超级邮政区中的犯罪率很低，城郊超级邮政区中则罕有犯罪发生。

超级邮政区最与众不同的地方之一，就是种族状况。截至2000年，882个超级邮政区中大多是白种人，然后亚裔偏多而非其他美国人。超级邮政区的居民中有82%是白人，而非超级邮政区居民中白人的比例为 68%。亚裔占到超级邮政区人口的 8%，而在非超级邮政区人口中的比例为 3%。同时，黑人和拉丁族裔仅分别占 3%，而在其他邮政区中这一比例分别为 12% 和 6%。[14]

你可以查阅 2010 年的人口普查资料，该资料会为揭示超级邮政区的发展过程提供最新的信息。尽管在招生程序中遭受了系统性的不利影响，但长期以来，亚裔美国人在精英大学中的比例远高于他们在总人口中的比例，而且近年来越来越多的优秀的南亚学生加入其中。[15] 鉴于精英大学入学率和目前讨论的居住在超级邮政区的概率之间的关系，我们有充分的理由认为，居住在超级邮政区中的亚裔人口的数量在 21 世纪初有了显著的增加。然而从 20 世纪 60 年代起，亚裔人被白人看作"荣誉白人"（honorary whites），这一讥讽用语源于社会学家安德鲁·哈克（Andrew Hacker），而超级邮政区中亚裔人口比例的提高，不会改变超级邮政区在种族成分上与其他任何邮政区明显相异的程度。[16] 如我在书中所言，美国大约有十分之一的县拥有大部分少数族裔。先前发布的 2010 年人口普查数据显示，拉丁族裔已达人口总数的 16%，黑人占 13%。[17]2010 年很可能成为白人女性生育率仅占总生育率少数的标志性一年。最晚到 21 世纪中叶，白种人会成为美国人口中的少数。然而截至 2000 年，这些历史性的变化尚未对超级邮政区产生影响。

如果想快速查询 2000 年以来的情形发生了多少改变，可以使用美国人口普查局网站提供的美国咨询检索工具来查看六个超级邮政区 2010 年的种族成分，2000 年时这些超级邮政区中白人的平均比例达到82%。这六个超级邮政区是02461（马萨诸塞州的牛顿海兰兹村）、10583（纽约州的斯卡斯代尔镇）、20007（哥伦比亚特区的乔治敦）、60657（伊利诺伊州的芝加哥市中心区）、90212（加利福尼亚州的贝弗利山）和94301（加利福尼亚州的帕洛阿尔托市）。[18]

新上等阶层居住的邮政区

我尚未证实新上等阶层确实都居住在超级邮政区中。有两种最大的可能性，第一是我错误地认为新上等阶层聚集在美国住宅区中一个如此狭小的范围内。新上等阶层的人们寻求那些出于特殊缘由而喜欢的住宅区。虽然这些人想要一个有着好的房子和社会经济地位大致相当的居住者的住宅区，但是他们选择了那些富裕的邮政区，因为这些地方的某些方面对他们产生了吸引力，例如通勤路途的远近或者学校的教学质量。他们愿意以其在收入／教育阶梯顶端的优势来换取其他方面的优势。第二种可能性是新上等阶层成员的做法好像在钟情于一条最重要的单纯标准，那就是住宅区中都是最富有和最聪明的人，这种情形似乎在极大的程度上正在发生着。

为说明这一问题，我将继续以我最熟悉的大都会区——哥伦比亚特区华盛顿及其周边地区为例，该地区是全国几乎所有政治与决策领域外加众多新闻媒体领域狭义精英的居住地。

如果你受邀出席一位华盛顿狭义精英成员的家庭晚餐会，能够想到的地址在大瀑布城（Great Falls）、亚历山德里亚古城（Old Town Alexandria）、阿灵顿（Arlington）或者福尔斯彻奇（Falls

Church）的几个住宅区，或者在国会山（Capitol Hill），然而果真如此，倒会令人感到意外。仅凭主人狭义精英成员的身份，我们就可以断定地址应该在乔治敦、华盛顿西北部的其他地区、贝塞斯达、切维蔡斯、波托马克或者麦克莱恩（McLean）等地。

这些社区包含了 13 个邮政区[19]，全都是超级邮政区，这仅仅是开始。截至 2000 年，这 13 个邮政区中的 11 个位于第 99 百分位，而且在该百分位上也非平均分布。11 个邮政区中有 10 个处于第 99 百分位的上半部——每 1000 名美国人中仅有不到 5 人可以共享这些良好教育程度与高收入兼具的地方。其余 3 个邮政区的百分位数为 99.4、98.9 和 98.8。

说到家庭晚餐会时选取列举的那些住宅区，并非基于它们所在邮政区的百分位数。在政治和公共决策圈，这些地方只是司空见惯的、尽人皆知的华盛顿最有钱的人的居住地——不仅是超级邮政区，而且通常位于最高百分位的上半部分。

2004 年，哈佛商学院 1979 届学生为纪念毕业 25 周年出版了毕业生简介，这也为确定新上等阶层中最成功者的居住地提供了一个更为系统的方法。

哈佛商学院 1979 届毕业生在 2004 年时几乎都已经 50 多岁，正处于职业生涯巅峰期。居住于美国国内各邮政区的 547 名毕业生中，有 51 位执行总裁，107 位董事长，15 位董事会主席和 96 位董事、合伙人或企业的所有者等。[20]此外，还有 115 位财务总裁、运营总裁、常务副董事长和总经理等。我会把以上 384 人看作最有可能符合我定义的广义精英的代表。图 3.1 描述了这些人居住地的情形。

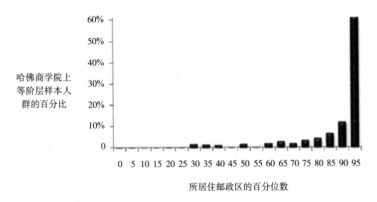

图 3.1　哈佛商学院上等阶层样本人群所居住邮政区的百分位数

资料来源：哈佛商学院 1979 届毕业生毕业 25 周年重聚简介

上述人群中有 61% 的人居住在超级邮政区，居住在非超级邮政区的大多数人的居住地几乎与分布图中右侧末端的情形相去甚远。样本中 83% 的人所居住邮政区的百分位数为 80 或以上。

我选用符合广义精英身份的哈佛商学院 1979 届毕业生作为阐述对象。其实原本可以不必如此费事，因为那些勉强成为新上等阶层成员的同班同学的简介都颇为相似。其余毕业生中有 53% 的人居住在超级邮政区，而且有 80% 的人居住在百分位数 80 或以上的邮政区中。

以华盛顿为例，通过加入哈佛商学院毕业生的子样本进一步阐明这种现象：超级邮政区之间的情形不尽相同。图 3.2 显示了居住于超级邮政区的 61% 的哈佛商学院毕业生样本中前 5 个百分位数的分布状况。

切记，对于这些在精英邮政区内买房子的成功家庭而言，并

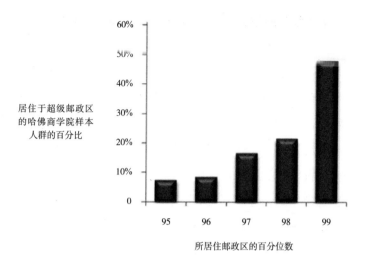

图 3.2　哈佛商学院上等阶层样本人群所居住超级邮政区前 5 个百分位数的分布状况

资料来源：哈佛商学院 1979 届毕业生毕业 25 周年重聚简介

不存在一个他们能够查询到百分位数的最适合的住宅区——这与富人去酒庄买酒的情形不同，他们可以拿着最新一期《葡萄酒倡导家》（Wine Advocate），只买被罗伯特·帕克（Robert Park）评为 99 分或 100 分的酒。更确切地说，他们总是通过对事物的百分位数的深入了解来寻找中意的东西，这不仅发生在富裕的邮政区。多元分析表明，就区别新上等阶层居住的或不居住的邮政区而言，拥有学士学位成年人的比例至少与中位数收入具有同等重要的作用。他们要找的"东西"是像他们一样的人——富有、学历高和成就非凡，他们就想住进这个最好的住宅区。正是来自华盛顿精英阶层和哈佛商学院毕业生样本的证据，清晰地揭示了什么才是新上等阶层认同的最好的住宅区。

过度教育的精英主义势利眼居住的超级邮政区

在我先前居住的华盛顿特区的住宅区里，隔壁邻居是普林斯顿大学 57 届和拉德克利夫学院 66 届毕业生，与他们相邻的是同为哈佛大学 64 届的毕业生，住在街对面的是耶鲁大学 71 届和耶鲁法学院 74 届毕业生，还有我这个哈佛大学 66 届和耶鲁法学院 69 届毕业生。也就是说，正好是一个典型的美国住宅区。

——迈克尔·巴龙（Michal Barone）给作者的电子邮件

新上等阶层的文化中带有些许明显的"我们优于平民百姓"的意识。日常瑜伽和慢跑令他们保持苗条的身材，这么做不只是出于健康的目的，超重的人很少能得到他人的赞赏。不参与废物回收利用反映出的不仅是有关该活动是否有意义，究其本质是不负责任。人们无须为吸烟者担忧，但吸烟者却遭人蔑视。

很多美国人把患有这种综合征的人称为过度教育的精英主义势利眼（overeducated elitist snobs，OES）。OES 综合征就像玛格丽特·杜蒙（Margaret Dumont）扮演的社交名媛格劳乔·马克思（Groucho Marx）那样做不到开诚布公。过度教育的精英主义势利眼们甚至会贬低自己的文化偏好，他们默默坚信自己及同侪在智力和细致入微的道德敏感性方面优于他人。

没有外部特征让我们用来准确地定义新上等阶层中何人符合这一指责。那些患有 OES 综合征的人往往有着很高的智商，然而许多拥有高智商的人却美滋滋地大嚼着双份加奶酪的至尊牛肉堡，认为环保是胡闹。根据我个人的经验，政治理念并非一种可信赖的指导原则——我发现新上等阶层中的自由主义者和保守主义者对平民阶层表现出了同样的傲慢态度。

某些人群并未因患有OES综合征而被确定为过度教育的精英主义势利眼，然而这与遭受该综合征之苦人群的数量却不成比例。因此我们不得不找一种替代方法，而我主张采用精英院校的毕业生这个群体。这类院校中我的校友们大多数都是品德高尚的人，会对这种做法表示不满也是可以理解的，但请各位注意，我所涉及的并不是所有人，甚至不是我们中的大多数人（我希望如此）。我只是说就整体而言，精英院校毕业生中具有OES综合征的比例要高于受过大学教育者中的比例。

这样一种联系存在几个看似合理的原因。第一是自我选择。18岁的年轻人不会侥幸进入杜克大学或耶鲁大学，他们必须为此付出努力。换句话说，受到精英品质诱惑力的各种暗示，他们中大多数人急切地想在青春年少时就成为某个精英教育机构中的一员。

第二，这些年轻人在被录取时，年龄都在18岁上下。他们在可塑性较强的年龄段走进大学校园，渴望去适应成为精英教育机构的一名合格成员的一切事情。

第三，进入精英院校的激烈竞争会产生一种强烈的认同感。如果成功入学，他们会对自己说：你非同一般。

第四，正如在第二章中所证明的，进入精英院校就读的学生中，很大一部分有着中上阶层的家庭背景。他们已经适应了中上阶层的品位与偏好，对生活的其他领域却少有体验。进入大学时，他们在通往 OES 综合征的路上已经走过了半程。

第五，精英校园文化同布波族极度相似。在对被戴维·布鲁克斯称作"受教育阶层"的问题的论述中，充满着与精英院校及其毕业生相关的事例，事实也确实如此。[21]

因此，我有兴趣了解作为成年人的精英院校毕业生会移居何处，并将此作为一种间接的方法，来探究 OES 综合征最有可能在哪里被发现。

我为此而使用的主数据库收录了 14137 名哈佛、普林斯顿和耶鲁（方便起见，简称 HPY）大学毕业生家庭的邮政编码。数据的适用时间从 1989 年到 2010 年，几乎所有受访对象都在 39 岁到 53 岁之间。[22] 辅助数据库由 1588 名卫斯理大学毕业生的资料构成，这是一所排名在 HPY 类别之下的精英大学。这些学生毕业于 20 世纪 70 年代，对其家庭邮政编码的获得截至 1996 年，他们那时都在 38 岁到 47 岁之间。数据资料来自从上述学校毕业生处借阅的校友通讯录和毕业周年纪念册。

和成年人一样，至少四分之一的 HPY 毕业生居住在纽约市及近郊；另有四分之一住在另外三个大都会区：波士顿（10%）、华盛顿（8%）和旧金山（7%）。同以上地区的人口数量相比，洛杉矶和芝加哥地区 HPY 毕业生的数量不多——分别只有 5% 和 3%。除了费城和西雅图地区，其他大都会区都不超过 1%。

尽管我未将成功者的样本筛选出来——只要毕业于 HPY 大学就足够了——但这些毕业生居住在与哈佛商学院毕业生几乎同样独享的邮政区中。图 3.3 复制了图 3.1 的图形，采用了相同的纵轴比例，但本次使用的完全是 HPY 毕业生样本。

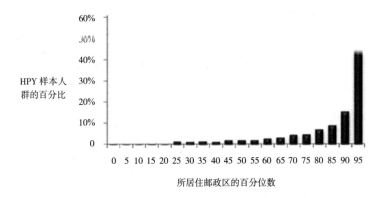

图 3.3 HPY 毕业生所居住邮政区的百分位数

资料来源：各届毕业生通讯录

虽然所有 HPY 毕业生所在的邮政区不太像哈佛商学院上等阶层毕业生们所在的邮政区那样夸张，但也差不多。他们中间有44% 的人居住在超级邮政区，74% 的人居住的邮政区有着 80 或更高的百分位数。

来自 HPY 毕业生样本的数据甚至比哈佛商学院毕业生样本的数据更令人感到吃惊。图 3.1 的每个人都是执行总裁、财务总裁，或者拥有某些类似高级职位的人，这无疑意味着他们有足够的钱可以住在他们选中的任何地方。但并非每个在 18 岁进入 HPY 大学的人最终都能在经济方面取得成功，许多人一生都未有大作为，有些人则选择了低薪的职业，图 3.3 就包括了他们全部。完全以他们年轻时是否被 HPY 大学录取为依据来选取样本，不必了解这些人后来的结果如何，当他们 40 多岁并在许多方面有了引人注目的成就时，便产生了高度聚集于超级邮政区的情形，这个方法是可行的。

如果我们讨论的只是这三所大学，那么这些调查结果也许是无关紧要的，但也没有理由认为这一结果同哥伦比亚、斯坦福或者杜克等其他顶级院校的情况大相径庭。这就说到了卫斯理大学的毕业生样本。在《美国新闻与世界报道》最近的大学排名中，卫斯理大学位于文科院校排名的第 12 位——的确算得上是精英院校，但客观地说，与全国性的一流大学（另一个区别于文科院校的排名表）相比，卫斯理大学并非位于顶级院校之列。来看图3.4，这是对先前给出的哈佛商学院上等阶层样本人群和 HPY 毕业生图形的第三次复制，本次以卫斯理大学毕业生为样本。

有 31% 的卫斯理大学毕业生居住在超级邮政区中，65% 的人居住的邮政区位于第 80 百分位或者更高。似乎大学精选机凭借其高度的精确性将自己复制成为一种居民分选机。这暗含了这样一个假设——对该假设的检验会使这一做法大大超出本书原有的论题范围——就是如果以该校毕业生所居住邮政区的百分位

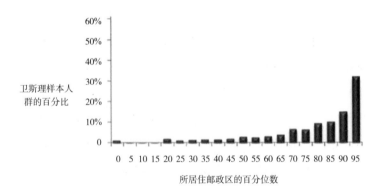

图 3.4　卫斯理大学毕业生所居住邮政区的百分位数

资料来源：1996 年卫斯理大学校友通讯录

平均数来给大学排位定序，那么可能与采用 SAT 平均成绩的结果相差无几。如果是这样，那么在其他条件不变的情况下，超级邮政区的百分位数越高，居于其中的精英院校毕业生的人口密度就越大，相应地，居于其中的过度教育的精英主义势利眼的人数也就会越多。我鼓励其他人对这一假设展开实证研究。

至于提到的华盛顿精英阶层和哈佛商学院样本现象——都居住在超级邮政区中，新上等阶层的聚集地拥有最高的百分位数——以精英院校毕业生为对象的图形与图 3.2 非常相似。在那些居住于超级邮政区的毕业生中，有 9% 的人位于第 95 百分位的邮政区，有 11% 的人位于第 96 百分位的邮政区，15% 的人位于第 97 百分位的邮政区，23% 的人位于第 98 百分位的邮政区，而有 42% 的人位于第 99 百分位的邮政区。

精英隔离罩

如果超级邮政区是与普通住宅区正常邻接的岛屿，那么新上等阶层同其他任何人之间的隔离程度就会降低，然而它们不是岛屿。

回想一下华盛顿狭义精英们的主要聚居地——乔治敦、华盛顿西北部的其他地区、贝塞斯达、切维蔡斯、波托马克和麦克莱恩等。那些包裹在隔离罩中的名字代表了这 13 个邮政区，其中 7 个处于波托马克河和岩溪公园的完全包围之中，其余 6 个邮政区至少有一面同这个魔圈以外的某个邮政区相邻。同麦克莱恩接壤邮政区的百分位数分别为 99、99、93 和 98，与乔治敦相邻邮

政区的百分位数为99。至于贝塞斯达，其相邻邮政区的百分位
数为96、99和97。与波托马克相邻邮政区的百分位数为96、96
和97，再加上另外两个邮政区，是两个百分位数仅为91和89
的乡村地区，位于波托马克20854邮政区的最西北端，距离波托
马克居民区后方几英里。

　　图3.5显示了哥伦比亚特区内和周围邮政区的情况。黑色的
邮政区为超级邮政区，处在最高的5个百分位。深灰色的代表差

图3.5　华盛顿特区周边的超级邮政区群

黑色：超级邮政区。深灰色：位于第90至第94百分位的邮政区。浅灰色：位于第80至第
89百分位的邮政区。无色：第80百分位以下的邮政区

一点达到超级邮政区标准的邮政区，处于第 90 到第 94 百分位。浅灰色的则是依据我采用的过于严苛的标准可能还达不到精英层次的邮政区，然而它们拥有第 80 到第 89 百分位，远高于全国的平均水平。无阴影的邮政区都低于第 80 百分位。

地图最明显的特征是华盛顿周边超级邮政区群的规模。2000年这些黑色邮政区中 25 岁及以上成年人口共 931512 人。这种超级邮政区的群聚甚至比人数更为重要。注意有多少黑色邮政区是相连的 [23]，也要注意与超级邮政区相邻的邮政区是深灰色的，这意味着这些邮政区几乎同超级邮政区一样富裕和有着很高的受教育程度；反过来，还要注意与百分位数低于 80 的无色邮政区接壤的超级邮政区有多么稀少。从地图上看，似乎华盛顿西北部在这方面没有那么偏僻，但这是个错觉。岩溪公园是华盛顿西北部超级邮政区同与这些超级邮政区相邻的非精英邮政区的分界线，该公园将哥伦比亚特区西北部的精英住宅部分和岩溪流经的林木繁茂的广阔区域的其他住宅区分隔开来。

这幅地图对熟悉华盛顿的读者真正的冲击，是一些称得上超级邮政区的地方。对某个居住在华盛顿上流社会住宅区的人而言，像盖瑟斯堡（Gaithersburg）、斯普林菲尔德、尚蒂利（Chantilly）和埃利科特城（Ellicott City）这样的社区都被视为中产阶层和中上阶层普通的近郊住宅区，但实际上这些邮政区内人口教育和收入的结合状况要好于除那 5% 以外其他美国人的状况。新上等阶层文化的主要特征在这些超级邮政区就像在麦克莱恩或者乔治敦一样广泛盛行，只是奢华程度要低一些。

在华盛顿地区形成令新上等阶层文化得以兴盛的超级邮政区

群有两个必不可少的条件——足够多的新上等阶层成员及其住宅区在地理位置上的毗邻状态。按此条件判断，美国还有这样的地方吗？

假设我们将一个群（cluster）定义为几个相邻的超级邮政区[24]，这样华盛顿就拥有了全国最大的超级邮政区群。如图3.5所示，从北部的埃利科特城走到南部的斯普林菲尔德而不踏出超级邮政区是可能的，2000年人口普查时，这个住宅群中有成年人口827746人，占华盛顿地区超级邮政区全部人口的89%。

纽约市拥有最多的超级邮政区人口，尽管它的超级邮政区群中没有一个在规模上能与华盛顿的相比。曼哈顿市郊住宅区是到目前为止人口最稠密的超级邮政区群，超级邮政区中有成年人口486222人，该群与中央公园的东、南、西三面接壤。新泽西州中北部是一个大致上由南奥兰治（South Orange）、韦斯特菲尔德（Westfield）、安嫩代尔（Annandale）、朗瓦利（Long Valley）和芒廷莱克斯（Mountain Lakes）连接成的三角地区，拥有成年人口314189人。另有246709名成年人居住在康涅狄格州和纽约州的近郊住宅区中，而这些住宅区大体上与格林威治、格拉尼特斯普林斯（Granite Springs）、雷丁（Redding）和韦斯特波特相连接。沿长岛海峡形成的超级邮政区有成年人口194725人。韦斯特切斯特（Westchester）地区形成了一个拥有119986名成年人的超级邮政区群。

旧金山地区拥有四个大型的超级邮政区群，人口总数排全国第三位，位于纽约市和华盛顿之后。相连的超级邮政区加上单独的超级邮政区，旧金山商业区拥有超级邮政区成年人口118555

人。旧金山以东地区，大体上与伯克利（Berkeley）、克莱顿（Clayton）和卡斯特罗谷（Castro Valley）相邻，拥有成年人口227322人。马林县有一个成年人口为75583人的超级邮政区群。大旧金山地区最大的超级邮政区群就位于硅谷，该群从旧金山一个富裕的近郊住宅区伯灵格姆（Burlingame）开始向南延伸，穿过帕洛阿尔托直到森尼维尔（Sunnyvale），囊括了拥有422907名成年人的几个超级邮政区——是全国范围内排在华盛顿和曼哈顿城外住宅区之后的第三大超级邮政区群。

　　然而这些超级邮政区群依然未能完全覆盖这个阶层的居住区，许多新上等阶层人士生活在远离普通美国人的世外桃源。这些超级邮政群都是相邻且位于第95百分位的邮政区，但通常一个超级邮政区与几个———一般是4个邮政区相邻，而且这其中也仅有一个需要成为令超级邮政区群得以相连的另一个超级邮政区。与超级邮政区相邻的所有邮政区的平均百分位数是多少呢？很高，有86。甚至某个相邻的邮政区并非超级邮政区时，它几乎可能与超级邮政区一样富裕且拥有很高的受教育程度。

　　具体来说，居住在与超级邮政区相邻的邮政区内的人群中，48%的人所居邮政区的平均百分位数至少是90，另外30%的人为80—89。还有13%的人居住在相邻的平均百分位数为70—79的邮政区中，依然远高于全国的平均水平。仅有7%的成年人居住在与平均百分位数为50—69的邮政区相邻的超级邮政区中，这些人中只有极少的2%的人与一些邮政区相邻而居，而这些邮政区的平均百分位数都不到50。

　　结果是居住在小城镇的人们，尽管地处乡村，竟然能成为某个大的新上等阶层城市的一部分——只不过碰巧是一个人口密度非常非常低的城市。举个例子，01778邮政区，百分位数99，位于波士顿以西15英里，隶属于马萨诸塞州的韦兰。韦兰仅有13100人，是一个相当小的镇子，你可以驾车穿过人烟稀少的乡村到达邻近的任何一个镇。它看上去不像值得人担心的精英隔离罩，但与韦兰相邻的邮政区是韦斯顿（百分位数99）、萨德伯里（百分位数99）、内蒂克（Natick）（百分位数94）、林肯（Lincoln）（百分位数99）和东面的弗雷明汉（Framingham）（百分位数93）邮政区。位于上述相邻邮政区之外的邮政区圈包括了韦尔斯利（百分位数99）、韦尔斯利山庄（百分位数99）、多佛（Dover）（百分位数99）、尼德姆（百分位数99）、舍伯恩（Sherborn）（百分位数99）、阿克顿（Acton）（百分位数99）、卡莱尔（Carlisle）（百分位数99）、绍斯伯勒（Southborough）（百分位数99）、康科德（百分位数99）、列克星敦（百分位数99）、北萨德伯里（North Sudbury）（百分位数98）、贝德福德（Bedford）（百分位数97）、奥本代尔（Auburndale）（百分位数98）和牛顿下瀑布村（百分位数95）。加上这组附加的数据，韦兰被此类具有很高且相似受教育程度和收入水平的259100名居住者所茧化——这一人口数量可以使大韦兰（Greater Wayland）在全国的大城市中排第69位。

这些非常大且具有良好缓冲作用的超级邮政区群是罕见的。这种罕见程度通过图3.6中显示的所有超级邮政区的地理位置便可一目了然。

关于图3.6，首先要强调的是，地图上所有的无色区域都

图 3 6　全国超级邮政区居住人口分布状况

资料来源：通过人口普查局网站的美国资讯检索站工具获得的 2000 年人口普查邮政区数据。"成年人"指 25 岁及以上者。本地图中最小的可见人口为 5000 名左右的成年人，这意味着有大约 41000 名成年人（所有超级邮政区人口的 0.4%）居住在本图未显示的超级邮政区中

散布着一到两个黑点。在所有超级邮政区群中，有 64% 都是由几个非超级邮政区包围着一个单独的超级邮政区构成的。此外，与位于邮政区中的超级邮政区相比，相邻的邮政区更接近一般水平。3 个或 3 个以下超级邮政区群中，尽管与 80% 的超级邮政区相邻的邮政区的平均百分位数为 77——依然位于美国总人口的最高四分位组，却代表了这些住宅区的多样性。换句话说，80% 左右的超级邮政区并不能代表我一直以来所描述的那种与其他美国人隔离的精英隔离罩。问题是这 80% 的超级邮政区中只包含了超级邮政区居民中的 21%，而且这 21% 的人中没有几个有资格成为广义精英，并且几乎没有人够得上狭义精

英的条件。

　　这么说的部分理由是来自这两个群体的定义。成为一名广义精英阶层成员意味着是某个重要城市中的一位显赫人物，有大约四分之一的成年人居住在 3 个或 3 个以下超级邮政区群中，并且这些超级邮政区群不属于 50 个最大的大都会区中的任何一个，而成为狭义精英成员甚至有更多的限制。正如我在本书第一部分导言中指出的，未在纽约、华盛顿、洛杉矶或者旧金山周边地区生活的人，很难在政界、公共决策界、金融界、商界、学术界、信息技术界或者传媒界拥有一个具有全国影响力的职位。在几个案例中，居住在波士顿、芝加哥、亚特兰大、西雅图、达拉斯或者休斯敦，还有阿肯色州的本顿维尔（Bentonville）的人能做到这一点，而在其他许多地方是不行的。[25]

　　通过对哈佛商学院样本人群与居住在超级邮政区中的精英院校毕业生的分析，我们获得了定义所需的某些数据。在拥有明显将他们置于广义精英之列的身份的哈佛商学院毕业生中，仅有 8% 的人居住在 3 个或 3 个以下邮政区构成的某个超级邮政区群里；在超级邮政区群中，邮政区的中位数是 18。在 HPY 大学的毕业生中，仅有 13% 的人居住在 3 个或 3 个以下邮政区构成的超级邮政区群之中，其邮政区的中位数是 14。

　　同时，四大地区——纽约、华盛顿、洛杉矶、旧金山周边的超级邮政区群人口占到了全部超级邮政区人口的 39%，而且这些超级邮政区群是几乎所有的狭义精英和大部分广义精英的居住地——处在由他们的同类所主导的巨大隔离罩中。

红色超级邮政区和蓝色超级邮政区

我在第一章的结尾部分承诺，最终会讨论新上等阶层的政治倾向问题，而超级邮政区则为我们提供了一种方法。

有充分的理由认为，新上等阶层的思想比美国的其他阶层更为开明，这一点已被广为接受。精英大学教师中持自由观念者居统治地位是有据可查的[26]，精英媒体记者中自许为自由主义者的比例也处于优势地位[27]。电影行业中顶级的明星、制片人和导演们公开声称该行业的自由主义属性。[28]

此外，政治学家戴维·卡拉汉（David Callahan）在《命运的改变》（*Fortunes of Change*）中证实，近几十年来，商业界的激进自由主义已经变得更加普遍了，不仅有乔治·索罗斯（George Soros）这类广为人知的实例，信息技术行业中新的亿万富翁们也大多表现出自由主义倾向，而金融界具有自由主义倾向的亿万富翁同样占到了很大的比例。

在某种程度上，商业界激进自由主义者数量的增长已无处不在。卡拉汉在其书中以普雷斯顿谷（Preston Hollow）这个达拉斯的高档住宅区开篇，乔治·布什（George W. Bush）卸任后迁居到此。2008年，贝拉克·奥巴马（Barack Obama）在普雷斯顿谷邮政区筹集到了比约翰·麦凯恩（John McCain）更多的款项。[29]尽管美国精英阶层的左倾主导地位日益增强已成事实，但它可能很容易被夸大。

超级邮政区与 2004 年总统竞选

回想一下竞争激烈的 2004 年总统竞选，有些地方适合这种老套的东西。约翰·克里（John Kerry）获得了旧金山－硅谷走廊超级邮政区 70%—80% 的选票。[30] 从西海岸南下至洛杉矶，克里获得了贝弗利山、圣莫尼卡（Santa Monica）和马利布（Malibu）三地共 71% 的选票。波士顿富裕的近郊住宅区和曼哈顿的富裕住宅也将 70% 以上的选票投给了克里。

但是其他地方并非如此。除贝弗利山、圣莫尼卡和马利布外，可能由于选票被分化的缘故，在洛杉矶的其他富裕地区，克里甚至没能获得超过半数的选票。继续向南进入奥兰治县的富裕城镇，克里只在其中的拉古纳比奇（Laguna Beach）获得了胜利，在纽波特比奇（Newport Beach）、亚里索维耶荷（Aliso Viejo）、塔斯廷（Tustin）和约巴林达（Yorba Linda）总共获得了有限的 35% 的选票。

在东海岸，纽约市周边的超级邮政区中，新上等阶层掌控的城镇的色彩并不是特别蓝。克里在新泽西州的几个近郊住宅区获得了巨大的优势——蒙特克莱和南奥兰治县超过了甚至是最自由主义的旧金山的近郊住宅区，给予了克里更大的优势。然而，可能由于选票被分化的缘故，新泽西州富裕的 46 个城镇中有 33 个支持布什，克里一共只得到了 39% 的选票。除纽约市外，在康涅狄格州富裕的近郊住宅区，克里也只赢得了 18 个城镇中的 10 个。克里也总共获得了全部 18 个城镇 49% 的选票，勉强高于其在全国的得票率。

离开东西海岸，认为新上等阶层中自由主义者居主导地位的想法就变得不可能。就绝大部分地区而言，美国中西部、南部和东南部城市中的富裕住宅区差不多与它们所在的州一样保守，有些甚至更甚。整个堪萨斯州将 62% 的选票投给了布什，利伍德（Leawood）、莱内克萨（Lenexa）、肖尼（Shawnee）和欧弗兰帕克（Overland Park）的富裕城镇将各自 70% 以上的选票投给了布什。

　　得克萨斯州的奥斯汀提供了一个实际的教训，说明了将明显例外与基本情况混淆的严重危险性。奥斯汀的自由主义住宅区在该市的生活中引人注目，这让奥斯汀以"奥斯汀人民共和国"闻名于得克萨斯州的其他地方。根据记者比尔·毕晓普（Bill Bishop）（他也住在那里）的描述来判断，奥斯汀最自由的邮政区（78704）特拉维斯高地（Travis Heights）几乎就是一幅教条主义的、政治正确的进步住宅区的讽刺画。[31] 2004 年特拉维斯高地给予了克里 82% 的选票。特拉维斯高地的北面正好是得克萨斯大学的西校区，那里有 63% 的选民拥护克里。然而那个与得克萨斯大学西校区相邻的邮政区，拥有比我刚才提到的两个自由主义邮政区中任何一个都高的中位数收入和大学学历比例，有 61% 的选民拥护布什。奥斯汀最富裕的邮政区，也是拥有大学学历比例最高的邮政区之一，有 62% 的选民支持布什。因此，正如奥斯汀的形象所表现出的那样，紧邻校区南部、西部和北部的地区以及得克萨斯州议会大厦都是理智自由主义的堡垒，这是事实；但这并不意味着奥斯汀所有的或者甚至可能是大部分的新上等阶层成员都是自由主义者。

国会中超级邮政区的代表者

仅就一些城镇和城市住宅区而言，总统竞选的选票可能会被分化。众议院议员的选举为描述全国范围内新上等阶层的政治倾向提供了一种更为系统的方法。

我用代表某邮政区的国会议员的"自由商"（liberal quotient）作为衡量该邮政区政治倾向的标准。"自由商"是美国人争取民主行动组织（Americans for Democratic Action，ADA）用来计算每届国会中每一位众议院议员的投票数值。在 ADA 看来，该术语代表了众议院议员对重要法案投出正确选票与选票总数的比值。因此，100 是最理想的自由分，而 0 则是最理想的保守分。我平均了第 108 届至第 111 届所有国会众议员（分别当选于 2002 年、2004 年、2006 年和 2008 年）的自由商，意外地发现这些数值每一个都是由共和党与民主党中的多数派构成的。[32]

在以下的饼状图中，"教条主义自由派"（doctrinaire liberal）表示平均自由商为 90 及以上，"自由派"（liberal）为 75 到 89，"中间派"（mixed）为 25 到 74，"保守派"（conservative）为 10 到 24，"教条主义保守派"（doctrinaire conservative）为 0 到 9。

首先来看全国的整体情况。从 2002 年到 2008 年，众议院议员的自由商平均值为 51.5，仅仅是中间略微偏右，但这或许暗示了实际存在着更多的中间派。57% 的众议院议员的自由商处于教条主义两端，既有教条主义自由派，也有教条主义保守派；而且只有 21% 的众议员的自由商处于 25 到 74 之间的较大中间数值范围内。以美国所有的邮政区为例，图 3.7 显示了 ADA 提供

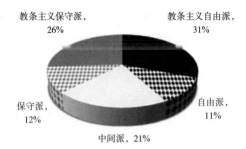

图 3.7 ADA 关于非超级邮政区内代表者的投票记录

资料来源：ADA 年度报告与邮政区数据库。百分比通过邮政区人口数加权

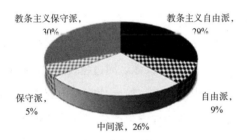

图 3.8 ADA 关于远离四大地区的超级邮政区内代表者的投票记录

资料来源：ADA 年度报告

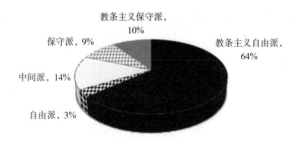

图 3.9 ADA 关于四大地区周边超级邮政区内代表者的投票记录

资料来源：ADA 年度报告

的众议员分值被他们所代表的邮政区内成年人口数加权后的比较情况。

除了超级邮政区外，全国的情形几乎是对半开，教条主义自由派仅有小小的优势。

自由派与保守派之间的均势状态适用于大多数的超级邮政区。图 3.8 显示了居住于超级邮政区内人口代表者的状况——有一个小小的声明：该图包括除了环绕四大地区——纽约、华盛顿、洛杉矶和旧金山之外的所有的超级邮政区。

远离四大地区的超级邮政区的众议员的两极分化情形略胜于全体众议院议员，教条主义自由派或者保守派代表了约 60% 的超级邮政区的居民，但教条主义者代表的比例基本相同。

我们来看图 3.9 中四大地区周边超级邮政区代表的情形。

教条主义自由派代表了四大地区周边超级邮政区中 64% 的人口，相比之下，两类保守派代表了这些超级邮政区中 19% 的居民。当然，图 3.9 意义重大的原因在于纽约、华盛顿、洛杉矶和旧金山周边的超级邮政区几乎是所有狭义精英的聚集地，而这些人的决策对这个国家的经济、政治和文化有着直接的影响。这些超级邮政区还聚合成了这个国家最大和最集中的具有缓冲功能的超级邮政区群。这些地区选出的众议员反映了新上等阶层的成分，该阶层正如其声誉般自由开明。

第四章

你的隔离罩有多厚？

一个能做出影响他人生活决策的新上等阶层，自己却越来越不了解其他人的生活是如何容易因错误而受到伤害的。那么你有多脆弱呢？

阿列克西·德·托克维尔（Alexis de Tocqueville）在《论美国的民主》（*Democracy in America*）一书中写道："没有哪一种人心的恶能像利己主义那样为专制者所乐意接受，倘若专制者的臣民之间彼此不爱，那么他也会轻易地宽恕臣民不爱他。"他还指出，鉴于国家的创建者在巩固政权方面的才能，上述情形不可能在美国发生：

> 工会地方分会……不停地促使人们言归于好，迫使他们互相帮助，尽管他们之中存在着疏离的倾向。在美国，最富裕的公民也会格外注意不脱离民众。不仅如此，他们还一直同各下等阶层的人们保持融洽的关系：每天都与他们交流，倾听他们的心声。[1]

而今这种情形已然不再。由于新上等阶层中出身于中上阶层家庭人数的逐渐增多，加之从未有过在中上阶层的领地之外生活的经历，使这些对国家进程有如此深刻影响的人对普通美国人的生活几乎毫无亲身感受，而且他们还依据自己非典型的奢侈生活来为其他人做出判断，这导致了危险的增加。

从某种意义上说，"普通美国人"（ordinary American）就不存在。美国文化是一个由许多亚文化拼凑而成的大杂烩，在一定程度上，任何一个亚文化群体的成员不仅不了解其他亚文化，还会被其他亚文化群体所孤立。波士顿南部五年级白人教师不了解洛杉矶黑人保险代理人生活中的许多事情，后者同样不知晓俄克拉荷马城拉丁裔卡车司机生活中的诸多方面。然而在这三者的生活中，确实存在着他们都能理解的各种共同的事情，比如你必须得送孩子们去当地的公立学校读书，你住在城里，那里的人们谋生的手段有上百种而非十几种，你总是和你的同伴在包括小费在内最高都不超过50美元的地方吃饭等，这些都是寻常之事，除了理解别无选择。

这些具体情形涵盖了极大比例的美国人口。接着来看另外几种情形。你每周至少看24小时的商业电视节目（依然远低于全国35小时的平均水平），你看过大多数最流行的新影片，或者是去影院，或者是看DVD，你也确保对这种文化有了相当高的熟悉程度。因此，虽然不存在"普通美国人"，但是并非大多数美国人被巴尔干化，进入了对其他多数美国人的生活不甚了解的飞地之中。"美国主流社会"可能很难详细阐明，但确实存在。

许多新上等阶层成员被巴尔干化了。再者，他们对其他美国人的无知比其他美国人对他们的无知更成问题。这不是卡车司机不能理解耶鲁大学教授的当务之急的问题，而是耶鲁大学教授、网络新闻节目制片人、大公司的执行总裁或者总统顾问不体恤卡车司机的头等大事的问题。虽然人们对于其他人如何生活知之甚少是不可避免的，但更为重要的是新上等阶层成员意识到自己无知的广度和深度的问题。

据我所知，社会学家们一直无暇问及美国中上阶层对他们的同胞有多少了解，因此我必须再次请你们将自己的亲身经历同我的判断做一比较，以此作为证据的来源。此次，我使用包含 25 个问题的问卷。[2] 我希望以此达到两个目的，首先，准确测定你们各自的无知程度（如果有的话）；其次，为你们提供一个思考无知的框架，这种无知或许在你们的职业领域或个人生活中是司空见惯的，哪怕它与你无关。

一开始的那些问题是询问你曾经居住的地方以及你在生活条件方面所经历的变化情况，也是你最应该认真对待的问题。这些问题中肯定含有无知的成分。无论你曾经看过多少部拍摄于佐治亚州乡村的电影，如果你从未在某个小镇生活或工作过，你肯定对小镇的日常生活一无所知。如果你从未有过一份到头来使你身体的某个部位受伤的工作，你就不明白那是一种什么滋味——就是这么回事。

在说到有关体育运动、大众文化和美国的某些习俗时，你可以随意地抱怨它们中的一些是不公平的。某些问题存在着性别偏见（尽管我已经竭力予以平衡），某些问题不够光明正大，而且有几个问题含有嘲弄的意味，但无法回答问题丝毫不会影响你的智力、性格或至仁的善心。

问卷中的某些问题，相对于少数族裔而言，白人的情况往往更容易了解清楚，非大城市居民的情况比大城市居民更容易搞清楚。这是因为我写的就是有关新上等阶层的内容，而新上等阶层绝大多数是白人和城市居民，这本书的绝大多数读者也是白人和城市居民。然而，请注意，如果我列出的问题是城市中劳动阶层住宅区的少数族裔更容易回答的，那么你的得分可能会更低。

若未指明年龄段，则这些问题适用于你生活中任何阶段的经历。

请拿出你的二号铅笔开始作答。

问卷问题

生活经历

1. 你曾经居住在美国某个住宅区至少一年的时间，而距离你最近的 50 名邻居中很可能大多数都没有大学学历吗？

2. 你成长在一个主要养家者并非从事管理工作或者高声誉职业（界定为律师、内科医生、牙医、建筑师、工程师、科学家或大学教授）的家庭吗？

3. 你曾经居住在美国某个人口不超过 50000 人的社区至少一年的时间，并且该社区不属于某个大都会区，也不是你读大学的地方吗？

4. 你曾经在家庭收入接近或低于贫困线的情况下在美国居住

至少一年的时间吗？如果当时的家庭收入低于 30000 美元（2010年美元价格），你可以回答"是"。在研究生院就读期间不属此类，毕业后未就业与家人共同生活期间也不算。

做个最理想的假设。为估算你的家庭过去的收入，应当将你或你的父母过去的收入乘以当时对应的通货膨胀指数。例如，在你成长的 20 世纪 70 年代，你父亲的年收入为 7000 美元，就应乘以通货膨胀指数 5.61，那么他的收入以 2010 年美元价格计算就为 39270 美元。你可以通过以下数据估算出任何一个特定年份的收入额：20 世纪 40 年代 15.66；50 年代 9.12；60 年代 7.41；70 年代 5.61；80 年代 2.64；90 年代 1.67；21 世纪前 10 年 1.26。

5. 你去过某家工厂吗？

6. 你有过一份到头来使身体某处受伤的工作吗？

你生活中的人

7. 你有过一位福音派基督徒的密友吗？

8. 你目前有一位与你存在严重且广泛政治分歧的密友吗？

9. 你在高中时有过一位即使再努力成绩也很少能超过 C 的密友吗？

10. 最近一个月的时间里，你曾主动与吸烟的人相处过吗？

11. 下列五种标志分别代表什么军衔？

运动、娱乐与消费偏好

12. 二选一。吉米·约翰逊（Jimmie Johnson）是谁？或者，你购买过雅芳（Avon）公司的产品吗？

13. 你或者你的配偶购买过敞篷小货车吗？

14. 在最近一年里，你购买过面向大众销售的国产啤酒并储存在冰箱里吗？

15. 在最近五年里，你或者你的配偶去钓过鱼吗？

16. 在最近一年里，你去下列餐饮连锁店中的某一家吃过几次饭？苹果蜂餐厅（Applebee's）、松饼屋（Waffle House）、丹尼餐厅（Denny's）、国际薄饼店（IHOP）、红辣椒餐厅（Chili's）、澳拜客牛排店（Outback Steakhouse）、红宝石星期二餐厅（Ruby Tuesday）、星期五餐厅（T. G. I. Friday's）和庞德罗萨牛排店（Ponderosa Steakhouse）。

美国的某些习俗

17. 上中学时，你在任何方面赢得过带有校名缩写字母标志的荣誉吗？

18. 你出席过同济会（Kiwanis Club）、扶轮社（Rotary Club）或当地工会的会议吗？

19. 你参加过除了全球气候变暖、反战抗议示威或同性恋权利之外的游行活动吗？

20. 离开学校后，你再穿过制服吗？

21. 你有过乘坐长途公共汽车［比如旅途运输集团（Trailways）的灰狗（Greyhound）巴士］或免费搭便车行程50

英里或更长的经历吗？

传媒与大众文化

22. 下列影片你看过哪些（去影院或通过 DVD）？《钢铁侠 2》（*Iron Man 2*）、《盗梦空间》（*Inception*）、《卑鄙的我》（*Despicable Me*）、《创战纪》（*Tron Legacy*）、《大地惊雷》（*True Grit*）、《诸神之战》（*Clash of the Titans*）、《长大成人》（*Grown Ups*）、《拜见岳父大人 3》（*Little Fockers*）、《国王的演讲》（*The King's Speech*）和《禁闭岛》（*Shutter Island*）。

23. 在 2009 年至 2010 年电视季期间，下述系列节目中你按时收看的有几部？《美国偶像》（*American Idol*）、《卧底老板》（*Undercover Boss*）、《生活大爆炸》（*The Big Bang Theory*）、《实习医生格蕾》（*Grey's Anatomy*）、《迷失》（*Lost*）、《豪斯医生》（*House*）、《绝望主妇》（*Desperate Housewives*）、《好汉两个半》（*Two and a Half Men*）、《办公室》（*The Office*）和《幸存者》（*Survivor*）。

24. 你自始至终地收看过《奥普拉脱口秀》（*Oprah*）、《菲尔博士》（*Dr. Phil*）或《法官朱迪》（*Judge Judy*）吗？

25. 布兰森（Branson）让你想到了什么？

为你接触其他美国人的机会评分

1. 你曾经居住在美国某个住宅区至少一年的时间，而距离你最近的 50 名邻居中很可能大多数都没有大学学历吗？最高分

7 分。回答"是"得 4 分，在这类地方每住满 5 年加 1 分，最多加 3 分。

在 2000 年人口普查中，92% 的美国人居住在多数 25 岁及以上成年人没有大学学历的邮政区中，77% 的人居住的邮政区中只有不到三分之一的成年人拥有大学学历。你应该以你所居住的住宅区而不是邮政区做出判断。如果你想到的是你作为中高收入者而移居的某个绅士化的住宅区，不得分。

2. 你成长在一个主要养家者并非从事管理工作或者高声誉职业（界定为律师、内科医生、牙医、建筑师、工程师、科学家或大学教授）的家庭吗？最高分 7 分。回答"是"得 4 分，如果你在大部分或全部童年时期认为主要养家者从事的是一份蓝领工作，加 3 分。

从事非管理工作或非高声誉专业工作的主要养家者所在家庭的比例，1960 年为 85%，2010 年为 75%。[3]

3. 你曾经居住在美国某个人口不超过 50000 人的社区至少一年的时间，并且该社区不属于某个大都会区，也不是你读大学的地方吗？最高分 7 分。回答"是"得 5 分，如果该社区的人口不足 25000 人得 6 分，要是居住在某个人口不足 10000 人的小镇或乡村地区得 7 分。

1960 年人口普查时，符合本问题描述情形的美国人的比例为 58%，2000 年人口普查时为 48%。你会像我一样惊奇地发现，截至 2000 年人口普查时，仍有 21% 的美国人居住在乡村地区，还有 10% 的人居住在人口不足 10000 人的小城镇中——二者相加之和几乎相当于全国人口的三分之一。虽然其中包含未完全剔除的城郊区居民，但这一数字还是准确的。

4. 你曾经在家庭收入接近或低于贫困线的情况下在美国居住至少一年的时间吗？如果当时的家庭收入低于 30000 美元（2010年美元价格），你可以回答"是"。在研究生院就读期间不属此类，毕业后未就业与家人共同生活期间也不算。最高分 7 分。回答"是"得 5 分，如果在儿童和成年时都经历过贫困加 2 分。

多数 40 多岁的美国人自青少年时起经历过至少一年的贫困线以下的生活——全国青年纵向调查提供的 1979 年同生群的该项比例为 56%。[4]

5. 你去过某家工厂吗？最高分 6 分。回答"是"得 2 分；如果有过一份需要常去工厂的工作得 4 分；如果曾经在工厂工作得6 分。

这个问题的提出缘于我的个人经历。20 世纪 80 年代中期，为我在威奇托（Wichita）当地一所大学的演讲提供赞助的，是一家生产纸板箱工厂的厂主，演讲会的主持人带我去看了这家工厂。精巧的机械设备，生产中产生的噪声，高速的生产效率以及有条不紊的组织，这些都令人心醉神迷。当时打动我的是我使用的每一件产品都产自这样的地方——这些产品种类繁多，数以千计，构成了满足我生活所需的独特世界——并且除了在我很小的时候有过一次参观美泰格公司生产线的经历外，我此前还从未去过某家工厂。访问这家纸箱厂是在 25 年前，之后我再未去过任何一家工厂。

6. 你有过一份到头来使身体某处受伤的工作吗？最高分 6分。回答"是"得 3 分；如果该工作持续超过一个夏季，加 2

分；如果这是一份令你周身疼痛的工作，加 1 分。

因为体力劳动要用到大量的肌肉，所以该问题适用于身体任何部位受到损伤。头疼不算，腕管综合征也不算。由于必须长期站立而引发的脚部疼痛在此之列。

若你对这一问题的回答是"否"，那么你的隔离罩确实够厚。约翰·肯尼思·加尔布雷思（John Kenneth Galbraith）在农场长大，他就曾说过，有了在农场工作的经历，你干过的其他工作就不叫工作。或许还有人会说，要是你不曾有过一份到头来使身体某处受伤的工作，你就不明白工作是什么。在大部分真正拥有到头来使身体某处受伤工作的美国人看来，你当然不明白工作是怎么一回事。

7. 你有过一位福音派基督徒的密友吗？最高分 4 分。回答"是"得 2 分，如果你本人就是一名福音派基督徒，得 4 分。

福音派基督徒的显著特征是坚信《希伯来圣经》与《新约全书》的历史真实性，特别是神性与基督复活；还坚信个人皈依的必要性——将"重生"作为救赎的先决条件。2004 年皮尤论坛（Pew Forum）在对美国宗教格局的调查中，使用了一个超过 35000 人的样本，其中有 26.3% 的受访者声称自己属于福音派新教教会，是单一类别中最大的一类。天主教徒以 23.9% 的比例位居第二，传统新教教会 18.1%，位列第三，有 16.1% 的人不"属于"任何宗教，位列第四。[5]

8. 你目前有一位与你存在严重且广泛政治分歧的密友吗？最高分 4 分。如果有一位这样的密友，得 2 分；有一位以上者得 4 分，但你和你的密友不能是同一政治派别中的有差别者（例如自由主义者有一位极端自由主义者的朋友，或者保守主义者有一位极端保守主义者的朋友，此类情形不得分）。

很明显，本问题源于第三章对红、蓝超级邮政区的讨论。参见比尔·毕晓普的《大归类》（*The Big Sort*）中对这一问题的全面分析。[6]

9. 你在高中时有过一位即使再努力成绩也很少能超过 C 的密友吗？回答"是"得 4 分。

我把这个问题作为弄清楚我要提出的那个问题的手段，即"你有过一位智商低于全国平均水平的密友吗？"我不能提出这样的问题，因为成长于中上阶层住宅区的读者们，或者与他们一同读书的中上阶层子女们无从知道平均水平的含义。尽管已有完全支持该表述的实证案例出现，但那可能是简要概括的结果。[7]对于中上阶层子女所在学校的学生来说，智商的典型均值在 115 左右，而全国的平均值为 100。在这样的学校中，几乎所有智商低于平均水平的学生，也就是那些被你看作是笨蛋的学生，他们的智商实际上高于全国的平均水平。即使将智商均值大约是 115 的学生置于正态分布中，也仅有 11% 的学生可能被视为智商低于100。[8]然而他们很可能不属于正态分布的情形，尤其是在一所以学业能力作为录取依据的私立学校中。所以，如果你上的是中上阶层的学校，并且想到你有一位智商低于全国平均水平的好朋友，要真是这样，那么你的这位朋友绝对是学业能力垫底的学生之一。

如果你按照上文所示回答"是"，那就有必要问一下自己是否歪曲了"密友"的定义。我们不愿认为自己是仅与自己一样聪明的人交往的势利眼，而那种把自幼儿园至高中毕业的某位同班同学定义为"密友"的做法具有很大的诱惑力，这位同学似乎不是很聪明，但却在学校餐厅与我们互致友好问候。

10. 最近一个月的时间里，你曾主动与吸烟的人相处过吗？回答"是"得3分。

2009年，美国疾病控制中心行为风险因素监测系统显示，有35%的受访者声称自己有时或每日吸烟。[9]吸烟行为有着明显的社会经济梯度变化，但这一问题的提出是用来了解其他事情的。在新上等阶层圈子里公开吸烟的情形已经很少见了，甚至到了几乎没有的程度。抽雪茄和烟斗的情形偶尔可见，但除了大街上以外，连续数周在新上等阶层所在的环境中闻不到一丝烟味的情形是完全可能的。而在美国的其他地方，仍然有大量的公开吸烟的场所，如家庭、酒吧和办公区，这些场所中的非吸烟者将此作为一个生活现实而接受。本问题问的是你在多大程度上愿意加入到这部分美国人之中。

11. 下列五种标志分别代表什么军衔？从左到右分别为上校（或海军上校）、少将（或海军高级少将）、陆军下士、空军三级军士长和上尉（或海军上尉）。最高分5分。答对至少一个得1分，全部认识得3分，如曾在军队中服役得5分。

2007年，美军现役人员有140万，预备役人员130万，还有80.5万名平民直接为国防部工作，居住在修建有大型军事基地的各县的人口达到了840万。[10]2000年人口普查结果显示，有2640万美国人曾在军队中服役。在美国主流社会，几乎每个住宅区中都生活着大量的退伍老兵，海外作战退伍军人协会

（VFW）或者美国退伍军人协会（American Legion）地方分会仍然是美国许多地方一支数量庞大的民间力量。

12. 选项一：吉米·约翰逊是谁？最高分3分。确定吉米·约翰逊是全美运动汽车竞赛协会（NASCAR）车手得3分。认为是达拉斯牛仔队（Dallas Cowboys）前教练（该教练的名字拼写为Jimmy，而不是Jimmie）的得1分（安慰奖）。

对数千万美国人来说，吉米·约翰逊是体育界最重要的人物。从2006年到2010年，他蝉联五届NASCAR斯普林特杯系列赛（Sprint Cup Series）冠军，这是一项如同高尔夫或网球大满贯那样不太可能创造的业绩。NASCAR在观众数量、经济实力和粉丝数量等几方面，可以同全美橄榄球联盟（NFL）、全美篮球协会（NBA）以及美国职业棒球大联盟（MLB）匹敌。

选项二：你购买过雅芳公司的产品吗？回答"是"得3分。

雅芳是最大的上门销售化妆品与香水的公司之一，其2007年的销售额为99亿美元。

13. 你或者你的配偶购买过敞篷小货车吗？回答"是"得2分。

美国人在2010年购买了160万辆新的敞篷小货车。[11] 新上等阶层成员偶尔会出于娱乐目的，或者出于去蒙大拿州避暑的需要而购买这种货车。然而需要用敞篷小货车做事的人常受雇从事新上等阶层人士根本不会亲自动手的工作，或者干那些新上等阶层雇用他人为自己服务的事情，这仍然是事实。

14. 在最近一年里，你购买过面向大众销售的国产啤酒并储存在冰箱里吗？回答"是"得2分。

百威、康胜（Coors）、米勒（Miller）和布施（Busch）是清淡啤酒或普通啤酒中的上品。新上等阶层对面向大众销售的国产啤酒的鄙视如同对吸烟者的鄙视一样强烈。

15. 在最近五年里，你或者你的配偶去钓过鱼吗？最高分 2 分。回答"是"得 1 分，如果你或你的配偶一年中钓鱼次数多于一次得 2 分。

大约有 4000 万美国人将钓鱼作为一项日常的消遣活动，然而有更多平时不钓鱼的人将该活动作为年度假期的中心内容。[12] 这一活动的大众普及程度达到了资助两项而不是一项职业鲈钓巡回赛的高度，即鲈钓大师系列赛（Bassmaster Tournament Trail）和沃尔玛世界户外钓鱼大师巡回赛（Walmart FLW Tour），再加上一些地区性的巡回赛事。鲈钓大师经典赛（Bassmaster Classic）的最高奖金为 50 万美元，赢得福雷斯特伍德杯（Forrest Wood Cup）（即总决赛）比赛的冠军可获奖金 100 万美元。两项顶级赛事都向全国电视播出。

16. 在最近一年里，你去下列餐饮连锁店中的某一家吃过几次饭？苹果蜂餐厅、松饼屋、丹尼餐厅、国际薄饼店、红辣椒餐厅、澳拜客牛排店、红宝石星期二餐厅、星期五餐厅和庞德罗萨牛排店。最高分 4 分。吃过一次得 1 分，最多得 4 分。

无论在观念上多么反对快餐食品和限制自己光顾快餐店，几乎所有的新上等阶层成员至少都知道，麦当劳餐厅里面是什么样子。那么构成大多数美国人生活中不可或缺的一部分的非自助餐厅连锁店又会是什么样的呢？我列出的这 9 家餐厅是在美国拥有最多连锁专营店的企业。[13] 我无法得到这些连锁店所提供餐饮的统计数据，但考虑到这 9 家连锁企业 2009 年的销售收入已超过了 120 亿美元（很可能更多），而且所有收入都来自每位顾客 5 美元至 25 美元不等的零散的用餐花费，仅前 9 家连锁企业提供餐饮的总数无疑已多达数亿份，至少如此。[14] 为什么用 9 家连锁企业取代原本排名前 10 位的企业呢？因为前 10 家企业之一是墨西哥烧烤餐厅（Chipotle Mexican Grill），就像全食超市经营杂货业务一样，墨西哥烧烤餐厅提供的是休闲风格的餐饮服务。

17. 上中学时，你在任何方面赢得过带有校名缩写字母标志的荣誉吗？最高分 2 分。除了辩论队或者国际象棋俱乐部外，在高中任何校代表队获得过校名缩写标志的得 2 分；如果曾担任啦啦队队长或行进乐队成员的得 2 分。

作为一名过度教育精英主义势利眼刻板化形象的青少年，表现为要么读一所不重视集体运动项目的私立高中，要么去上一所将集体运动项目和课外活动作为校园文化重要组成部分的公立高中，但自己却对此漠不关心。你属于这类人吗？

18. 你出席过同济会、扶轮社或当地工会的会议吗？回答"是"得 2 分。

作为当地商业人士主要的网络化组织，同济会和扶轮社已有几十年的历史。相比大城市而言，尽管这些组织在小城市中有着更大的影响力，但它们的势力范围却无处不在。这些组织也是世俗社会资本的一个重要来源，在各种民间活动中发挥着积极的作用。工会组织尽管通常在为社会创造资本方面没有什么大的作为，但对于维护工会成员的职业利益却发挥着至关重要的作用。

19. 你参加过除了全球气候变暖、反战抗议示威或同性恋权利之外的游行活动吗？回答"是"得2分。

从美国的小城镇到大城市的种族聚居区，与代表某些主张的游行截然不同的庆祝游行无处不在，但在新上等阶层的飞地中却不会如此司空见惯。本问题问的是你是否参加过这类游行，即使你只是帮助装饰游行彩车而没有登上该车也算。

20. 离开学校后，你再穿过制服吗？最高分3分。回答"是"得1分，如果出于工作需要穿制服加1分；若因在军队中服役而着制服再加1分。

一套制服可能就是区区一件印有雇主标志的衬衫，只不过你得在工作时穿着它。如果你是某个社交俱乐部的成员，而该俱乐部偶尔举行各种礼仪活动需要穿着制服，抑或你是再现美国南北战争情景的表演者，或者你加入了某个成年运动员联盟，这些都让你有机会得到一两分。表演戏剧或者在万圣节穿着制服不得分。

21. 你有过乘坐长途公共汽车（比如旅途运输集团的灰狗巴士）或免费搭便车行程50英里或更长的经历吗？最高分2分，乘坐过一种交通工具得1分。

仅2008年就有大约2500万美国人乘坐灰狗巴士出行。没有关于免费搭便车的统计数据。

22. 下列影片你看过哪些（去影院或通过DVD）？《钢铁侠2》《盗梦空间》《卑鄙的我》《创战纪》《大地惊雷》《诸神之战》《长大成人》《拜见岳父大人3》《国王的演讲》和《禁闭岛》。最高分4分。每看过一部得1分，最多得4分。

这是 2010 年票房最高的 10 部影片，面向的主要观影人群不是儿童或者青少年。[15]

23. 在 2009 年至 2010 年电视季期间，下述系列节目中你按时收看的有几部？《美国偶像》《卧底老板》《生活大爆炸》《实习医生格蕾》《迷失》《豪斯医生》《绝望主妇》《好汉两个半》《办公室》和《幸存者》。最高分 4 分。每看过一部得 1 分，最多得 4 分。

以上 10 部是 2009—2010 年电视季位居尼尔森收视率调查排名前 10 位的电视系列节目［略去了一档体育系列节目《NBC 周日橄榄球之夜》（*NBC Sunday Night Football*）］。《美国偶像》排名第一，评分 9.1，观众收视率 24%。排第 10 位的是《幸存者》［《狮心王理查德》（*Heroes and Villains*）的续集］，评分 4.5，观众收视率 13%。[16]

24. 你自始至终地收看过《奥普拉脱口秀》《菲尔博士》或《法官朱迪》吗？最高分 4 分。看过每一档中完整一集的，得 1 分，如果全部按时收看加 1 分。

当然，《奥普拉脱口秀》是美国有史以来收视率最高的脱口秀节目，我写这本书的那年是它播出的第 25 年，也是最后一年。《菲尔博士》播出 9 年，收视率排名第二，仅次于《奥普拉脱口秀》。《法官朱迪》目前已播出了 15 年，据说通常一天的收视人数大约有 1000 万。对这些节目的热议已经成为大众文化的组成部分。

25. 布兰森让你想到了什么？最高分 4 分。如果你知道这个布兰森是美国中西部一个大型的娱乐中心得 2 分；如果你本人去过布兰森得 4 分。想到理查德·布兰森（Richard Branson）的不得分。

密苏里州的布兰森是美国国内首屈一指的旅游胜地之一，2000 年人口普查时仅有常住人口 6050 人。布兰森拥有超过 50 家每日提供现场演出的剧场，这些剧场几乎全都致力于表演乡村音乐及其演绎作品。即使是在经济衰退最严重的 2009 年，布兰森仍然吸引了 700 多万游客前来观光。[17]

解读你的得分

下面是你符合不同情形的得分情况。

· 有着普通的看电视和观影习惯并终身居住在某个劳动阶层住宅区的人士。得分范围：48—99 分，代表性分数：77 分。

· 父母双方为劳动阶层，有普通的看电视和观影习惯的第一代中产阶层人士。得分范围：42—100 分，代表性分数：66 分。

· 父母双方为中产阶层的第一代中上阶层人士。得分范围：11—80 分，代表性分数：33 分。

· 一向很重视社交活动的第二代（或更多代）中上阶层人士。得分范围：0—43 分，代表性分数：9 分。

· 有着中上阶层看电视和观影习惯的第二代（或更多代）中上阶层人士。得分范围：0—20 分，代表性分数：2 分。

上述几类典型情形的得分反映出了社会经济背景与隔离罩方

面的某些真实情况。

如果你成长于一个劳动阶层住宅区，即使你现在是一位居住在帕克大道的投资银行家，那么你也将得到一个高分。尽管你目前的生活可能完全被包裹在这个隔离罩中，但你也把丰富的经历带入这个隔离罩中，这些经历将始终成为你理解美国的一部分。

在中产阶层住宅区长大的人们也会在几个问题上得分，并且这也会反映在被人们带入新上等阶层成年生活的真实经历中。然而中产阶层的生活环境各不相同，人们成长的中产阶层环境与他们跻身新上等阶层后所处的环境之间的封闭程度也是千差万别，这一情形反映在了相差幅度很大的各种得分上。

在中上阶层住宅区长大，意味着你对普迪美国人生活的接触会不可避免地受到一些限制。如果你在诸如芝加哥北岸或者华盛顿西北部城镇中的某个高档住宅区长大，那么你或你的父母肯定会尽早采取措施让你摆脱这个隔离罩。这样的事情时常发生，但即便如此，大多也非真心为之——上高中时父母叫你去救济站帮忙以及读大学期间你为"仁爱之家"充当志愿者，这才使你同某些饱受苦难的人和混乱无序的住宅区有了短暂的接触。可问题在于，即使有这样的经历也没能让人们对普通的劳动阶层或者中产阶层住宅区的生活状况有更多的了解。

第五章

新上等阶层的光鲜面

　　即使同新上等阶层生活在一起也会有问题，而不与其共
同生活既非良策，又非选择。

　　虽然我对新上等阶层的孤立与无知有过抱怨，可还是应该
给予这部分美国人以应有的评价。作为个体而言，新上等阶层
的成员们通常是不错的——他们有个人魅力，彬彬有礼，父母优
秀，邻居友善。新上等阶层作为一个阶层，也是有一些优点值得
评说的。

　　在本书的序言中，我曾以有时听起来怀旧的方式对 1960 年
的美国做了描述。但如果时光机器能将我带回到 1960 年，我一
定是被生拉硬拽去的。当今的美国在日常生活的诸多方面相对于
1960 年有着不可比拟的优势。新上等阶层的联合必定会因为那
些已有的美好事物，尤其是与经济增长和提高生活水平有关的美
好事物而获得赞誉。

　　美国注重发现认知天才，向大学输送人才以及将其中的佼佼
者输送到名校的同时，也提高了国家开发人力资本的效率，数量

之大，难以详确。长期以来的结果，是早些年原本受雇充当店员或机器修理工的认知天才们，成为现今掌管大型公司或发明各种新机器的人。

这样做的影响有多大呢？高等教育改革和大学精选机使几乎所有机构高层中的认知天才获得了提升，很长一段时间后，当前的提升效果就没那么明显了。早在 1940 年，纽约市警察局实施了一次勉强称得上的自然实验，这给了我们单独思考这件事情的机会。[1]

1939 年，在大萧条持续 10 年以及 17% 的失业率居高不下的背景下，纽约市警察局仅为其下一届的学员提供了区区 300 个新的职位，而申请者人数众多——达到了 33000 人。纽约市警察局决定既不照顾有影响力政客的亲属，也不考虑求职面试中的良好印象，而是将测试成绩作为录取的唯一标准。申请者参加两项测试，一项为认知能力测试（类似联邦政府机构采用的智商测试），另一项为体能测试。总成绩中智商测试得分与体能测试得分的比重为 7 : 3。

综合得分最高的申请者获准进入警察学院学习。在一个很少有更具吸引力的职业可供选择的年代，300 个名额最终被得到 350 分高分的申请者获得。对被录取者最高的评价是他们的智商平均值在 130 左右——接近当今精英大学入学新生的智商平均值。这些学员于 1940 年 6 月从警察培训学院毕业。

纽约市警察局 1940 届毕业生于 1980 年庆祝毕业 40 周年之际，已经取得了突出的成就。相较普通班级的学员而言，这 300 名成员获得的平均衔级更高，受到的纪律处分更少。他们中的一些人为警察培训工作做出了重大贡献，许多人在离开警察局后成为成功的律师、商人和学者。该局1940届毕业生中，涌现出4位警长、4位副局长、2位人事主管、1位总警监和1位纽约市警察局的局长。

这就是在某个机构中注入认知天才后可能出现的结果，而且随着认知精选的出现，我们有理由认为整个美国经济都会出现同样的效果。尽管我还不能为此提出充分的理由，但是最近半个世纪以来，美国经济史上各种事件发生的时机却值得我们思考。

我在第二章中所描述的有关新上等阶层形成的条件，出现在第二次世界大战刚刚结束之后。截至1960年，新上等阶层形成的根本原因——市场中日益增长的智力价值，数年来持续地增长着。仅仅在前10年中，大学招收的拥有最高四分位组智商的高中毕业生的比例从55%提高到了70%以上。[2]大学精选机从美国东北部的精英院校开始，迅速在全国范围内推行开来。

在人们不清楚接下来还会发生什么事情的时候，一位博学多识的大学问题观察家在1960年也许就已经意识到了，那就是全国一流大学的校园中有了比以往更多的人才，而且数量逐年增加，这预示着未来的趋势。不仅是有更多能从大学获益的人正在得到机会进入大学的问题，而且是有计划按步骤地发现极具潜质的年轻人，并将他们置于比几十年前更有利于发挥其潜质的环境中的问题。这位知识渊博的观察家可能已经预测到，一旦这些年轻人达到成熟的职业状态，将会给美国经济注入具有强大提振作用的人力资本。

这样一来就说到了美国人生活标准发生改变的时间。从20

世纪 60 年代初到 70 年代后期，日常生活中的技术没有大的改进。1963 年时黑白电视机变成了彩色的，复印机得以改进并被广泛使用。主计算机（mainframe computer）已出现在许多办公场所，由一名辅助人员来操作。但日常生活基本还是老样子，汽车、餐馆、旅馆、商品推销、无线电广播、高保真音响、购物中心、电话、邮件与包裹运输、银行服务、经纪服务、医疗设备、打字机、厨房设备、照明设备以及你的办公椅等都与 1960 年时的情形相似。

后来诸多领域得到了迅速的发展。大约从 70 年代中期开始——1977 年苹果 II 型（Apple II）个人电脑的问世就是一个很有象征意义的开端——这种急速涌现的变化一直未曾停止。在这些变化中，有类似 70 年代末期美国大多数地方仍然很难买到一杯真正的好咖啡或一块好面包的生活琐事，也有被恰如其分地视为与工业革命齐名的信息革命这种划时代大事。现在几乎所有消费品在外观设计、功能和耐用性方面都远胜 1960 年时的情形。即使是那些身处国内最偏远地方的消费者，商家们也会让他们以最低价格轻松购买到所需的商品。对于包括我在内的数以百万计的美国人而言，会理所当然地认为从长期患病的颓靡生活到后来精力充沛的舒适生活，药物发挥着重大的作用。回到 1960 年吗？我不会考虑这个问题。

有许多理论争相解释创新爆发的原因。比如 20 世纪 70 年代末期微芯片和激光时代的到来、80 年代初通货膨胀的结束和经济繁荣的开始、经济全球化以及其他十多种因素的解释等。然而在这些正在发生的事情中，一种情形一直存在，那就是大约在人才的不断注入提振了美国经济之时，许多的优秀事物开始出现于私营部门中。

那么我们会为有这种新的上等阶层而感到遗憾呢？这个问题不得不以此种方式提出，是因为我们无从获得一个充满活力的和富有创造力的新上等阶层的全部优势，这个新上等阶层从诸多重要方面改善了我们所有人的生活。然而，我们却没有条件去趋向一个富有且孤立的新上等阶层。

我们如何能够通过修改法律来解决新上等阶层的问题呢？你愿意逐步缩小日益加剧的收入差距吗？有多想？大幅提高税率，使之回到 1960 年时普遍的 91% 的最高边际税率水平吗？如果你真的做到了大幅降低各种形式的报酬，就会使继续留在美国的那些人的生产能力大打折扣，而且那些人中有人将会接受其他地方提供的就业机会，从而造成大量的人才流失——在最具开创精神和最有能力者中出现的上述情形也一直困扰着欧洲国家，这导致人才和努力工作的回报陷入了困境。

除此之外，缩小收入差距也不会对新上等阶层与其他美国人的隔离产生任何影响。新上等阶层文化并非巨额财富的产物，它只是受到了财富的推动——让有共同品位与偏好的人们聚集在一起需要有足够的金钱——但它却不是由财富驱动的。真正驱动新上等阶层文化的是他们与众不同的品位与偏好，而这出现在这些大量的具有认知才能的人能够在共同的社区一道生活的情形下。你可以让最高的收入百分位数跌回到 20 世纪 80 年代的水平，但这无论如何也不会对在那时就已经出现的新上等阶层的文化造成影响。同马林县一样，一些地方就是因为太富裕而没有成为艺术漫画的素材。

这些只是理论性的论述。实际上，将新上等阶层的可支配收入降低至原来的水平在很大程度上是无法实现的，美国的政治文化不以这样的方式发挥作用。还是那个在本届议会期间通过了较高边际税率议案的国会，会在下届议会期间不动声色地批准收入能够被隐瞒或者公司能够以福利取代现金收入等一大堆法案。无论如何，新上等阶层依然富有，很可能会变得更加富有。

如果最具才华的人依然富有，那么他们会集中居住在最好的地方。最好的地方被定义为周围都是有才华者的地方，富有的人们喜欢这些地方，他们居住在城中最令人羡慕的区域，与其他人分离开来。这样做是人类的天性使然，别人又怎么会以公共政策的理由去反对呢？难道要限制人们选择在何处居住的权利吗？

有才华人群的聚集会创造出一种在某些重要方面不同于主流文化的文化，结果使得这些有才华的人群对其他人群怎样生活一无所知。我们该如何阻止这一情形的发生呢？

凭借不可抗力来改变新上等阶层是不会奏效的，而且这无论如何也不是一个好主意。只有新上等阶层的成员在为自身和家庭利益做出改变的决定时，这个阶层才会发生改变，而且也可能是为了他们所挚爱的国家的利益而发生改变。

第二部分

◇◇◇◇◇◇◇◇◇◇◇◇◇◇

一个新下等阶层的形成

如果第一部分成功实现了我的目的的话，那么你现在就会对业已形成的新上等阶层有一定程度的了解，这个阶层是由那些越来越脱离其他人生活的人构成的。以此为背景，我们开始探索一直以来发生在其他人身上的事情，这种探索主要集中在劳动阶层身上。

　　远离超级邮政区生活的是美国的劳动阶层。事实上，美国的劳动阶层在其历史上的大多数时间里就是美国人。1900 年，90%的美国工人受雇从事低端的白领或技术性工作，或是体力劳动与服务性工作，或是在农场务农。即使时间来到 1960 年，也仍然有 81% 的人受雇从事这些工作。[1] 在众多的劳动人口中，存在着种族和民族的差别，但没有什么其他的差别。技术熟练的工匠自认为略胜体力劳动者一筹，办公室职员（即使是一个报酬丝毫不高于木匠的职员）认为自己高于不得不从事体力工作的人，但他们都把自己看作是普通上班族。

　　迈克尔·哈林顿的《另一个美国》在 1962 年出版时引起轰动，部分原因是哈林顿认为美国穷人形成了一个独立于劳动阶层的阶层——这是一个大胆的观点。当时，无论是其他美国人还是穷人自己，都不会把穷人看作一个阶层。穷人是挣不了更多钱的劳动阶层，他们被期望像其他人那样融入到美国生活的各种习俗中。美国白人思考下等阶层时，他们中的许多人会从种族的角度考虑问题——这是1960年时糟糕的社会现实之一。只要说到下等阶层白人，他们就会想到那些处于美国生活边缘的人——鲍厄里街（Bowery）和贫民区饥寒交迫的居民，或者被称为穷苦白人的人群。1960年后的几年中，美国社会出现了新的阶层：一个不是由边缘人群而是由大部分先前劳动阶层人群构成的白人下等阶层。第二部分叙述了该下等阶层的形成轨迹。

在很长一段时间里，新下等阶层的发展不为人们所关注。20世纪60、70年代，处于社会经济阶层两端的两个美国人群体，公然蔑视美国人一直以来对于得体举止的期望。一个群体由20世纪60年代成年的白人青年构成，他们大多数来自中产阶层和中上阶层家庭，这些人于60年代中期在旧金山的海特－阿什伯里地区（Haight-Ashbury）形成反主流文化，在越南战争期间，他们在全国的势力得以加强，在20世纪70年代衰弱消失。另一群体则由黑人和城市人口构成，这些黑人中的很少一部分变得缺乏社会组织性，以至于该群体在1980年代初期就被贴上了底层的标签。

反主流文化在20世纪70年代受到了全国大多数人的关注，而底层在80年代才得到大部分人的关注。但是在这几十年间，在美国整体上没有产生明显社会问题的情况下，蔑视美国人传统期望的白人人口数量在悄然地逐渐增加。到20世纪90年代和21世纪前10年，新下等阶层已是美国劳动阶层生活中一支有影响力的力量。

如果新下等阶层与美国传统规范的分离所代表的只是另类的生活方式，而这种生活方式与旧的生活方式起着同样的作用，那么这种分离会是令人关注但并不令人担忧的。这个国家不会因为人们穿牛仔裤去教堂、抽大麻或者有比其父辈更多的身体部位穿孔而走向衰败，但是在第二部分中叙述的阶层分离并不包括这些种类的差别。相反，它包含的却是影响人们享受满意生活的能力、发挥社区作用的能力以及使美国存在下去的能力的差别。

第六章

基本美德

从历史观点来看，美国计划的可行性是以勤奋、诚实、婚姻和虔诚为基础的，而且我们还可以把美国人生活的这些方面作为研究框架，以此来分析美国白人从 1960 年到 2000 年所发生的变化。

弗朗西斯·格伦德（Francis Grund）是一位德国大亨的第七个儿子，在维也纳接受的教育。1825 年，他决定去美洲新大陆寻找发迹的机会。在巴西军事学院（Brazilian military academy）做了一年的数学教授后，格伦德来到了美国并定居在费城。十年后，他出版了两卷本《美国人的道德、社交与政治关系》（*The Americans, in Their Moral, Social, and Political Relations*），以欧洲人的视角对美国经验给予评价。格伦德在第一卷中说："没有哪个政府能够建立在与美国政府相同的原则之上，同时还拥有一套不同的道德准则。"

美国《宪法》以简明（的文字表述）著称，但仅仅适合这个习惯于通过诉讼纠正错误的民族，完全不适用于其他国家。美国人可以改变他们的生活习惯、改变他们的宗教信仰、改变他们对道德规范的高度敏意，但不会为了彻底改变国家政体而对《宪法》做任何的修改。[1]

并不是所有欧洲观察者都同意美国人会"习惯于通过诉讼纠正错误"这一观点。相反，许多来访者几乎同时为美国人的行为举止感到震惊。

说到美国人的卫生习惯，就像利昂库尔公爵（Duc de Liancourt）所说的那样，他发现美国人对于"不应该在一张床上睡两三个人和使用不洁的床单，或者不使用被 10 个人用过的不干净的杯子感到惊讶"[2]。所有外国观察者一致同意，无论在室内还是室外，随地吐痰的行为总是令人厌恶的。

至于美国人的日常饮食，一位欧洲来访者断言，"如果为最可能损害胃和牙齿等总之是损害身体健康的饮食方式设立一个奖项的话，非美国人莫属"，他们"几乎未经咀嚼就吞下了刚出炉的面包、半生的食物、浸黄油的烤面包、最油腻的奶酪、咸牛肉或风干牛肉片、火腿，等等，简直令人匪夷所思"。[3]

还有惊人的饮酒习惯。美国人从青春期就开始每餐饮酒——不是欧洲的葡萄酒或啤酒，而是浓烈的美洲黑麦威士忌。威廉·科贝特（William Cobbett）将嗜酒看作美国人的通病，他写道，年轻人"甚至不到 12 岁的小男孩"，都会随时"走进商店，小酌一口"。[4]

欧洲人轻蔑地认为，即使是在费城的联排式住宅区里也没有真正合乎标准的上流社会。在有关这一时期的记载中，亨利·亚当斯（Henry Adams）引用了一位被触怒的外国观察者的话，这位观察者生气的原因是发现费城茶会上的女性无论已婚还是未婚，都对"下流的典故、粗俗的言语，甚至是淫荡的暗示津津乐道，随后伴之以高声大笑或刺耳的尖叫"[5]。

然而，格伦德对于美国前五十年末期的评论并不会让这个国家的缔造者们感到吃惊。每一个参与创建国家的人深知，国家的成功建立依靠的是全体国民的美德——不是绅士气派，而是美德。詹姆斯·麦迪逊在弗吉尼亚州宪法批准会议上的发言人所共知，他说："无须理论检验，没有哪种政体能为我们提供安全保障。以为人民没有美德而仅凭某种政体就可以保障自由与幸福的想法是不切实际的。"[6]

说它不切实际，是因为美国宪法赋予了这个新国度的公民几乎不受约束的自由。美国人遵守刑事法律，该法律禁止对于人身和财产的普通刑事犯罪；美国人还遵守侵权法，该法用于调整民事纠纷。但除此以外，美国人的行为自由没有受到多少法律限制，除了避免造成损害以外，他们对自己的邻居不负有任何法律义务。任何更加细微层面上的行为准则一定存在于美国人的内心之中。

对本杰明·富兰克林来说，这意味着"只有道德高尚的民族有能力享有自由。当国民变得更加堕落与邪恶时，就需要有更多的管理者"。另一方面，美德使政府的维持变得容易："我们一直以来承担政府的支出，因为支出不大，故可以轻松承担。一个道德高尚且勤劳的民族的管理成本或许是低廉的。"[7]

而在帕特里克·亨利看来，"坏人不可能成为好公民……任何一个民族，只有坚定地秉持公正、适度、节制、节俭与美德，才能让自由政体或者自由的福祉得以保留"，这似乎是老生常谈。乔治·华盛顿在其未公开发表的首次就职演说稿中多次提到了这一点，他坚称"只要一方面经受住无穷野心的疯狂冲击，另一方面对已败坏的道德准则日渐削弱的倾向加以利用，就不会出现文字墙和成堆的羊皮纸卷"[8]。或者可以引用他在离职演说中最言简意赅的那一句："美德或道德观念是受民众欢迎的政府必不可少的原动力。"尽管表达的方式有所不同，但开国者们都认识到了一点：如果一个社会想要继续拥有自由，自制就是每一个公民管理自己言行的首要之事。

或许美国人并非一问彬彬有礼，但作为一个民族，他们还是符合美德的要求的。被费城茶会上的女性激怒的那位欧洲客人没能理解美国人的礼仪与美国道德之间的差别，亨利·亚当斯写道：

> 在（美国女性）不当行为的材料被揭露——如充斥在报刊上和在英国与法国社会中成为最热议的话题之一——之前，他们也许长时间地搜集了官方记录和民间记载……1800年时的社会往往是不雅且有时是粗鲁的，然而除了行为的放纵，也还有道德的。[9]

亚当斯当时还没有成为本国至上的沙文主义者。托克维尔写道："尽管那些已经访问过北美洲的欧洲人士在许多问题上看法不一，但他们还是一致同意这里的道德远比别处严格得多的说法。"[10]

亚当斯在19世纪80年代、格伦德与托克维尔在19世纪30年代以及美国的缔造者们在18世纪80年代完成论著的过程中谈及民众的美德时，他们想到了什么？

针对这一问题，不同的作者强调了不同的方面，而且也可能对不同的方面做了评论性分析。但是，即使没有公认的标准，就实用目的而言，我们将美国人生活的四个方面作为基本要素是完全可以接受的，这样一来，你将很难发现18世纪的开国者或者19世纪的评论者会对四个方面中的任何一个提出异议。四个方面中有两个本身就属于美德——勤奋与诚实，另外两个是借助正当行为的培养而形成的社会制度——婚姻与宗教。为方便起见，我将这四个方面称为基本美德。

某些开国者会批评我列举的基本要素不够全面，认为节俭是一个可增加的选项，还有慈善（或乐善好施）。当今美国的保守主义者或许会因为我忽略了自立而责备我，自立是一个与勤奋含义重合的概念，只是在进入19世纪之前其本身的独立性不够突出。我确定的四个方面能够通过这样的检验，即在建国的头一百年里，在制定并实施美国计划的人中间，会有人认为没有民众的勤奋、诚实、婚姻和虔诚，计划还会取得成功吗？毋庸置疑，不会。

勤　奋

开国者们讨论这一美德时，常常使用18世纪的用词industry。

在他们看来，勤奋意味着众多品质，这些品质当初对美国独立战争产生了推动作用——不仅是一种自由表达内心的意愿、信仰自认为合适的宗教的意愿以及为了代表权而不遗余力地付出的意愿，还是美国人辛勤劳作勿使光阴虚度、为自己和子女谋求更好生活的深入人心的信念。尽管我将用人们更为熟悉的现代词语industriousness来取代industry，但仍采用上述广义的理解。

美国人的勤奋令世界瞩目，美国人的其他品质中没有哪一项被如此一致地认为是非凡的。弗朗西斯·格伦德将其作为书中开篇段落的主题：

> 积极工作不仅是（美国人）幸福生活的主要来源和天性卓越的基础，而且没有它美国人必将陷入悲惨的境地……（它）就是美国人的灵魂；任何追求积极工作的人，不是将其当作自己和家人获得必要生活条件的手段，而是将其当作所有人福祉的源泉。[11]

美国所提供的具有吸引力的充足的就业机会是构成工作意愿的基础，而且这影响到了每个阶层中的人们。亨利·亚当斯指出，相较处于美国上层社会的人们，充足的就业机会对美国底层社会人们的影响更为有力。

> 推翻了旧世界的体制，美国的就业刺激对最下等和最无知阶层的影响力大增，迅速将他们从毁灭性的境地中解救出来。这使得一贫如洗、无家可归的苏格兰或爱尔兰移民深受

影响，全神贯注；因为某人凭借不懈的努力而成为资本家，他的孩子们也被培养成了绅士……这种积极性一旦成为本能，似乎就会在这个民族中得以永久地传承。[12]

并不是所有的来访者都认为美国人的勤奋是那样地令人钦佩，因为他们把美国人的勤奋与被他们视为令人不快的对金钱的痴迷紧密地联系在了一起。"一位英国的店主白天是商人，但晚上就是绅士"，一位英国的来访者赞许地写道，而美国人——尤其是过分冒犯他人的新英格兰人——时时刻刻不忘生意。该来访者继续写道："没有比你们这些地地道道的美国佬更为狂热的金钱崇拜者了。他的敬意不只表现在嘴上或膝盖上，这是一种对内心的完全遵从，全身心地将其所有的力量都投入到了对偶像的膜拜中。"[13]

勤奋这种激情的不利后果就是在被认为失败时的尴尬。弗朗西斯·格伦德写道，在美国生活的十年中，"我从未听说过哪个真正的美国人会请求他人施舍，世界上没有哪个国家有这么少由公共开支供养的人……一个陷入财务窘境的美国人几乎不可能被说服去请求或接受其亲属的帮助，而且在多数情况下也拒绝求助于自己的父母"[14]。

如果要说美国人只有一个美德，那肯定就是勤奋。

诚　实

在发挥有限政府的效用方面，诚实的重要性是不言而喻的——这无异于警察国家强令原本没有犯罪倾向的人们不去犯罪，而对发挥成熟的自由市场的效用来说，人们会遵守规则的假定是必不可少的。开国者们和我们一样，能够很容易地看到这一点。对托马斯·杰斐逊而言，"诚实是智慧之书的第一章"[15]。乔治·华盛顿本人有着传奇般的良好声誉*，他曾两度将诚实归入美国民众必须具备的美德之中。[16] 与诚实的重要性一并流传的还有一种观点，即美国人要比欧洲人诚实得多，后者被认为是腐化堕落的。因此，约翰·亚当斯十分不看好荷兰或法国共和制的前景。它们的革命同美国革命的区别在哪里呢？"这是一种对诚实的渴望，而且一旦美国的民众失去了正直，他们将很快拥立起各自的暴君。"[17] 相反，杰斐逊对于同化欧洲移民持乐观态度，理由是尽管他们会带来欧洲人的恶习，"我想，在一个名副其实的诚实之国里，这些恶习会迅速地被稀释并完全消失的"[18]。

有理由认为美国人实际遵守法律的程度非同寻常。[19] 在对建国之初几年中的犯罪所进行的少有的定量分析中，有一项研究调查了马萨诸塞州米德尔塞克斯县（Middlesex County）所有的诉讼案件，地域范围涵盖了除波士顿以外马萨诸塞州人口最稠密的地区。在 1760 年到 1810 年间，每 10000 人中每年因盗窃罪被起诉的平均有 2.7 人。[20] 即使考虑到该数字只是反映了被起诉者的数量，而非实际发生的盗窃犯罪的数量，似乎犯罪率格外低的结论也是可靠的。[21]

---

* 樱桃树的故事。这个故事的真实性受到了人们的质疑，因为考古学家发现没有任何证据证明，华盛顿童年所住的位于弗吉尼亚州拉帕汉诺克河边的房屋附近的陡壁上生长过樱桃树。——译者注

美国的犯罪率处于低水平的例外情形，很可能就是现在被称为加重的企图伤害罪的犯罪行为。欧洲来访者无不为美国边远地区生活中的暴力色彩所吸引和震惊，在他们的家信和发表的报道中，连篇累牍地充斥着对街头突发打斗情形的描写，而打斗中采取的戳眼、牙咬和脚踢等手段都是被允许的，旁观者们则借此消磨着时光。从严格意义上讲，尽管这些斗殴行为都构成了加重的企图伤害罪，但是其中极少有某位公民无端攻击一位性格温和的陌生人的情形，更多发生在边远地区的暴力行为似乎一直是双方自愿的行为。[22]

19世纪中叶之前，尽管我们对于犯罪率没有更多的认识，但是美国人对于犯罪的态度仍然像任何一位开国者可能希望的那样充满敌意。当托克维尔旅行于美国各地，对我们的监狱进行考察（这是他来访的初衷）之时，就美国雇用如此少的治安法官和公务员来打击犯罪给予了评论："然而我相信在任何一个国家中，犯罪行为很难逃脱制裁，理由是每个人都认为自己应该专注于搜集犯罪证据和抓捕罪犯……在美国，（罪犯）被视作人类的敌人，处在全人类的对立面。"[23]

在一位苏格兰作者眼中，美国人肯定是那样看待他们自己的——所以这位欧洲来访者常常被问到"他是不是不赞赏美国人对于法律格外尊重的态度"[24]，以至于达到了令人厌烦的程度。弗朗西斯·格伦德认为这种自豪感是合理的。他写道，美国人"对法律怀有无比的敬意，他们普遍遵守法律，完全服从治安法官，除了英国以外，这种情形在其他任何国家是没有的"[25]。

婚　姻

美国的开国者们理所当然地认为婚姻是社会制度的基础。独立战争时期，对这一问题少有的详尽论述之一出现在詹姆斯·威尔逊的《法律讲座》(*Lectures on Law*)中：

> 无论是参考最严谨的演绎推理，还是求助于历史所提供的最佳资料，抑或是听取至高无上的圣典所传递的不容置疑的信息，我们都会发现，社会真正的根源需追溯到婚姻制度……该制度胜过其他任何制度，它让人类承受恩惠，共享遍及人间的安宁与和谐。"Prima societas in ipso conjugio est"（婚姻是社会的第一纽带），西塞罗在其《论义务》一书中如是说，这是一部向人的思维和心灵致敬的著作。[26]

对开国者和 19 世纪的评论者来说，问题不在于婚姻本身是否是社会运转必不可少的——当然是不可少的——而在于婚姻中的行为表现。或许你已经注意到本章开头的引文中频繁使用了"道德"这个词。一般来说，道德指的只是婚内的忠诚和婚姻的持久性。约翰·亚当斯和阿比盖尔·亚当斯（Abigail Adams）用 54 年的时间成就了美国婚姻历史上的一段佳话，约翰·亚当斯在他的日记中坦言："国民道德的基础必须植根于个人家庭之中……如果孩子们从幼年时起就得知其母对其父一贯不忠和其父对其母一贯不忠，这怎么可能让孩子们对于道德或宗教的神圣义务怀有丝毫的正义感呢？"[27]还有一次，他在说到"神圣的婚姻义务"时，提到了法国 1792 年的自由离婚法，号召年轻人"谨防法国革命那些令人憎恶的东西玷污了我们的国家"。[28]

美国人实际上比欧洲人更忠实于结婚誓言吗？美国人和外国人都认为是这样的。即使是哈丽雅特·马蒂诺（Harriet Martineau）这个在辛辛那提居住了数年的英国女性和激进的女权主义者，也早在结婚誓言这个短语被创造出来之前，就认为"与英国的婚姻相比，美国的婚姻几乎更普遍、更可靠、更稳定、更幸运"，而且"幸福的外在要件几乎是齐备的，这一制度从旧世界贬低它的各种最恶毒的诽谤中得以升华"。[29]但是美国的情形却未能令她满意，并抱怨说这一情形正在恶化，不过她也承认，与欧洲人的做法相比，美国人确实给了女性一个不错的机会。

通常他们言出必行

历史学家们肯定一点都不知道这些事情，尽管有一个事先声明，外加一个众所周知的例外情形，但开国者中的核心成员们似乎一直都是好丈夫。

乔治·华盛顿喜欢和端庄美丽的女性打情骂俏，而且想必他有着太多继续这样做的机会，但是学者们对其生平做了全面而彻底的研究，没有一个人发现其有不忠的证据，他与玛莎（Martha）的通信联系表明这只是一种亲密的关系。约翰·亚当斯和阿比盖尔·亚当斯是美国历史上最著名夫妻中的一对。有关托马斯·杰斐逊与萨莉·赫明斯（Sally Hemings）的争论还在继续，然而没有人能断言他在妻子健在时有出轨行为。詹姆斯和多利·麦迪逊（Dolley Madison）是一对恩爱夫妻，历史学家对他们的文字记录只有很少一部分——夫妻二人善于安排他们的生活，极少有分离的时候。约翰·杰伊（John Jay）和萨拉·杰伊（Sarah Jay）确实留下了大量的往来信件（连同他们的六个孩子），证实了一段持久与恩爱的婚姻。

事先声明是针对亚历山大·汉密尔顿说的。他与妻子伊丽莎白（Elizabeth）生有八个子女，直到汉密尔顿去世，夫妻二人鹣鲽情深，但他的确与一个骗子的妻子有过一段尽人皆知的私情。

还有本杰明·富兰克林。他同德博拉（Deborah）有一段长达44年的普通法婚姻（他们无法举行世俗婚礼的原因是，德博拉的第一任丈夫下落不明且无法证明已死亡）。对于德博拉有时候在署名时自称"your A Feck SHONET Wife"*，一家人对此的处理方法是听之任之。富兰克林将私生子从以前的情人处接回家中共同生活，他的一生放荡不羁。这些人中的大多数都是与异性无实质关系的逢场作戏，这被法国人称为真挚的友谊，但绝非全都如此。

---

* 德博拉文化程度不高，在其信件中有很多拼写错误。此处署名她大概是把 Affectionate（爱你的）错拼成了 A Feck SHONET。——编者注

　　然而，美国卓异主义中有关婚姻的内容已经超越了单纯的忠诚。美国的婚姻被看成一种不同于欧洲婚姻的结合，部分区别在于美国拒绝包办婚姻，然而二者之间的差别不止于此。男子求婚，而女子或同意或拒绝，一个小女孩最终负有评价其未来伴侣的责任，对此责任的认识影响着她的成长过程。托克维尔写道，"如果民主国家允许女性自由选择丈夫"，

　　　　……人们会认真地教给她足够的知识，使其意志力能够坚强到做出如此重大的抉择。在美国，由于来自父亲的管教非常宽松，而对于婚姻关系的要求非常严格，所以，年轻女性只有在十分谨慎且考虑周全的情况下才会与他人订立婚约。早婚的情形在美国非常少见，这是因为美国女性在其理解力得以训练和成熟之前是不会结婚的；然而在其他一些国家，大多数女性通常只有在婚后才开始训练她们的理解力并使之成熟。[30]

　　美国人的婚姻与欧洲人的不同之处在于婚姻关系的严肃性（美国人和外国观察者似乎都同意这一点）。美国人"把婚姻看作一个常常要承担过重义务的契约，而婚姻关系的当事人必须严格履行该契约的每一项义务。由于当事人事前知晓所有的义务，所以他们完全有不选择承担这些契约义务的自由"。[31]

　　托克维尔认为，这对美国文化的影响意义深远，而且与美国的婚姻赋予美国女性的角色有很大关系。在《论美国的民主》一书将近结尾处，托克维尔用一段著名的话来概括自己的观点：

"如果有人问我，既然我在即将完成的这本书中说到了美国人所做的如此多的重大的事情，那么，美国取得的独一无二的繁荣与不断壮大的民族实力应该主要归功于何者，我要说——应当归功于美国女性的卓越。"[32]

弗朗西斯·格伦德提出了类似的分析，接着就牢固的婚姻对美国人生活的作用做了总结：

> 我认为美国人的家庭美德是他们具有的其他所有优良品质的主要来源，它扮演着勤奋促进器、创业激励器和最强有力的公众罪恶抑制器的角色。它将生活简化为最基本的内容，降低了幸福对动荡不安环境的依赖；哺保孩子们接受正当的教育，借助榜样的力量对年轻一代的道德观念产生影响。简言之，在维护安宁与良好的秩序方面，其作用远远超过所有为此目的而颁布的法律，并且相较于任何书面法律文件，它能够更好地保证美国政府得以长久运转，美国《宪法》也不能例外。[33]

尽管美国人的婚姻观念对双方当事人提出了很多的要求，但它的确被视为自由国家公民社会的一项基本制度。

虔　诚

如果开国者中苏格兰人多于法国人，并且许多人持有在一个世纪前可能令人难以想象的基督教的观点，那么他们就是启蒙运动的产物。杰斐逊是公开的自然神论者。本杰明·富兰克林虽然经常引用宗教用语，但是很少去教堂做礼拜，而且确实不信仰基督的神性。约翰·亚当斯也一样，他是一神论的信仰者。华盛顿避而不谈自己对传统基督教教义的态度。汉密尔顿和麦迪逊是英国国教（圣公会）教徒，也被怀疑对于正统的宗教教义细节一无所知。然而这一切都聚焦于一点：宗教对于这个新国度的繁荣昌盛必不可少。他们以类似的表达方式来宣扬这一点，天主教哲学家迈克尔·诺瓦克（Michael Novak）做出了这样的概括：

> 自由是合众国的目标。
> 自由离不开美德。
> 没有宗教人民就不可能有美德。[34]

这一观点在乔治·华盛顿的离职演说中表述得明确无疑："在所有实现政治昌明的精神气质与风俗习惯中，宗教和道德不可或缺……尽管高尚的教育对特殊构造的心灵可能有所影响，但在排除宗教原则的情况下，理性和经验不容许我们期望国民的道德观念能普遍存在。"[35]

这是一个有了细微差别的表述，尽管华盛顿承认不信仰上帝也可能成为品行端正的人（他很可能是记住了杰斐逊那句"尽管高尚的教育对特殊构造的心灵可能有所影响"的绝妙表述），但是他也说过我们不能指望全体国民尽皆如此。约翰·亚当斯更为隐晦地提出了相同的论点：

我们没有强力的政府，无法借助道德观念与宗教同人类放纵的激情对抗。贪婪、野心、复仇或好色会像鲸冲破网一样破坏宪法最强大的约束力。我们的宪法仅仅是为一个有道德观念和宗教信仰的民族制定的，完全不适合其他任何国家。[36]

对亚当斯而言，政治上有用的宗教的实质就是犹太一神教的上帝。他写道，"我会坚持认为希伯来人对世人的教化作用超过其他任何民族"，通过"向人类传播世间至高无上、智慧、英明与万能主宰者的教义，我坚信这是所有道德，也必然是所有文明的最伟大的基本原则"。[37]詹姆斯·麦迪逊附和了这一观点，他写道："信仰全能、全知和全善的上帝，对于世界的道德秩序和人类的幸福是如此不可或缺，使得竭力主张这一观点的各种论据都不可能有太多的来源。"[38]

杰斐逊持有相同的观点。在《弗吉尼亚纪事》(*Notes on the State of Virginia*)中，杰斐逊提出："如果我们撤去了人民仅有的坚实基础，即在他们心中确信这些自由是来自上帝的恩赐，那么这个国家的自由还能被认为是安全的吗？除了上帝的天罚外，这些自由就不会遭受侵犯吗？"[39]这一对宗教信仰特别是对基督教作用的评价，与杰斐逊在其总统任职期间进教堂做礼拜的情形是一致的。那个时代的一本记事簿记录了杰斐逊的一段特殊经历，他由于在某个星期日"腋下夹着一大本红色的祈祷书"步行去教堂而被指责为虚假的虔诚。据说杰斐逊对此做出回应："没有宗教，就没有国家存在或者得以治理，也不存在这种可能。基督教是迄今为止给予人们的最理想的宗教，作为这个国家的总统，我必须约束我的行为。再见，先生。"这是一段间接的记述，或许在转述过程中已被渲染，但杰斐逊的这种态度同他对基督教教义主张的道德准则的赞美是一致的。[40] 他写道："根据我的观察，无论古代或现代，在所有道德体系中，没有一个能像耶稣基督那样纯粹。"他还投入巨大的精力编纂了众所周知的《杰斐逊圣经》（Jefferson Bible），这是一部删去了上帝创造神迹和神学性的耶稣基督的教义。[41] 对此，本杰明·富兰克林有着相同的立场。他在给耶鲁大学校长埃兹拉·斯泰尔斯（Ezra Stiles）的信中写道："关于拿撒勒的耶稣，我认为他的道德体系和宗教同他留给我们的一样，是全世界已经发现或者可能发现的最好的道德体系和宗教。"富兰克林认为，对于耶稣基督神性的信仰是毫无害处的，"如果这种信仰会产生良好的结果，而且几乎肯定是这样的，那么就会使耶稣基督的教义更受尊崇和更好地得以奉行"[42]。许多人赞成基督教《圣经》中有关谦逊、克己、兄弟友爱的教义，并将之视为一个自治的民主国家确实需要的金科玉律——用约翰·亚当斯的话说："这是世界上最具共和主义性质的一本书。"[43]

美国生活的观察者们，包括一些世俗的观察者断言，在下个世纪，虔诚与功能有限的政府之间存在着同样的联系。至于其他的诸多问题，托克维尔做了最好的概括，我对他的评价没有任何补充：

因此，尽管法律允许美国人可根据其喜好行事，但宗教阻止其怀孕，禁止他们行鲁莽或不正当之事。在美国，宗教不参与管理社会事务，但一定被看作社会首要的政治制度；因为如果宗教不给予自由以品性，就会助长对自由的滥用。实际上，这与美国居民自己对待宗教信仰的观点是一致的。我不知道是否所有的美国人都有他们自己虔诚的宗教信仰——谁又能知晓他人的内心呢？——但是我肯定，美国人视宗教为维持其共和制度的不可或缺之物。这种见解并非为某一个公民阶层或政党所独有，而是属于全体国民和每一个社会阶层……美国人在内心中将基督教与自由二者的理念紧密地融为一体，以至于无法想象二者缺一的情形。[44]

自 19 世纪 30 年代以来

在完全进入 20 世纪之前，这四种基本美德如同在建国后头五十年里那样被看重，而且它们还被初到美国几年的移民的子女们所接受。要是详细介绍这一成就的取得恐怕需要一本专著才能完成，但其主要内容就是通过学校坚持不懈地对孩子们进行社会化教育。实际上，美国孩子接受的是由我刚刚介绍的大部分美德构成的全国性公民宗教教育。

19 世纪社会化的主要手段就是小学阶段使用的阅读教材，各种版本的阅读教材均模仿当时最受欢迎的"麦加菲读本"系列（McGuffey Readers）。读本被广泛地使用，以至于其中的精品内容成为全民族语言的组成部分。西奥多·罗斯福（Theodore Roosevelt）曾对一位记者说，虽然他将自己置身于一些外交纠纷之中，但他却"无意成为国际上一个爱捣乱的玛蒂（Meddlesome

Mattie）"[45]，他认为任何人都会明白自己的意思，因为自1853
年以来，有关爱捣乱的玛蒂的故事已成为"麦加菲读本"第四册
所有版本的组成部分。身为纽约一个精英家庭后代的西奥多·罗
斯福从小就跟随家庭教师学习，同俄亥俄州农民、芝加哥商人以
及新英格兰渔民的孩子们一样，他也是在同一读本的陪伴下长大
的。如果想知道从19世纪中叶到第一次世界大战期间，是什么
构成了一位优秀美国人的美德，你可以花几个小时浏览"麦加菲
读本"中的经典内容（在谷歌图书中可找到完整文本），它们都
与基本美德有关。

有关"麦加菲读本"的刻板印象与现实

今天的人们在任何情况下想到"麦加菲读本"时，很
可能带有傲慢的态度，将它们看作或许适合于一个不那么
进步的时代但却不为当今所接受的故事选集。如果你翻阅
该读本，你可能会感到意外。你会很困惑地发现，该读本
在任何情况下提到女性时，会称其为弱势性别或劣于男性
者，而在许多事例中，女性又是勇敢与刚毅的模范。该读
本不赞成大男子气的品德，却看重绅士的温文尔雅。美
国印第安人没有被刻画为野蛮人，而是被作为能够展现上
述美德的人来对待，这些美德是用于赞扬所有人的。同样
地，该读本中有许多流行于外国的故事，但却没有对外国

人和美国人做个人反感的比较。19世纪中叶以后读本中的宗教教义分属不同的基督教教派，比如说包括了《希伯来圣经》中的第23首赞美诗和《新约全书》中的"登山宝训"，但（据我发现）却没有任何明确陈述基督教教义的段落。

该读本中最明显的缺漏是种族问题。在我查阅过的读本中，我发现无论是从正面还是负面，根本没有涉及非洲裔美国人——也许是因为选编这些阅读材料的人意识到，如果该读本也使用表述其他事情所使用的宽容与平等的语气来表述种族问题，恐怕南方的许多学校就会停止使用该读本。

到了20世纪中叶，学校是通过系统的社会化手段来灌输一系列特定美德的场所，这种观点已被摒弃，"麦加菲读本"也已经不再使用，然而这与做一名优秀美国人意味着什么的观念有着某些一致性。这不是说美德的实践已经衰退，而是说美国的公民宗教已经形成。美国是机遇之国的观念依然很普遍，宪法依然被认为是这个国家存在的基石，美国人仍然将自己的国家视为世界上最自由、最繁荣和社会经济地位最高的国家。"一个上帝庇佑下的国家，不可分割，所有人自由平等"，这一观念随着每日清晨的《效忠誓言》反复灌输进小学生的头脑中。然而做一名优秀美国人涉及某些特定方面的举止表现，还有这个国家自身为赢得成功而依赖于某一特定类型人群，这一信念已经开始逐渐消失且不再恢复。只要我们的法律没有问题，美国的社会制度本身就可以在任何情形下发挥作用，这一假定是不言而喻的。

对持有这一假定的人们而言，对我所陈述的基本美德做出的理性反应就是会问"那又怎么样呢？"，如果美国人凭借一种关于自身品德的浪漫化观点建立国家，并且设法让这种观点流传了一个半世纪，那又怎么样呢？美国在成立之时是一个不大的、人口稀少的农业国家，有一半的国土上实行奴隶制度。这些美德从未像美国人希望的那样得以普遍地奉行，而且不管怎么说都与今天的社会格格不入。在21世纪，这个国家会面临重大的政治、经济或者社会问题，而当今美国对于基本美德的立场不会为上述任何一个问题提供信息。

我持另一种观点：开国者们是正确的。无论是建国之初，还是进入21世纪之后，美国取得成功都缘于人民的美德。仅仅就其国民所体现出的上述优秀品质的意义而言，美国会继续保持其卓越地位，这些优秀品质使这个国家有效运转了两个世纪。对于这样的公民来说，基本美德是至关重要的，这就是在接下来的章节里，我们以基本美德为框架来描述新下等阶层形成的原因。

第七章

贝尔蒙特与费什敦

我描述了两个虚构的住宅区，分别被称为贝尔蒙特与费什敦，并且说明我将如何通过这两个住宅区，去了解 1960 年至 2010 年间基本美德的情况。

新上等阶层是中上阶层的一个子集，而新下等阶层则是劳动阶层的一个子集。我曾经设想，通过设置两个名为贝尔蒙特和费什敦的虚构住宅区，希望能找到一种直观的理解方式，来思考包含这两个住宅区的更大的社会阶层的趋势。有关细节会在附录三中给出，而以下是基本内容。

两个住宅区

贝尔蒙特

现实生活中的贝尔蒙特是波士顿的一个近郊住宅区，邮政编码 02478，百分位数为 97，居民大多属于中上阶层。有许多专业人士居住在贝尔蒙特——医生、律师、工程师、科学家、大学教授——还有企业主管和非营利性组织与政府机构的管理人员。贝尔蒙特居民的受教育程度很高——2000 年时有 63% 的成年人拥有文科学士学位。这也是一个富裕的住宅区，2000 年家庭收入的中位数为 124200 美元。

我在第二部分一直使用的虚构的贝尔蒙特与现实中的贝尔蒙特的不同之处，在于前者没有任何例外情形。无论使用何种数据库，我都将那些当且仅当至少拥有学士学位并且是管理者、医生、律师、工程师、建筑师、科学家、大学教师或者媒体内容制作者（例如记者、作家、编辑、导演、制片人等）的未婚人士归入贝尔蒙特，将那些或者本人或者其配偶至少拥有大学学历且拥有上述某一职业的已婚人士也归入贝尔蒙特。

费什敦

现实中的费什敦位于费城东北部地区，邮政编码 19125，百分位数为 8。从 18 世纪开始，费什敦就一直是一个白人劳动阶层住宅区。在现实中的费什敦，一些人仍然未能完成高中学业，但大多数人拿到了文凭并直接开始工作。有些人在高中毕业后接受了技术培训，有些人上了社区学院或者在四年制大学试读了一两年，而有些人已参军入伍，在那里接受了技术培训。然而在费什敦，接受过完整大学教育的人是很少的——在 2000 年，仅有 8% 的成年人有大学学历。

费什敦有许多高技能蓝领工人，如电工、管道工、机械师和模具工，但也有不少人从事中等技能的职业，比如板墙安装工或者重型设备操作工等。从事低技能工作的人数在费什敦养家糊口者中也占有很大的比例，如装配线工人、建筑工人、保安人员、货运司机或码头装卸工人。大多数费什敦家庭的收入处在全国收入分布的下半部分——2000年的家庭收入中位数仅为41900美元——而且几乎所有处于贫困线以下的人都住在像费什敦这样的地方。

在虚构的费什敦，我再次排除了例外情形。归入费什敦者的基本标准是从事一项蓝领职业、服务业或低端的白领职业，而且不超过高中学历。将那些具有不同职业与学历组合的已婚夫妻归入费什敦的具体标准已在附录三中详细列出。

其他人的情况如何？

除了归入这两个住宅区的上述职业者外，还有许多从事其他职业的人——例如小企业主、中级白领工人、幼儿园到12年级教师、警察、保险代理人、销售人员、社会工作者、技师、房地产经纪人、护士和职业治疗师等被遗漏了。遗漏的还有那些虽没有大学学历但也成了管理者的人。我忽略了这些职业人群并非因为他们无关紧要，而是因为我在阐述这些话题时发现，在接下来的四章中还会涉及他们。在每一项指标上，这些职业人群都处于中等水平。无论是婚姻、勤奋、诚实还是虔诚，各项指标都位于贝尔蒙特与费什敦之间，无一例外。此外，在他们各自的中间（in-betweenness）程度上也不存在可阐发的论题。几十年过去后，处在中等水平的这些人偶尔会变得更像贝尔蒙特或者费什敦的居民，但不会一模一样。专注于贝尔蒙特与费什敦，可以让我们获得一种更易跟踪的讨论方式，并且能够更加有效地集中在那些重要的趋势上。

思考上述两个住宅区的快捷方法

贝尔蒙特：每个人都拥有学士或研究生学位，从事具有高社会声誉的专业或者管理工作，或者与这样的人士结婚。

费什敦：没有人拥有高中以上学历。有职业的人所从事的都是蓝领工作、中低端服务性工作或低端的白领工作。

其他人：职业与受教育状况各异，但是，中端白领工作、技术性工作以及拥有13—15年教育年期表现出了强集中趋势。

壮年期成人

两个虚构的住宅区还有一个不同寻常之处。除了我会明确指出的几种特殊情形外，你在随后的几章中看到的数字与图表是以30岁至49岁的人群为考察对象的。我希望以壮年期成人为研究重点，因为他们通常在这个时期完成了学业，开始了职业生涯并供养家庭。而20多岁和50多岁的人处在变化的几十年中——最终归入贝尔蒙特的人通常在20多岁时还在读书，而在费什敦，有越来越多的人可能遭受了肢体上的残疾，或者在50多岁时提前退休。总之，我忽略了他们只是为了简化对结果的说明。我经常使用"壮年期成人"这个词来指年龄处于30岁到 49 岁之间的人们。

最高 20% 与最低 30%

在第二部分，我使用趋势线来显示以某些方式行事或持有某些观点的贝尔蒙特与费什敦居民的比例。从我们所看到或感觉到的中上阶层与劳动阶层住宅区的变化而言，这些趋势是可以解释的。然而居住在这些住宅区中的美国白人的比例发生了改变。1960 年，有 64% 的壮年期美国白人符合费什敦的条件，只有 6% 的壮年期美国白人符合贝尔蒙特的条件。截至 2010 年，仅有 30% 的人符合费什敦的条件，而有 21% 的人符合贝尔蒙特的条件。

这就产生了一个如何解释的问题。或许费什敦的情形发生改变，是因为 20 世纪 60 年代费什敦最有能力的人到 21 世纪前 10 年已进入了中产阶层——用专业术语来说就是著名的削脂效应。或许是受过大学教育的人数增多导致贝尔蒙特的情形发生了变化。我们需要这样一种设想：如果 1960 年费什敦的白人壮年人口比例不是 64% 而是 30%，那么这些趋势看起来会是什么样子；而如果贝尔蒙特 1960 年白人壮年人口比例是 20%（采用整数）而非 6%，其趋势又会是什么样子。

为此，我设计了一种结合了受教育程度与职业认知需求的指标，能够对从高到低的每一种情形进行排序，附录三对"某职业的认知要求"的含义与该指标的结构做了介绍。依据该指标，每个图表都包含了一个显示排名最高 20% 和最低 30% 人群比例的标记，与表示趋势线开始和终止的年份相对应。当某个趋势改变方向时，我还会不时地为最高20%和最低30%的人群添加标记。你应当将这些标记看作是一种手段，用来判断在多大程度上，这种趋势线的变化归因于劳动阶层行为方式的改变或归因于削脂效应。大多数情形下，住宅区内人口结构的变化不会对此产生显著的影响，原因在附录三中予以讨论。

其他基础材料

现在你已获得了足够的信息去阅读本书第二部分的其余内容。许多有关分析的细节我已经安排在附录三中，尽可能保证正文部分整齐有序。我建议你先从正文开始，然后运用附录中给出的专业资料去研究可能遇到的任何问题。

第八章

婚　姻

　　我将在本章描述，在 20 世纪 80 年代贝尔蒙特与费什敦的美国白人结婚率下降的不同过程，还将描述白人中未婚生育数量前所未有的增加始终集中于费什敦，这几乎未影响到贝尔蒙特。

　　我首先选择婚姻中阶层分化的问题来阐述，是因为它非常重要。在刚刚过去的半个世纪里，婚姻已成为区分美国各阶层的断层线。[1]

白人关于婚姻的看法

　　1962 年，《星期六晚间邮报》（*Sunday Evening Post*）——就是以诺尔曼·罗克韦尔（Norman Rockwell）的绘画作为封面的那家报纸——委托盖洛普机构就美国女性对婚姻的态度进行了调查。盖洛普采访了 1813 名 21 岁至 60 岁的女性，这里转述了已婚女性的观点。

　　盖洛普调查员的问题是："一般来说，你认为已婚并供养家庭的女性和未婚的职业女性，谁更幸福？"96%的妻子回答已结婚有家的女性更幸福。回顾过去，有93%的人说，她们并不希望自己以追求事业取代结婚。

有一半以上的已婚受访者认为，女性结婚的理想年龄是20岁到23岁，21岁是最常见的结婚年龄。只有18%的人认为应该等到25岁或者更大一点儿再结婚。

超过三分之一的已婚女性知道某位女性在婚后有风流韵事，但她们并不赞成这样。84%的人称女性同丈夫以外的男子发生性关系毫无正当性可言。

不同的个人经历

想了解20世纪60年代早期人们对婚姻的态度有何不同，或许借助这个问题就可以做到。已婚女性被问道："你个人认为女性在婚前同她知道自己要嫁的男子发生性关系是可以接受的吗？"注意问题的措辞，不是同与女性约会的某人发生性关系，也不是同女性喜爱的某人发生性关系，而是同她知道自己要嫁的男人发生性关系。86%的人给出了否定的回答。[2]

盖洛普调查没有问及何种情形下的离婚是合理的，但1960年的另一项民意测验显示，其中问到了是否应该让离婚变得更困难或更容易一些。1960 年，无过错离婚尚不存在，快速离婚的制度可能只存在于内华达州。在许多州，合法的离婚理由仅限于通奸或虐待。即便是这样，也仍有 56% 的受访者称应该人为地增加离婚的难度，相比之下，仅有 9% 的人认为应该让离婚变得更容易一些。[3]

综合社会调查（General Social Survey，GSS）由设在芝加哥大学的全国民意研究中心（National Opinion Research Center）于 1972 年起开始进行，其调查成果构成了跟踪研究美国社会趋势使用最广泛的数据库。到 GSS 开始问及人们有关婚姻态度的问题时，情形已经发生了改变，而且在随后的几十年中发生了更多的变化。例如，GSS 在 1977 年开始询问受访者是否同意"对相关者而言，男子在外事业成功与女子照料家庭和家人是更好的选择"的说法。我们无法确切地知道 60 年代受访者对这个问题的回答是什么，但如果 1962 年盖洛普调查中有 96% 的妻子认为成家的女性普遍比职业女性更幸福，那么我们就得认定 60 年代初对 GSS 的问题持"同意"观点的人数比例至少应该在 90%以上。附录四介绍了我如何得出 95% 的估值，该百分比在图 8.1 中用单独的 × 标明，它代表了 60 年代前 5 年而不是整个 10 年的估值。

该重要结果适用于社会各阶层，这是意料之中的：从 60 年代到 80 年代，传统的婚姻角色观念被人们广为接受。尽管如此，相当大的阶层差别依然存在。截至 21 世纪前 10 年，几乎 40%的费什敦居民仍然对女性角色持有传统的观点，相比之下贝尔蒙特的比例不足 20%。

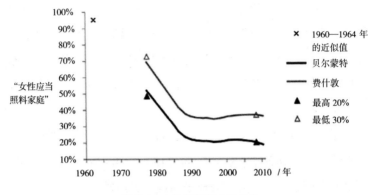

图 8.1　女性在婚姻中的角色

资料来源：GSS。样本限于 30—49 岁白人。使用局部估计回归法（LOESS，参见附录一对 LOESS 的说明）的平滑数据

关于图表

　　第二部分中，即使是在端点数据无法得到的情况下，几乎所有图表的水平轴也都是从 1960 年到 2010 年，同时在垂直轴显示百分比例。在显示这类数据时，始终存在一个问题，那就是垂直轴上应该显示多大的范围。如果一律设定为从 0 到 100%，趋势的形状和重要性可能会被掩盖。要是显示范围太窄，即便是一个很小的变化，也可能在视觉上被夸大。对此没有一个恰好合适的答案，因为五十年间一个很小的百分比变化有时是重要的，而有时却又不重要。我只选取了我认为带有重要变化的那些图表，将显示

范围与各个被标绘变量的最大值和最小值相匹配，而不是将最小显示范围一律设置为 20 个百分点。

　　图 8.1 为我们提供了有关最高 20% 与最低 30% 标记的第一个实例。在此实例中，位于 1977 年时间序列开端的数值与贝尔蒙特和费什敦的全部数值间只存在非常小的差别。从 20 世纪 70 年代到 2010 年，随着时间的推移，贝尔蒙特和费什敦人口比例的不断改变也没有对这些变化产生重大影响。

　　在对 GSS 调查有关婚姻的其他问题的回答上，社会各阶层间变得更加相像，而非更加不同。在 20 世纪 70 年代，绝大多数费什敦人认为婚前性行为是不道德的，妻子首先应当支持丈夫的事业，如果母亲出去工作，年幼的孩子就会受苦。在受过大学教育的贝尔蒙特居民中，支持上述全部观点的人数比例非常低。但是，到了 21 世纪，除了大多数费什敦居民外，上述观点的支持率全面下跌，以至于在上述大多数问题上，贝尔蒙特与费什敦之间没有多少差别了。

　　贝尔蒙特大多数居民在两个方面出现了重大的转变，接近了费什敦居民的立场。第一个方面是对待离婚的态度。过去的几十年，越来越多的贝尔蒙特居民同意通过立法来增加离婚的难度，这一转变几乎消除了同费什敦居民在 20 世纪 70 年代的差距。第二个和最令人印象深刻的改变如图 8.2 所示，那就是贝尔蒙特居民对于已婚人士同配偶以外的人发生性行为的态度变得更加传统。我估计60年代前5年的总体比例为80%，所依据的理由在附录四中阐述。

在达到趋同之前，我们要仔细研究截至20世纪70年代有关这个问题已经显现出的巨大的阶层差异。基于类似盖洛普对美国女性调查的间接证据，我们不得不假定60年代初期贝尔蒙特居民的态度同费什敦居民一样严格。就在仅仅数年中，受过大学教育的白人男性和女性成为性别革命狂热的新生力量，这是有关精英阶层规范与主流社会规范之间分化的最具戏剧性和最迅速的实例之一。这一现象还明确地集中在有大学学历的人群中——注意贝尔蒙特居民中接受过大学教育者对婚外性行为的接受程度与位于最高20%的人群之间的差别，后者在70年代时仍然包括了许多未接受过大学教育的人。

20世纪80年代，声称婚外性行为总是不道德的贝尔蒙特居民的比例开始上升并保持这一势头。到了21世纪，尽管贝尔蒙

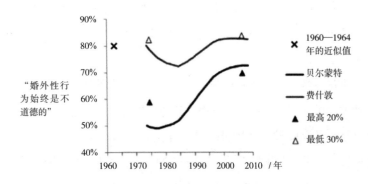

图8.2　婚外性行为是不道德的吗？

资料来源：GSS。样本限于30—49岁的白人。使用局部估计回归法（LOESS）的平滑数据

特居民在这一问题上的态度仍然不如费什敦居民那么严格，但是接受过大学教育的专业人士已经明显地回到比他们在 20 世纪 70 年代所持观点更加传统的态度上了。虽然有关婚姻态度的阶层差别依然存在，但在 2010 年，这些差别中有许多已比 20 世纪 70 年代时小了很多，然而在婚姻中，人们的实际做法却迥然相异。到了该介绍详情的时候了。

白人关于婚姻的做法

结婚率的下降

大约从 1970 年开始，美国的结婚率经历了近 20 年的急剧下降。1970 年时，在所有 30 岁至 49 岁的白人中，仅有 13% 的人不同配偶生活在一起。20 年后，这一比例提高了一倍多，达到了 27%——发生在这一核心社会制度方面的改变，其变化的速度与规模罕有先例。图 8.3 使用 1960 年的十年一次的人口普查资料和 1968 年至 2010 年 CPS 数据库，显示了贝尔蒙特与费什敦居民中结婚率变化的普遍程度。

1960 年，尽管贝尔蒙特与费什敦已婚夫妻的比例相差大约 10 个百分点，但二者的比例都很高——贝尔蒙特为 94%，费什敦为 84%，1960 年代没有多大变化。虽然性别革命或许一直在 20 多岁的年轻人中间进行着，但在 1970 年结婚的 30 多岁或 40 多岁的白人比例不超出 1960 年 1 个百分点。接下来从 20 世纪 70 年代的后 5 年起，两个住宅区开始分道扬镳。到 80 年代中期，贝尔蒙特的结婚率已停止下降，之后的趋势线保持平

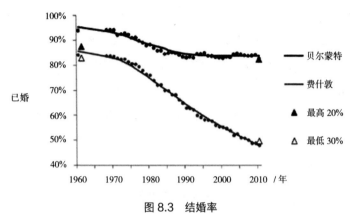

图 8.3　结婚率

资料来源：IPUMS。样本限于 30—49 岁白人。"已婚"指结婚且未分居者

稳，而费什敦的结婚率还在持续下降。

最终结果：结婚率在 1978 年相差仅 11 个百分点的两个住宅区，到 2010 年的差距达到 35 个百分点，此时费什敦居民中壮年期已婚白人的比例仅为 48%，而 1960 年的比例为 84%。此外，自 20 世纪 90 年代初期以来，费什敦结婚率下降曲线的斜度还未趋于平缓。

从未结婚人口数量的增长

30 岁至 49 岁的人群未婚的主要原因有两个，离异或者从未结婚（该年龄段罕有丧偶的情形）。先说从未结婚者。

30 岁至 49 岁仍未结婚的白人比例从 20 世纪 70 年代初期开始增加，1977 年至 1991 年间，该比例增加了一倍。图 8.4 显示了这种增加在贝尔蒙特与费什敦分别是如何完成的。

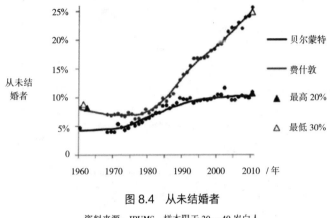

图 8.4　从未结婚者

资料来源：IPUMS。样本限于 30—49 岁白人

　　30 多岁或者 40 多岁仍然保持单身的"雅痞族"*和女权主义者成为 20 世纪 70 年代和 80 年代的典型代表，这是有一定的事实根据的——贝尔蒙特从未结婚的白人比例从 1970 年到 1984 年间增加了一倍，但是 1984 年以后，该比例从 9% 提高到 11%，几乎没有增长。一条重要信息是费什敦从未结婚人口数量的持续增加，直到 2010 年都没有任何减少的迹象，在那时，每 4 个 30 岁到 49 岁费什敦白人中就有超过 1 人仍未结婚。从未结婚人数的增加主要是男性退出婚姻市场的结果。到 2010 年为止，几乎每 3 个 30 岁到 49 岁的费什敦男性中就有 1 人仍未婚。

离婚率的上升

　　在解释所有阶层婚姻方面的差异时，离婚率与从未结婚者

---

* Yuppies，城市中收入高、注重生活品位的年轻专业人士。——译者注

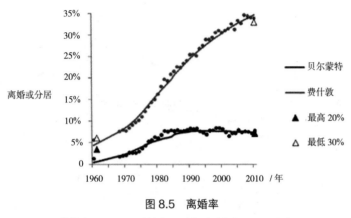

图 8.5　离婚率

资料来源：IPUMS。样本限于已婚且未丧偶的 30—49 岁白人

所起的作用大致相当。图 8.5 显示了曾经结婚者（丧偶者除外）的情形。

　　鉴于我们已经了解了结婚率下降的情形——先是两个住宅区之间一度相似，而后是差异，所以说这是一件可以预测的事情。至于离婚的情形，趋势与 20 世纪 80 年代初期相似。80 年代初期贝尔蒙特的趋势线变得平缓，而费什敦继续急剧上扬，只是在 21 世纪前 10 年倾斜度略有平缓。截至 2010 年，费什敦 30 岁到 49 岁白人中有三分之一已经处于离婚状态。

美满与不那么美满的婚姻

　　在深入研究之前，需要提到各个阶层间有关婚姻的另一个差别。2010 年以前的半个世纪中，不仅费什敦的结婚率变得非常低，而且现存婚姻的质量也明显下降。从 1973 年开始，GSS 就已经提出了"总体来说，你如何评价你的婚姻"的问题，并且提

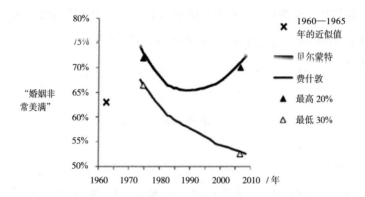

图 8.6 已婚与未分居者中自称婚姻"非常美满"的比例

资料来源: GSS。样本限于 30—49 岁已婚白人。使用局部估计回归法（LOESS）的平滑数据[4]

供给受访者的答案选项为"非常美满""很美满"或者"不大美满"。图 8.6 显示了以 10 年为单位的调查结果。以 1962 年盖洛普为《星期六晚间邮报》所做调查的资料为基础，我提出 20 世纪60 年代前 5 年声称拥有非常美满婚姻人群比例的估计值为 63%。

如果 60 年代前 5 年的估计值是正确的，那就意味着 60 年代末期和 70 年代初期美满婚姻的比例有所提高。这很可能是符合事实的——由于 60 年代末期无过错离婚原则的引入和随后离婚数量的激增，终结了大量不美满的婚姻。但是，1962 年盖洛普的问题是问人们的婚姻是否"极度"美满，相比而言，GSS 则采用了适度的"非常"美满的提法，或许这意味着我已经大大地低估了 60 年代初期美满婚姻的比例（见附录四中有关这一问题的讨论）。

不管怎么说，这件事情自 70 年代以来是清晰合理的。在贝尔蒙特，自称婚姻非常美满者的比例从 80 年代后期开始处于上升的趋势，而费什敦自称婚姻美满者的比例出现下降趋势。就21世纪前10年所进行的这些调查而言，费什敦同贝尔蒙特之间的差距已经达到了大约20个百分点。

子女与婚姻

婚姻的各种趋势不仅对社区的组织结构而言关系重大，而且还与对下一代的社会化的重大结果密切相关。无论被调查的结果是什么——母婴关系的质量[5]、儿童时期的外化行为（攻击性、违纪与多动）[6]、青春期不法行为[7]、成年犯罪[8]、儿童时期的疾病与损伤[9]、早期死亡[10]、青春期的性决定[11]、学业问题与辍学[12]、情绪健康[13]或者孩子在生活中表现优劣的其他任何指标——一般来说，能对孩子产生最佳结果的家庭结构，就是保持着婚姻关系的生身父母，其次是离婚父母。在子女的成长阶段，父母是否再婚或者保持单身几乎没有差别，而未婚女性带来的结果是最坏的。在控制了家庭社会经济地位这个变量的情况下，所有这些说法都是适用的。[14]我没听说过有被遵循专业文献的社会科学家们广泛认同的其他系列重要成果，无论他们是自由派还是保守派，然而，网络新闻栏目、各大报纸的社论作者以及两大主要政党的政客们却固执地对此视而不见。不管怎么说，费什敦的孩子们在成长过程中一直经历着家庭结构的重大改变。

随离婚或分居的父母一方生活的子女

图 8.7 显示了在与离婚或分居的父母一方构成的单亲家庭中

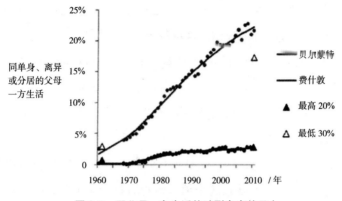

图 8.7　同父母一方生活的破裂家庭的子女

资料来源：IPUMS。样本限于 30—49 岁已婚白人

生活的子女的趋势。[15]

　　这些趋势大致符合先前所描述的离婚趋势。贝尔蒙特与费什敦之间的差异很大，到 2010 年为止，有 22% 的费什敦孩子与离婚或分居的父母一方生活在一起，而同样的情形在贝尔蒙特只有 3%。然而，父母离婚并不是费什敦的孩子们面对的最大问题，最大的问题来自那些从未结婚的母亲。

非婚生育

　　从建国时起到进入 20 世纪，人们达成了不容置疑的共识：子女只能在婚内出生，若非如此则会给社会带来灾难性的后果。这一普遍认识说明了为什么非婚生子女会被冠以令人生厌的"野种"（bastards）的称谓，他们的社会地位低下，而且无休止地遭受残酷的污名化，即使成为声名显赫的人物（比如亚历山大·汉密尔顿），也会终生蒙受此种非难的痛苦。

进入20世纪，"私生子"（illegitimate）取代了野种，成为对非婚生子女有利的称谓，这得益于早期最伟大的人类学家之一的布罗尼斯拉夫·马林诺夫斯基（Bronislaw Malinowski）的研究成果。在1930年出版的《性、文化与神话》（*Sex, Culture, and Myth*）一书中，马林诺夫斯基断言"正当性原则"（principle of legitimacy）就是一条"普遍的社会学法则"。他断定，每一种文化都具有一个规范，即"如果没有男人，孩子就不应该被带到这个世界上来——并且这个男人承担着社会学上父亲的角色，更确切地说，是监护人和保护者，他是这个孩子与社会其他人之间联系的纽带"。马林诺夫斯基写道，如果没有这个男人，"从社会学上讲，由女性和其子女所组成的这个群体就缺乏完整性与正当性"[16]。

20世纪的后50年，各种文化的出现突破了马林诺夫斯基的

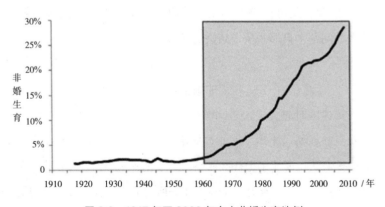

图 8.8 1917 年至 2008 年白人非婚生育比例

资料来源：1917—1939年，美国国家卫生统计中心，1941年，表Q。1940—1960年，格罗夫，1968年，表29。1960—2008年，美国国家卫生统计中心的年度人口动态统计报告

普遍的社会学法则。在人类的历史上，如今我们头一次拥有了各种社群，其中包括一个由单身女性及其子女构成的群体，而该群体不再被认为缺乏社会学上的完整性，也不再被认为缺乏正当性——因此，我要做出改变，称此类情形为非婚生育。

美国白人非婚生子女的人数在 1960 年到 2010 年间出现了惊人的增长。若想理解这一时期的不寻常之处，你就得在 20 世纪的背景之下了解它，见图 8.8。

图中的阴影部分包含了我们将对其进行研究的几十年时间，即 1960 年至 2010 年，这正是非婚生子女比例全面急剧增长的时期。而在此之前，从 1917 年数据被首次采集时起，该比例几乎没有发生变化。对早期白人家庭的研究表明，紧靠图底部的那段从 1917 年到 1960 年的曲线原本会一直平稳地延伸到性别革命开始的年代。[17] 在不同的社会阶层中，白人子女在婚外被孕育的比例各不相同，但在任何阶层中几乎没有婚外出生的情形。

为了知道哪些白人女性将会生育这些非婚生子女，我查阅了由美国国家卫生统计中心（National Center for Health Statistics，NCHS）汇编的全国生育记录。从 1970 年起，美国国家卫生统计中心开始收集产妇在生育时所具有的教育年期的信息。图 8.9 显示了对非婚生育者受教育状况的统计分析。

该资料揭示了母亲受教育状况与其身为未婚女性生育的可能性之间存在着惊人的强关联关系。如果她接受过大学教育，那她几乎绝不会这么做。是否拥有研究生学历没有什么区别——拥有学士学位女性与拥有研究生学位女性的趋势线别无二致。即使在最近的 2008 年以来的数据中，也只有不到 5% 拥有 16 年或更长

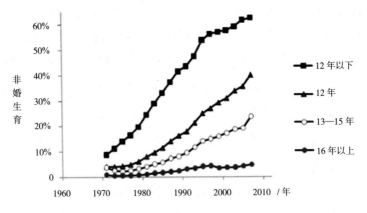

图 8.9　白人非婚生育比例同母亲受教育状况的关系

资料来源：作者对于美国国家疾病控制中心生育率共享档案的隔年分析，始于1970年。样本限于白人女性

教育年期的生育子女的女性属于未婚情形。然而在低于 16 年教育年期的情况下，非婚生育的可能性就大大增加了。对于未完成高中学业的女性而言，其非婚生育的比例接近 60% 以上的活产率的水平，而这一比例先前一直同下层社会黑人联系在一起。

　　无法将这些数据转化为对贝尔蒙特与费什敦的准确的统计分析，部分原因是我们缺少职业方面的所有数据，另一部分原因是存在一个解读的大难题。拥有高中学历的女性能被分配给贝尔蒙特，是因为她们嫁给了拥有大学学历和一份贝尔蒙特工作的男性。说这些女性与那些拥有高中学历的未婚女性，或者嫁给一个拥有高中学历和一份费什敦工作的男子的女性相比，有着相同的经历未婚生育的可能性，似乎是极不可能的。

　　尽管存在解读的难题，但我们知道图 8.9 中趋势线的形状是以生育时的受教育程度为根据的，如果以女性的最终受教育程度为根据，那么看起来就不会有太大的差别。有时候女性在生育孩子后会重返学校深造，但这不足以让图 8.9 产生太大的差别。

我们用于了解此类事情的罗塞塔碑[*]，就是全国青年纵向调查 1979 年同生群（NLSY-79）中女性的经历，从 20 世纪 70 年代末到 90 年代中期，这些女性处在生育的全盛期。如表 8.1 所示，以她们生育子女时的学历为依据的非婚生育比例与以她们 40 岁时的学历为依据的非婚生育比例相当接近。

表 8.1　非婚生育比例同母亲学历的关系

	非婚生育比例根据	
已完成的最高受教育程度	生育时的教育年期	40 岁时的教育年期
16 年以上	2.9%	3.5%
13—15 年	5.9%	9.1%
12 年	12.1%	12.8%
12 年以下	21.2%	18.8%

资料来源：全国青年纵向调查 1979 年同生群。样本限于白人母亲的子女

鉴于我无法计算出贝尔蒙特与费什敦趋势的准确数字，你可能会想出一个好主意，那就是为贝尔蒙特设想出一条曲线，它很接近于拥有 16 年或更长教育年期的女性的曲线，只是稍微高点，同时为费什敦设想出一条适度高于拥有 12 年教育年期的女性的曲线，以此对两个住宅区的趋势予以了解。到 2008 年为止，我对贝尔蒙特非婚生育比例最理想的估计是大约占到所有出生人口的 6% 到 8%，而费什敦的比例大约为 43% 到 48%。

---

[*] Rosetta Stone，1799 年在尼罗河口的罗塞塔城郊发现的埃及古碑，上刻埃及象形文、俗体文和希腊文三种文字。该碑的发现为译解古埃及象形文字提供了依据。这里比喻有助于理解疑难问题的事物。——译者注

或许没有看起来那么糟

对美国白人劳动阶层家庭衰落的描述可能并非如同我推断的那样悲惨，原因有两个。一个是统计方面的。与那些在20多岁时的大多数时间里忙于读书的人相比，低学历者在更小的年纪结了婚，生了孩子。如果我们排除这些差别，本章中的各种结果又会有怎样的不同呢？答案（差别不大）在附录四中讨论。另一个原因就是当今美国社会的一个热门话题——同居。已婚与未婚这种传统二分法在今天已不切实际，可是对它的争论仍在继续。虽然人们可以选择同居而不是正式结婚，但是孩子却仍然养育在一个父母双全的家庭之中，拥有双亲家庭所具备的优势。

同居情形已大规模地迅速增多。最近的20年中，大多数20多岁和30多岁的人都曾有过同居的经历。[18]20世纪90年代，在生育了子女的单身女性中，实际上有40%是正与孩子的生父同居，这一比例很可能在21世纪前10年有所提高。[19]从统计结果来看，在最近的几十年间，几乎所有非婚生子女数量的增加都可以解释为由同居父母所生子女数量增加所致。[20]

那么接下来的问题是，同居父母的子女生活得如何？答案是大约与旧式的单身父母或未婚且未同居女性的子女的情形相同。

各种差别开始出现在婴儿期，在这一时期，大多数同居伴侣仍然生活在一起，孩子会拥有一个双亲家庭。斯泰茜·阿伦森（Stacey Aronson）和阿莱莎·休斯顿（Aletha Huston）使用美国国家儿童健康与人类发育研究所（National Institute of Child Health and Human Development）对儿童早期保育的研究数据，对孩子6个月和15个月时的母婴关系与家庭环境进行了评估。[21] 已婚夫妻的子女在两项指标和两个年龄段上都明显优于同居父母的子女，后者在得分上只略高于单身母亲的子女。将其他的人口变量纳入分析中，这些差别会缩小，但无法通过解释而消除。[22] 然而这些人口学方面的变量也会产生影响。与已婚母亲相比，同居伴侣中的母亲往往学历更低，也更年轻，心理调适能力更差，缺乏社会保障，并且缺钱。从统计学的角度来看，这些因素能够解释某些差异，但对于社会阶层间的差别根本无能为力。相比于已婚母亲，同居母亲绝大多数出身于社会经济地位低下的阶层，为成长中的子女提供的环境往往较差。这不仅是在实际情况下营造孩子们所生活的住宅区环境的现实问题，而且也是在孩子们成年时可能加速这些住宅区状况恶化的现实问题。在第十二章讨论现实中的费什敦的生活时会有实例加以说明。

同居父母生育子女的不利情形会延续至子女的儿童期和青春期，即使那时同居的伴侣依然是该子女的生父母。苏珊·布朗（Susan Brown）使用美国家庭调查（National Survey of America's Families）1999年同生群数据，考察了6—11岁和12—17岁孩子的行为与情绪以及学业投入等问题。布朗的结果是相同的：拥有未婚生父母的子女的调查结果比已婚生父母的子女的结果要差，而且也不比那些与单亲共同生活或在"同居继父母"家庭中生活的子女的结果好到哪里去。[23] 尽管加入附加变量只解释了某些而非所有的差别，但这些附加变量揭示了其他人已经发现的相同的情形——社会经济地位与同居女性生育子女的可能性之间存在着强逆相关关系。育有子女的同居者占到了费什敦居民的绝大多数。

同居已成为 20 多年来美国人生活的普遍现象，有人可能会问到，是否有迹象表明同居会朝着好的方面发展。至今还没有。虽然我所引用的这两项研究是我在写本书时能够得到的最新的资料，但是还有来自 90 年代和 80 年代所做研究的文献[24]，结果似乎是一致的。只要你关注孩子们的幸福，即使知道是同居女性生育的子女而不是未婚单身女性生育的子女，也不应该影响你对该子女一生机会的评价，这就是 20 多年来对此问题进行系统化研究的共同主题。

实际情形甚至比看起来的还要糟

本节悲观的标题源自我的确信，即美国社区组织起来所必须围绕的核心是有子女的家庭——之所以说"必须"，是因为有子女的家庭曾经并且一直是推动美国社区运转的引擎——以及我关于费什敦的家庭正在接近无路可退境地的结论。从我所提供的零散的篇章内容来看，或许费什敦的家庭衰落程度不那么明显，因此，允许我用两个简单标准来对本章做出结论。

第一个简单标准，见图 8.10，是将 30 岁到 49 岁婚姻美满的白人的比例（见图 8.6），表示成所有 30 岁到 49 岁之间白人（不仅是已婚白人）的比例。

如果讨论的是幸福问题，那么费什敦急剧下降的情形或许不像看起来那么糟。包括离婚者在内，许多未婚的人也会感到幸

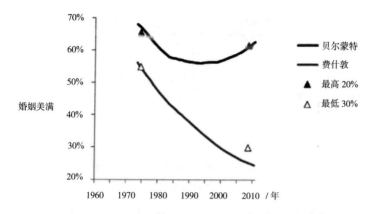

图 8.10　自称婚姻非常美满的所有 30 岁到 49 岁白人的比例

资料来源. GSS 样本限于 30—49 岁白人。使用局部估计回归法（LOESS）的平滑数据

福。不是考虑幸福与不幸福人群的比例，而是思考婚姻作为基本制度的作用，围绕此制度社区被组织起来，显而易见，对国家来说也是如此。一旦这一制度在某住宅区中发挥作用，该住宅区将被美满婚姻丰富的核心内容赋予特征。

当我们首先通过社会阶层来了解 20 世纪 70 年代的状况时，两个住宅区中各有超过一半的人婚姻美满。21 世纪前 10 年，这些人几乎依然占到了贝尔蒙特壮年期白人总数的 60%，而费什敦中这类人口的比例已经减少了一半，从 20 世纪 70 年代 GSS 调查时的 52% 下降到 21 世纪前 10 年调查时的 26%。毫无疑问，26% 的人口数量不再是足够大的群体，以至于不能确立各项规范，或者不能充当社区发挥作用的核心。2010 年的费什敦有点儿无所适从，这种情形在 20 世纪 70 年代或更早从未有过。

我提出的第二个简单标准，就是所有由生父母抚养的子女

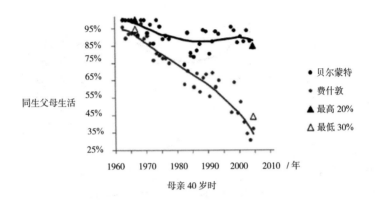

图 8.11　母亲 40 岁时与生父母共同生活的子女的百分比

资料来源：全国成熟女性纵向调查，全国青年女性纵向调查，全国青年纵向调查 1979 年同生群。最高 20% 与最低 30% 以 1963 年和 2004 年满 40 岁的女性为根据

的比例。我们无法从 CPS 的数据中获得这个标准，原因在于 CPS 未对由已婚夫妻和未婚男女组成的家庭做出区分。作为替代，我转而使用三项全国纵向调查的数据来为与生父母生活的子女重建趋势线：从 1964 年到 1977 年间年满 40 岁的成熟女性调查（Mature Women Survey）、从 1982 年到 1993 年间年满 40 岁的青年女性调查（Young Women Survey），以及从 1997 年到 2004 年间年满 40 岁的 1979 年全国青年纵向调查（1979 National Longitudinal Survey of Youth）。图 8.11 显示了贝尔蒙特与费什敦的趋势线。

费什敦较高的离婚率与很高的非婚生育比例的结合，使其与贝尔蒙特之间产生了很大的差别，而且这一差别在这些观测曲线的末端继续增大。对全国青年纵向调查的 1979 年同生群而言，他们的母亲在 1997 年与 2004 年间已满 40 岁，而当母亲 40 岁时，子女与生父母共同生活的比例下降至低于 30% 的水平，与费什敦相比，仍然与生父母共同生活的贝尔蒙特子女的比例为 90%。这个差距是如此之大，以至于将贝尔蒙特与费什敦的女性分别置于不同的家庭文化中。而费什敦的绝对水平又是如此之低，使得人们对将白人劳动阶层社区作为使下一代适应社会生活的场所的可行性表示怀疑。

第九章

勤　奋

本章就所有白人男性的勤奋程度已经降低提出了证据，但主要是费什敦男性。

欧洲人向来都遭到对工作充满热情的美国人的鄙视，他们说："美国人活着是为了工作，而欧洲人工作是为了活着。"包括我在内的很多美国人都同意，并且替欧洲人感到遗憾。

是的，这可能有些夸张。生活中不只有工作，没有为家人和朋友预留足够空间的生活是不完整的。但这一点不大应该引发争议：职业——某人一生的事业——在确定其人生意义方面发挥着巨大的作用。对某些人来说，培养子女是他们的职业。对另一些人来说，一份兼职或一项事业可能会成为一种获得满足感的具有吸引力的来源，而该工作仅仅是作为支付账单的手段而无更多其他目的。但对于其他更多的人来说，职业只是谋生手段的表现形式。努力工作、出人头地以及在技艺上力求卓越不仅是传统美国文化的典型特征，而且还是该文化中某些最优秀的特征。勤奋是过令人满足的人类生活而不仅仅是愉快生活的源泉。

白人对工作说了什么

从 1973 年开始，GSS 调查人员会向受访者出示一张卡片并询问，"您能否看看这张卡片并告诉我，卡片中列举的哪一种工作会是您最看重的？"卡片中有以下选项：

- 高收入
- 无被解雇之忧
- 有晋升机会
- 工作时间短，业余时间丰富
- 工作重要且有成就感

在受访者给出他的首选项后，调查者再分别确认受访者的第二、第三、第四和最后的选项。这个问题几乎出现在从 1973 年到 1994 年的每一次调查中，或许是受访者的答案过于一致，在接下来的 12 年中，GSS 弃用了该问题。在壮年期白人中，最普遍的首选项总是"有成就感的"工作，每十年的平均得票率为58%。两个最少被选择的首选项总是工作时间短（平均 4%）和无被解雇之忧（6%）。

2006 年，GSS 再度起用了这一问题，结果却令人吃惊。曾经一度占据首位的"有成就感的"工作的得票率从 58% 下降到了 43%，工作时间短的得票率首次增加了一倍多，达到 9%。"无被解雇之忧"的得票率翻了一番，达到了 12%，另一个得票率为 13% 的选项排在了第二位。

没有理由认为 2006 年的调查结果纯属偶然。非同寻常的经济问题无法对这些结果做出解释——全国的失业率处于 4.6% 的低水

平，GDP 的增长率为合理的 6.1%。这些结果不会是 30 岁到 49 岁
年龄群不寻常的情况所导致的，因为当我查看更老和更年轻的调查
对象时，这些结果仍然存在。此外，这也仅仅是一次调查的结果，
我希望我们从其他近期的 GSS 调查结果中找到这样大变化的补强
证据。所以这个问题只谈论到此，因为对此我们无法做出定夺，但
根据白人们自己的说法，看来似乎在 20 世纪的后 5 年和 21 世纪的
前 5 年中，他们变得不再看重有意义的工作，而是更加钟情于那些
工作时间短的稳定的工作。此外，这些趋势适用于贝尔蒙特和费什
敦。这与托克维尔或者格伦德所描述的美国人对于工作的态度迥然
不同，事实上，2006 年的受访者倒像是彻头彻尾的欧洲人。

这就是多年以来美国白人对工作的看法，而实际上他们一直
以来又是怎么做的呢？不管你要问的是有关男性还是女性的情
况，都有很大的关系。

白人对工作做了什么之男性篇

直到最近，处于壮年期而不工作的健康男性还以懒汉的形
象遭到人们的鄙视。即使该男子的无业并非出于自身原因，但
美国社会对于懒惰的羞耻感依然根深蒂固——在大萧条时期，
许多失业男性陷入深深的内疚之中，尽管他们深知自己对失业
不负有任何责任。

难以置信的肢体残疾者数量的增加

规范的约束力减弱了。先来说说工人们的奇怪事例，那些工

人已经让政府相信他们失去了工作能力。从 1960 年起，真正由于身体或者情绪等自身无法控制的原因而失去工作能力的工人的比例必定有所下降。当今的医疗水平可以治愈或减轻那些原本在 1960 年可能令一个人无法工作的许多病痛，技术已经为生理缺陷和智力障碍者提供了各种补救手段。许多在 1960 年非常辛劳的体力工作，如今坐在一台山猫牌多用途机械的操控装置前就可以完成。然而，因失去工作能力而符合享受联邦伤残津贴条件的人数比例，已经从 1960 年劳动人口数量的 0.7% 上升到了 2010 年的 5.3%。图 9.1 以 1960 年为起点，显示了相应时期的趋势线。

　　肢体残疾的合法定义或者符合享受伤残津贴条件人群的变化并没有引起图中趋势线的上升。自 1960 年起，上述两项内容已有了细微调整，但未做实质性的改变。滥用药物情形的增加与这

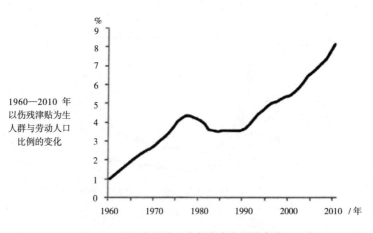

1960—2010 年
以伤残津贴为生
人群与劳动人口
比例的变化

图 9.1　被视为丧失工作能力者比例的变化

资料来源：Social Security Administration, *Annual Statistical Report on the Social Security Disability Insurance Program*, 2010, Table 1

一趋势无关（滥用药物不属于肢体残疾），或许20世纪60年代的某些增长可以解释为伤残者首次了解这一制度。然而在某种程度上，该趋势线的其余部分反映出并非真正丧失了工作能力却试图获得伤残津贴的人数有所增加——也就是说认为勤奋这个基本美德已不再至关重要的美国人有所增加。

劳动参与

更多关于男性职业道德渐失的证据来自有关劳动参与（labor force participation，又译作劳动力参与）的数据——经济学家用以表述如果有人提供工作你就可以就业的术语。将1960年到1964年、2004年到2008年（经济衰退开始前）的平均劳动参与率做个比较，就会发现如图9.2所示，所有年龄范围中白人男性的劳动参与程度普遍下降了。[1]

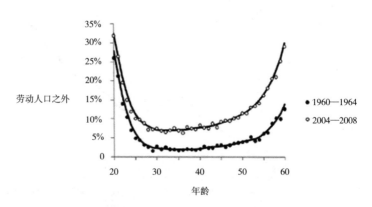

图9.2 劳动人口之外的白人男性：1960—1964年同2004—2008年情形的比较

资料来源：IPUMS。样本限于20—60岁白人平民

20 岁出头时，这些男性之间的差别并不大，即使有一些小差别，人多都能够用接受高中以上教育人数增多而延迟进入劳动人口的理由来解释。在这些男性将近 60 岁时，他们之间的差别要大得多，但是对此也没有必要担心。同 20 世纪 60 年代早期的情形相比，更多的男性在 21 世纪前 10 年有了可以让他们提前退休的养老金或积蓄。

为什么本章中的趋势线都止于 2008 年

2008 年秋季，美国经济陷入萧条状态。2010 年末的失业率继续保持在接近两位数的水平，这样就在本章我所讨论的一些指标中出现了一个峰值，加大了贝尔蒙特与费什敦之间的差距。为了简化对长期趋势的解读，这些趋势线仅以 1960 年至 2008 年 3 月的 CPS 调查数据（采集于当年晚些时候发生的经济衰退之前）为根据。我给出了 2009 年与 2010 年的原始百分比，以便你能了解 2008 年以来该峰值的大小，如果有这种大小变化的话。

而处于我们兴趣中心的 30 岁到 49 岁之间白人男性的情形将会如何呢？他们应该处于工作状态，大多数是这样的——2004 年至 2008 年，仅有 8% 的人脱离了劳动人口，但却是 1960 年到 1964 年间脱离劳动人口的壮年期男性比例的 3 倍多。

如果你相信勤奋在壮年期男性中的重要性，那么对这个差距就不会有和善的解释。我先前已指出，残疾与疾病原本应该改变趋势线的走向。我们也不能把责任归咎于不断上升的失业率，尽管这令劳动者灰心丧气——事实上，2004 年到 2008 年白人的平均失业率（4.5%）要比 1960 年到 1964 年（5.1%）略低一点。大量处在壮年期工作年龄的白人男性退出了劳动人口，其原因是不明确的。

无论原因是什么，它对于低学历男性的影响要远远大于高学历的男性。由于几乎所有退出劳动人口的白人男性没有告知 CPS 调查员他们的职业信息，因此在这种情况下，我们无法通过职业与学历的结合来区分这些人。但我们可以通过符合贝尔蒙特与费什敦居民的受教育程度来进行区分——拥有大学学历的属于贝尔蒙特，拥有 12 年或 12 年以下教育年期的属于费什敦。我还定义了自 1960 年起受教育程度最低的 30% 的人群，其全部由拥有 9 年或 9 年以下教育年期的人构成，以及自 1960 年起受教育程度最高的 20% 的人群，其全部由拥有 12 年以上教育年期的人构成。结果见图 9.3。

在整个 20 世纪 60 年代，不同学历的美国白人男性在同一个社会中共存，劳动参与接近全部 30 岁到 49 岁年龄群人口的水平。[2] 1960 年，费什敦仅有高中学历的男性中有 4.5% 退出了劳动人口，相比之下，在有着 16 年或更长教育年期者中，退出劳动人口的比例大约为 1%——比例差异较大，但绝对数量很小。到 1968 年，这一差距缩小到了 3 个百分点。

从 20 世纪 70 年代起持续到 2008 年，仅有高中学历的白人

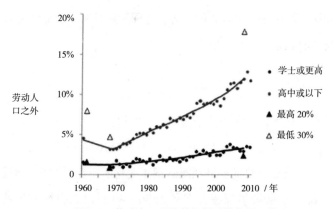

图 9.3 劳动人口以外壮年期男性的学历状况

资料来源: IPUMS。样本限于 30—49 岁白人男性

男性开始脱离劳动人口。截至 2008 年 3 月，有 12% 仅有高中学历的壮年期白人男性退出了劳动人口，而在大学毕业者中这一比例为 3%。[3] 最低 30% 人群遵循费什敦的趋势线，只是劳动人口缺失的程度稍微高一些。

为什么整个费什敦与最低 30% 人群在劳动参与方面的差异要远大于在婚姻方面的差异呢? 答案是认知能力与就业能力和工作效率的关系要远强于其与适婚能力的关系。[4] 尽管费什敦的壮年期男性都成长在法律要求孩子们必须在校学习至 16 岁的时代，但是在 1960 年，仍然有 59% 的费什敦壮年期男性没有读完八年级。一般情况下，读完八年级的孩子的年龄是 14 岁。在仅有 8 年受教育经历的人中，有极高比例的一部分在小学和初中阶段重读了某一年级，这是明显存在严重学习障碍的表现。一个社会有各种社会规范和法律规范，它们在认知能力的所有层次上引导几乎每个人去缔结和维持婚姻。但是，在男性的就业竞争中，低认知能力始终是一个很大的劣势，并深刻地影响到了那些无须特殊技能的职业。

失　业

现在我们来讨论那些处于劳动人口中却声称无法找到工作的男性。确定无疑地说，失业的趋势与劳动参与的趋势不相关。

失业的潜在趋势被经济状况的逐年变化所掩盖。图 9.4 通过把任一特定年度贝尔蒙特与费什敦 30—49 岁白人男性的失业率表述为该年全国的失业率，将经济状况考虑其中。[5]

为解读该图，我们以 100% 作为某一年中普通人（不论年龄、种族或性别）求职的成功率。图中位于 100% 以下者表明其求职的成功率优于平均成功率，而位于 100% 以上者则劣于平均成功率。从 20 世纪 60 年代到 70 年代，在求职方面，费什敦男性的确略优于普通求职者，情况在 80 年代发生了变化。最

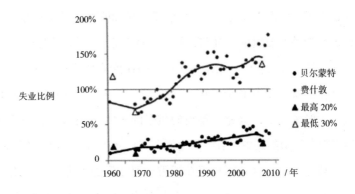

图 9.4　作为全国失业率的男性失业比例

资料来源：IPUMS 与美国劳工统计局。样本限于劳动人口中的 30—49 岁白人男性

近 20 年来，在求职方面，费什敦男性已经变得比普通求职者还要差，并且这一总体趋势一直在继续。多元分析的结果与该图反映的情形一致。[6]

注意在 1960 年，最低 30% 人群失业率远远高于费什敦的水平，到了 1968 年，其失业率几乎与费什敦相同。从那以后，最低 30% 人群失业率与整个费什敦的失业率同步增加。

工作时间

被称作勤奋的美德意味着不但要有一份职业，而且还要努力工作。"每周工作小时数"是我们可用的衡量工作努力程度的量化指标。

作为一个群体，壮年期白人男性在从 1960 年到 2010 年的半个世纪中持续长时间地工作，平均每周工作时间大约为 45 小时[7]，然而有越来越多的人每周工作时间不足 40 小时，不过他们只是壮年期白人男性中的少数，如图 9.5 所示。

在费什敦，非全职工作者的数量显著增加，从 1960 年的 10% 到 2008 年的 20%，增加了一倍。由于这一增加持续贯穿于 20 世纪 90 年代经济最火热的繁荣期，所以很难将它归因于经济不景气，而在此期间，男性无法找到符合他们所期望的小时数的工作。

如图 9.6 所示，对于那些工作小时数过长的男性来说，出现了一个截然不同的情形。

1960 年，有大约三分之一的贝尔蒙特男性称，他们在与调查员谈话前那周的工作时间超过了 48 小时，然而有 23% 的费什敦男性也长时间工作。

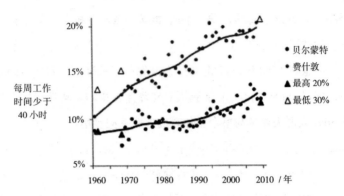

每周工作
时间少于
40 小时

图 9.5　前一周工作时间少于 40 小时的在职男性

资料来源：IPUMS。样本限于 30—49 岁受雇的白人男性

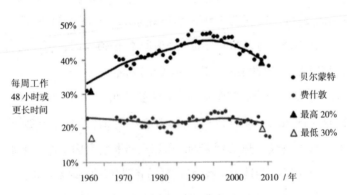

每周工作
48 小时或
更长时间

图 9.6　前一周工作时间超过 48 小时的在职男性

资料来源：IPUMS。样本限于 30—49 岁受雇的白人男性

这是此后 50 年间有关费什敦未发生大变化的少有的测量数据之一。注意，通过比较劳动参与、失业以及非全职工作的情况就会发现，这三者在费什敦都出现了显著的恶化情形。再回想一下我们刚刚正在讨论的仅仅是那些受雇并在调查前一周仍在工作的壮年期男性——这些趋势与劳动参与和失业的趋势无关。尽管还有其他衰退迹象，但 2008 年长时间工作的费什敦男性的比例仍然是 23%，与其 1960 年的比例完全一样，高于 1960 年工作时间超过 48 小时的那些位于最低四分位组的男性 5 个百分点。除一些勤奋度减退的费什敦男性之外，还有另一个费什敦男性群体，他们如同 21 世纪前 10 年那样努力工作着。

与此同时，贝尔蒙特的情形令费什敦望尘莫及。[8] 至 20 世纪 80 年代末，几乎半数的贝尔蒙特男性称他们在前一周的工作时间超过了 48 小时。贝尔蒙特努力工作的男性比例在 21 世纪前 10 年开始回落，到 2008 年下滑至 40%。但在贝尔蒙特壮年期男性与费什敦男性的工作努力程度之间依然存在差距，是两者在 1960 年差距的两倍多。

"这是劳动力市场的错"

对于我所提供的这些数据，一个合乎常情的解释就是从 1960 年到 2008 年，对低技能工人而言，劳动力市场变得更加糟糕。更多费什敦男性的工作时间变短，是因为他们找不到所期望小时数的工作；更多的人因为太难找到工作而失业；更多的人因遭遇求职的困难而灰心丧气，从而退出了劳动力市场。

"工作换不来一份维持基本生活的工资。" 对费什敦男性来说，劳动力市场在一个方面的确变得更糟，那就是工资。回想一下本书图 2.1 显示了位于收入第 50 百分位以下人群收入停滞不前的情形。工会管理下的高收入工作已经很难找到，而且自 20 世纪 70 年代以来，各种蓝领职业的实际工资或者一成不变，或者反倒减少。但是，这些趋势解释不了以下现象：21 世纪前 10 年费什敦男性工作时间变短，相比于其他美国人费什敦男性更难找到工作，以及与 1960 年代相比他们更加频繁地退出劳动力市场。相反，就"男人必须工作谋生"而言——一个起码的条件——日益下降的小时工资标准并未阻碍人们就业。

把自己置于一名处于劳动力市场底层的费什敦男性的位置上，仅适合做一些低技能工作。你或许期望自己能和 20 世纪 70 年代祖父在通用汽车公司的流水线上挣的一样多，你或许因为一直以来努力找工作且未能如愿而感到沮丧。但如果一份货运司机的工作、木匠助手的工作或者某办公大楼清洁班工人的工作出现时，为什么对蓝领职业而言，糟糕的劳动力市场会阻止你把握住这些就业机会呢？截至 2009 年，一个经济状况非常差的年份，货运司机小时工资的中位数为 13.84 美元，木匠助手为 12.63 美元，大楼清洁工为 13.37 美元。[9] 这意味着每周工作 40 小时的工资是 505—554 美元，或者每年工作 50 个星期的工资为 25260—27680 美元。这算不上高收入，却足以让他们体面地生活——即使已成家且妻子不工作，也几乎相当于贫困生活标准的两倍。所以，如果有一个就业的机会落在你身上，为什么不抓住它呢？如果时间允许，为什么不去做每周 40 小时的全职工作呢？为什么工作时间就不能超过 40 小时呢？

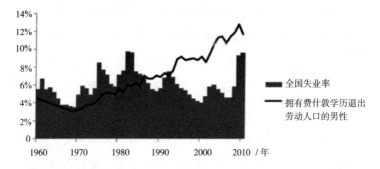

图 9.7　全国失业率与拥有费什敦学历的男性退出劳动人口的数量

资料来源：IPUMS，美国劳工统计局。劳动人口样本限于仅有高中学历的 30—49 岁白人男性

"根本没有工作。" 至此，我已从 2009 年各类工资的角度陈述了基本情况。所有就业机会充足但费什敦退出劳动人口的数量增加的那些年的情况如何呢？我们要分析的最近 26 年的情形与美国历史上最长就业繁荣期之一的时间发生了重合，如图 9.7 所示。

从 1960 年到 80 年代初期，费什敦男性退出劳动人口的变化大致与全国的失业率并驾齐驱，但 80 年代中期后，"根本没有工作"的说法失去了说服力。尽管失业率下降，但是拥有费什敦学历的白人男性退出劳动人口的数量却持续增加。从 1995 年到 2008 年的 14 年间，没有一年的失业率超过 6%，失业率中位数为 5%。对于成熟经济体来说，这些是罕见的低失业率。但那些记得这些年份的人则不需要这些数字，包括低技能职业在内，"招聘"的牌子到处都是，而且那些年间出现的大量非法移民也得到了职业保障，这就是人人都意识到的现实：美国可以为每一位想工作的人提供就业机会。

在黑箱中。对宏观经济状况的引用将我们置于该黑箱之外。不再被雇用甚至不再找工作的男性的境况如何？你会在第十二章看到现实费什敦中正在发生的一些活生生的事例。经济学家马克·阿吉亚尔（Mark Aguiar）和埃里克·赫斯特（Erik Hurst）通过对1965年到2005年间美国人时间使用的调查结果的分析，为我们展示了该黑箱中的另一种情形。"时间使用调查"询问受访者前一天的活动情况，以15分钟为增加量，最后得到一整天的调查结果。虽然任何一位受访者对通常如何度过一天时间的回答不具代表性，但大量此类样本能让我们了解不同人口群体使用时间的概况。密歇根大学调查研究中心与马里兰大学调查研究中心分别于1965—1966年和1985年做过这样的调查，而美国劳工统计局从2003年起每年开展时间使用调查。[10]

阿吉亚尔与赫斯特用文献证明了他们称之为"闲暇时间"增加的情形，而这一情形影响的对象主要是低学历男性。在1965年至1966年的首次调查中，拥有大学学历的男性和未读完高中的男性每周闲暇时间的差距仅有两个小时[11]，几乎相同；1985年二者间的差别也只有一个小时。后来发生了改变。阿吉亚尔与赫斯特写道："从1985年到2005年间，未读完高中男性的闲暇时间增加到了每周8小时，而大学毕业男性的闲暇时间则减少到了每周6小时。"[12]

当阿吉亚尔与赫斯特对男性使用时间的方式进行分解之时，仅有高中学历男性使用时间的总体状况是明确的，费什敦男性将更多的时间花在了游手好闲上。此外，最差的结果出现在无业男性中间。与1985年相比，2003年至2005年间，未工作的男性在求职、接受教育、参加培训以及为家庭做些有益事情方面花费的时间更少。[13] 他们用于公民与宗教活动的时间更少，甚至不会将闲暇时间用于类似运动或者阅读等积极的个人爱好和消遣活动中，2003 年至 2005 年间的所有统计数字均低于 1985 年的水平。无业男性如何打发增多的闲暇时间？睡觉和看电视。看电视的时间增加得格外多——从 1985 年每周的 27.7 小时增加到 2003—2005 年的每周 36.7 小时。虽然仅有高中学历的在职男性 2003—2005 年游手好闲的时间也多于 1985 年，但二者不尽相同，小有差别。[14]

总之没有证据表明，无业男性在 2008 年经济衰退来临之前正在努力找工作并且未能如愿。毫无疑问，一些人的情况是真实的，但并不是普通无业男性。更为简单的解释是，21 世纪初的白人男性不如他们 20 年前、30 年前或者 50 年前那么勤奋，费什敦的勤奋程度出现了不可遏制的衰退。

"那是因为他们没有结婚"

女性会选择那些会在经济上取得成功的男性做自己的伴侣，这是合乎情理的，社会科学家们也已证明这实际上是一个统计学上的趋势：高收入男性结婚的可能性更大，并且不大可能离婚。[15] 但也存在着其他的可能性：由于婚姻的缘故，已婚男性在婚后变得更具创造力。因为存在着婚姻中角色专门化的各种优势，经济学家加里·贝克尔（Gary Becker）在《家庭论》（*A Treatise on the Family*）中预言了这个结果。[16] 甚至在更早的时候，乔治·吉尔德（George Gilder）在《性自杀》（*Sexual*

Suicide）中通过一个更具煽动性的观点预言了这个结果，即成年未婚男性是在随后的婚姻中被女性教化的野蛮人。该观点中煽动性的成分在于，吉尔德预见到如果女性停止发挥上述作用，灾难便会临近，他的观点被嘲笑为最差劲的父权性别偏见。[17]然而，要是使用不那么激烈的言辞，这个观点听起来就既不会令人难以置信，也不会使人情绪激愤：婚姻的责任在于引导年轻男性安下心来，全身心地开始工作。

20世纪80年代后期，经济学家们开始对已为人所知的"婚姻溢酬"（marriage premium）予以确认，就是说即使在控制了通常的社会经济与人口学因素的条件下，已婚男性的收入也会因此高出未婚男性10%—20%。有关婚姻溢酬的困惑（如果你不同意贝克尔或者吉尔德的观点）在于，女性选择嫁给已具有更大财富创造能力的男性不可能是一件简单的事情——婚姻溢酬出现在结婚宣誓之后。同样，专业文献中也充满了有关婚姻溢酬产生原因的争论——是婚姻作用下的产物，还是女性看到男性身上的潜能，尽管这些潜能在男性单身时还未曾显露出来？

本章注释18为后续争论提供了一些最重要的资料来源。[18]我们可以肯定地说，就劳动人口而言，已婚男性在当前人口调查中的表现与未婚男性大相径庭。简言之，单身壮年期男性远没有已婚男性勤奋。如果不知道费什敦结婚率下降与退出劳动人口的人数增多之间存在相互作用，那就不可能了解二者。

劳动参与。 如果壮年期男性都未婚，那么可能退出劳动人口的人数会增加两倍多，这种说法对于从1960年到2010年整整50年间贝尔蒙特与费什敦的男性来说是准确的。一项控制了年份和失业率因素的分析显示，拥有大学学历且年龄在 30 岁到 49 岁之间的未婚白人男性，在 1960 年更有可能退出劳动人口的人数是同类已婚男性的 3.6 倍，在 2010 年为 3.5 倍。[13] 仅有高中学历的未婚男性与同类已婚男性的比在 1960 年为 3.9∶1，2010 年为 3.7∶1。

失业。未婚与已婚男性 1960 年和 2010 年的失业比值接近一致。在 1960 年和 2010 年，拥有大学学历男性中未婚失业人数与已婚失业人数之比均为 2.9∶1。仅有高中学历男性在上述两个年份的比为 2.3∶1。

每周工作时间少于 40 小时的男性。分析对象限于在职男性——样本中一个重要的变化——1960 年和 2010 年，每周工作时间少于 40 小时的大学学历未婚男性的数量可能是大学学历已婚男性的 1.5 倍。对仅有高中学历的男性而言，更有可能每周工作时间少于 40 小时的未婚者数量在 1960 年是已婚者的 1.7 倍，2010 年为 1.6 倍。

所有这些分析的意义在于，从 1960 年到 2010 年，费什敦日渐增多的劳动人口问题都与其未婚男性数量的增加密切相关。对文献资料的对比结果表明，解释婚姻溢酬因果关系的箭头大都从婚姻指向劳动人口的表现——换言之，乔治·吉尔德的大部分观点很可能是正确的，但是某些因果关系也另有走向。与 1960 年相比，21 世纪初费什敦这样的男性更少了，如果有哪位女性敢冒险一试嫁给他们中的某一位，这些男性将会证明自己是合格的养家糊口者。

白人对工作做了什么之女性篇

发现美国女性在勤奋方面的变化是不可能的，除非你假定一位从事有偿工作的女性比一位全职母亲更勤奋，我不愿意做这样的假定。然而，如果不了解女性的勤奋状况，那么有关费什敦男性勤奋程度恶化的描述就不全面。

从20世纪70年代初到90年代初，美国经历了一场社会与经济的变革。白人女性在劳动人口中的比例从1960年的40%提高到了1995年的74%。1995年之后的15年中，该比例几乎没有变化，在2000年达到了75%的最高值，2008年停留在70%。[20]

何人在何时投身变革？

对于众多不同的女性而言，变革的发生并无多少差别。我必须再次依据受教育程度来区分30岁至49岁的白人，而不是将此

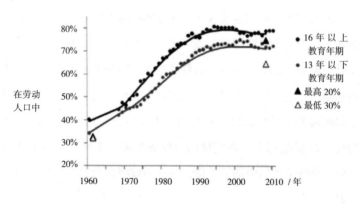

图 9.8　已婚女性的劳动参与率与学历状况

资料来源：IPUMS。样本限于 30—49 岁已婚白人女性

样本分成贝尔蒙特与费什敦两类，这同样适用于退出劳动人口的男性。先从已婚女性说起，见图 9.8。

这部分简短的内容是说贝尔蒙特与费什敦已婚女性的表现相似，1960 年两者相差不超出 6 个百分点，截至 2008 年相差不超过 7 个百分点。两个住宅区已婚女性的劳动参与率大约增长了一倍，这的确是一场改变了已婚女性劳动参与程度的变革。削脂效应略显。

现在来说单身女性，她们表现出了另一种情形，见图 9.9。

1960 年，贝尔蒙特与费什敦的未婚女性之间已存在很大的差距，随后的女权运动并未让此差距发生什么改变。拥有大学学历的未婚女性的情形并不令人感到意外，她们中超过 90% 的人在 1960 年时已身处劳动人口中。而对于仅有高中学历的未婚女性而言，劳动参与率从未超过 83%。1986 年的峰值过后，费什

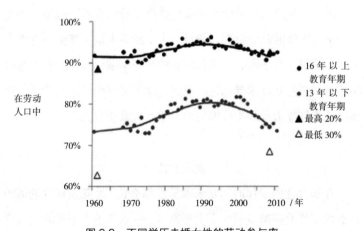

图 9.9　不同学历未婚女性的劳动参与率

资料来源：作者对于 IPUMS　CPS 的分析。[21] 样本限于 30—49 岁未婚白人女性

敦未婚女性在 2008 年的劳动参与率跌至 74%，略低于 1960 年的水平。

然而在费什敦已婚女性中几乎不存在削脂效应，而在未婚女性中则存在着一个很大的削脂效应——那就是与费什敦全体未婚女性相比，1960 年时最低 30% 未婚女性更不可能进入劳动人口。为什么会存在这样的差别呢？部分原因在于已婚女性与未婚女性所不得不面对的期望非常不同。1960 年，费什敦已婚女性如非不得已是不会被期望外出工作的，而且有三分之二的已婚女性也不会试图这样做。仅有 8 年受教育经历的费什敦已婚女性可能身处劳动人口之中，其劳动参与率与她们那些受过更高程度教育的已婚邻居们大致相同，一直很低。最低 30% 未婚女性的劳动参与率为 62%，远高于最低 30% 已婚女性 31% 的比例，只是在同受过更高程度教育的费什敦未婚女性的比较中显得不那么好而已。

另一部分原因很可能在于女性最终独身的方式。适婚年龄是一项至关重要的社会标准，超过一定年龄的未婚女性会一直被人称作老姑娘，几乎所有的费什敦女性都想结婚，几乎所有人都得偿所愿。某些女性未能如愿的原因，除了阻碍她们进入劳动力市场的低认知能力外，很可能与她们的个人素质有关。

全职女性

在职女性的工作时间从未像男性那么长。[22] 儿童保育的需求是造成工作时间减少的一个主要原因——有 5 岁以下子女的女性每周的平均工作时间为 33 小时，但这解释不了所有的问题，即使没有处于任何年龄的子女的女性在 CPS 调查前一周的平均工作时间也为 40 小时，而男性每周的平均工作时间为 45 小时。

工作时数的趋势清楚地显示出各阶层间的区别与差异。对于工作时间超过 48 小时的女性来说，其情形看起来与男性几乎完全相同：贝尔蒙特的情形是一开始增加，20 世纪 90 年代增加势头减弱，在 21 世纪初稍有回落，而费什敦的情形几乎是一条平直的趋势线。然而，了解女性工作小时数变化的一个更好的方法是以 40 小时为标准。根据传统的每周 40 小时工作时间的定义，1960 年至 2008 年间，受雇全职女性的比例有多少呢？答案见图 9.10。

1960 年，有 64% 的费什敦职业女性每周至少工作 40 小时，明显高于贝尔蒙特女性 50% 的比例。到了 1983 年，这个差距已经完全消失。从那以后，同费什敦职业女性相比，贝尔蒙特职业女性每周工作 40 小时的可能性适度增加。该图有一个显著的特

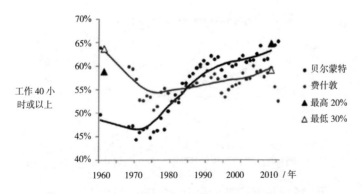

图 9.10　前一周工作 40 小时或以上的 30—49 岁职业女性

资料来源：作者对于 IPUMS　CPS 的分析。样本限于在调查前一周工作的职业女性

征：在 1960 年，最高 20% 包括了许多非大学毕业的女性，这一点很可能说明了贝尔蒙特职业女性（所有在 1960 年是大学毕业生或者嫁给大学毕业生者）与最高 20% 职业女性之间存在差距的原因。

综合各部分内容

1960 年，一个勤劳的普通美国家庭中，起码有一个成年人每周至少工作 40 小时。如果不是这种情形，家庭又不富裕，那么很可能是出现了什么问题——有人一直失业、患病或者受伤。图 9.11 概括了那条标准从 1960 年到 2010 年的变化情况。[23]

事实上，该图显示出男女性之间分别在劳动参与率、失业以及工作小时数上的差异。该图还描绘了贝尔蒙特与费什敦之间

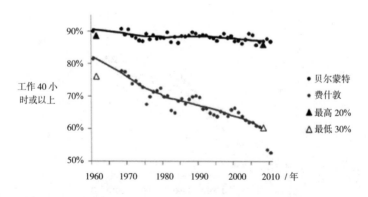

图 9.11 户主或配偶前一周工作时间 40 小时或以上的家庭

资料来源：IPUMS。样本限于被指定为户主的未婚人士与已婚夫妻，且年龄为 30—49 岁的白人。在已婚夫妻中，只要一方在前一周工作 40 小时或以上，该家庭即符合要求

的不同，总体差异之大，堪比婚姻方面的变化。1960 年，81%
的费什敦家庭有人每周至少工作 40 小时，贝尔蒙特的比例为
90%。到 2008 年，贝尔蒙特的比例为 87%，几乎没有什么变化，
而费什敦则下降到了 60%，这是 2008 年经济开始衰退前的状
况。截至 2010 年 3 月，贝尔蒙特的比例仍然停留在 87%，而费
什敦则下降到了 53%。

第十章

诚　实

本章就以下观点提出证据：贝尔蒙特从未有过令人担忧的犯罪问题，费什敦饱受犯罪数量剧增之苦，很难确定其他种类的诚实是否已经恶化。

由于诚实最能在犯罪的趋势中得到具体反映，所以我先从犯罪谈起，之后转向不用犯罪数据来衡量的广义的诚实问题。

犯罪与阶层

自从犯罪学成为一门学科，学者们就发现绝大多数罪犯都来自劳动阶层和下等阶层的住宅区，这一结论对于今天被监禁的重罪犯来说仍然是正确的，如图 10.1 所示。由于大多数犯罪的实施者是年轻男性，故用于讨论犯罪的样本限于男性，而且年龄范围从 30 岁到 49 岁扩大到 20 岁到 49 岁。

联邦政府自 1974 年至 2004 年间定期开展的在押罪犯调查结果显示，在州和联邦监狱中，有大约 80% 的白人毫无例外地

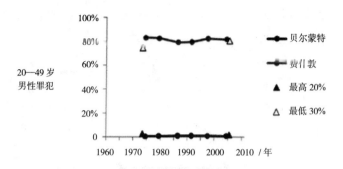

图 10.1 州和联邦监狱中男性罪犯来自何处

资料来源：对州和联邦罪犯人口的联邦调查。样本限于 20—49 岁白人男性 [1]

米自费什敦，只有不到 2% 的人来自贝尔蒙特，或许情形比这更糟。正如在附录五中所讨论的，监禁的数据很叮能低估而不是夸大了费什敦人犯严重罪行的比例。

随时间推移的住宅区趋势

被监禁的邻居们

图 10.2 显示了从 1974 年第一次在押罪犯调查到 2004 年间，所有年龄的白人罪犯与贝尔蒙特和费什敦 18 岁至 65 岁成年白人的比例。

费什敦的居民遭受了三次全国性趋势的冲击。第一次是从 20 世纪 60 年代中期到 90 年代初期犯罪数量的增加，第二次是 70 年代初到 2009 年被监禁人数的增加，第三次就是费什敦人口的外迁。最终的结果是，全国范围内白人犯罪与被监禁数量的增加，大多集中在了一个白人数量日益减少的部分——费什敦的

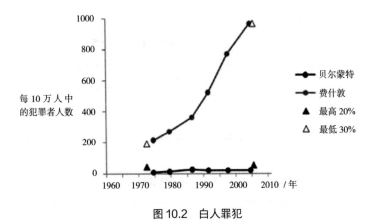

图 10.2　白人罪犯

资料来源：IPUMS 与 6 次联邦政府的罪犯调查（附录一）

* 以州和联邦所有年龄的白人男性罪犯人数为分子，以 18—65 岁白人人数为分母

劳动阶层。1974 年，每 10 万名 18 岁至 65 岁的费什敦居民中，有 213 人遭监禁。到 2004 年调查时，这一数字上升到了 957 人，而且这只是州和联邦监狱中关押的罪犯数字，不包括其他被关押者，1974 年其他被关押者中的白人大约有 10 万，2004 年达到了 31.7 万。

对比率的解释

由于在计算各类犯罪指标与人口的比例时没有合适的分母，所以我就以 18 岁到 65 岁白人的数量作为依据来考察与劳动年龄人口相关的数字。

相比之下，贝尔蒙特的情况几乎就没有发生改变，1974 年调查时与费什敦对应的数字是 13 人，2004 年调查时为 27 人。从统计学的角度来看，甚至 2004 年居住在贝尔蒙特的某人听说过某个家庭的成员中有一人在狱中服刑都是不太可能的，而居住在费什敦的某人则可能至少听说过有一个或许几个这样的家庭。

服缓刑和获得假释的邻居们

虽然监禁对于罪犯的家人来说可能是一种不幸，但至少对住宅区的生活有一种积极的作用：将那些原本会不断惹是生非的人关了起来。但对于服缓刑或获得假释的人则不能这么说，他们中有些人正在让自己的生活走上正轨，而另一些人则不然。对于一个住宅区中的其他居民来说，该住宅区中服缓刑和获得假释者的数量是一个风险持续存在的信号。伴随这一直接影响的，是对社会资本和社会信任产生的一系列破坏性的副作用。

假释犯的数量与被监禁者的数量同步增加。1980 年全国首次假释犯数据发布时，白人假释犯大约有 79000 人。到了 1990 年，白人假释犯人数增至 19.1 万，2000 年为 27.5 万，2008 年达到了 33.7 万。尽管政府发布的数据不包括背景资料，但也没有理由假定假释犯的教育和职业概况就与在押罪犯截然不同（虽然犯罪经历可能是不同的）。图 10.2 有关罪犯的大致图形可以适用于假释犯。

缓刑常作为监禁的一种替代手段，代表了一个潜在的独特群体，其独特首先表现在数量庞大上。1980 年，有 58.1 万名白人服缓刑，1990 年，增加到了 138.9 万人，2000 年有 206.6 万人，

2008 年有 239.2 万人。有关成年服缓刑者的联邦调查只在 1995 年开展过一次，内容包括了服缓刑者的教育与职业分布信息。那次调查发现，服缓刑的 20 岁至 49 岁白人男性中，有 38% 的人没有读完高中，是总辍学率的 4.5 倍。在 20 岁至 49 岁的白人男性服缓刑者中，仅有 6% 完成了大学或者更高学历的学习，而在同样年龄段的所有白人男性中，获得该学历的比例为 29%。[2]

总的来说，与在押罪犯相比，服缓刑人群较少过度地集中在教育与职业梯级的底部，然而与总人口相比，他们则过度集中于底部。我无法为服缓刑者创建趋势线（必要的数据并不存在），但是可以回到图 10.2，为费什敦想象一条近似于在押罪犯增长的趋势线，只是不像图 10.2 中的那样陡直而已。

住宅区犯罪率

乐观的读者们或许正寄希望于得到一点点好消息。在刚刚过去的 25 年中，美国受刑事处罚者数量增加的事实众所周知，但是犯罪率从 20 世纪 90 年代开始至 21 世纪初持续下降的情形也是家喻户晓的。犯罪率降低的幅度很大，截至 2009 年，联邦调查局发布的总体犯罪指数为 40%，低于 1991 年的最高值。图 10.3 显示了贝尔蒙特与费什敦逮捕率变化的情况。

在附录五中，针对白人逮捕率变化反映了白人犯罪率变化这一结论，我分析了原因。从 1960 年到 2010 年长达半个世纪的时间里，几乎没有贝尔蒙特居民被逮捕或许是图 10.3 最引人关注的特征。一直以来，贝尔蒙特以外的那些人对美国犯罪问题负有绝大多数责任。

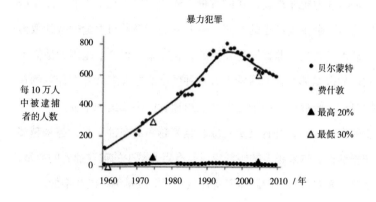

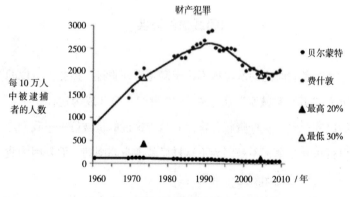

图 10.3 因指数犯罪被逮捕白人的情形

资料来源：IPUMS、美国联邦调查局《统一犯罪报告》、美国司法统计局年度罪犯报告及 6 次罪犯调查

* 以所有年龄的白人罪犯人数为分子，以 18—65 岁白人人数为分母。图中只显示了 1974 年和 2004 年最高 20% 与最低 30% 的情形，是因为此间之前或之后有关罪犯的信息无法获得

尽管费什敦的犯罪率也有所下降，但是被逮捕者的数量，尤其是因暴力犯罪被逮捕者的数量，依然远多于几十年前。图10.2反映出一个令人深思的事实：犯罪率的下降是与大量的费什敦男性被带走并投入监狱同时发生的，且在某种程度上是因为他们不能再危害左邻右舍。尽管没有一种现成的标准来计算费什敦的在押罪犯、假释犯、缓刑犯以及被逮捕者而不会出现重复，但我们能够根据性质合并这几类对象。越来越多的在押罪犯，越来越多的缓刑犯，越来越多的假释犯以及有点儿减少的被逮捕者的数量，综合起来看，很可能意味着费什敦的犯罪数量仍在继续增加。

如同诚信的诚实

开国者们谈论的诚实远不止于避免作奸犯科。杰斐逊所说的美国人"坦率的诚实"历经整个19世纪，演变成为这样一个坦率的民族形象：直抒胸臆，言而有信。这说的是诚信——我们之所以行正确之举，不是因为不这样做就会身陷囹圄，而是因为我们不计后果地遵循着道德准则。

商业领域中的诚信

正如我在第六章指出的，美国人的诚实与美国商业界精明的营商手法并存，而这种营商手法冒犯了某些外国观察者。该营商手法是一个奇特的混合体。在商业交易中利用对方的做法不被认为是可耻的，但是利用与不公平地利用之间是有区别的。如他人在未审查合同内容或错误评价其财产真实价值的前提下签订协议，那么一个诚实的美国商人是不会被要求对他人手下留情的。但是，虚构合同条款内容、欺诈他人或者欺骗某人的合伙人或股东的行为则被认为是不诚实的和可耻的。在美国，对一个人的赞扬是可以同他握手做生意。

从 20 世纪 80 年代起，有一种看法认为，美国商业界变得比过去更腐败。持此观点者把 80 年代称为"贪婪的十年"，以迈克·米尔肯（Mike Milken）为反面典型。接着在 21 世纪初期，发生了一系列引起轰动的公司违法案件，其中安然公司（Enron）、泰科公司（Tyco）和世界通讯公司（WorldCom）的案件最为引人关注。这些案件催生了旨在加强公司监管的 2000 年萨班斯 – 奥克斯利法案（Sarbanes-Oxley Act）。

系统性违法行为最确凿的证据出自 2008 年金融危机后的华尔街。《监守自盗》（Inside Job）是一部描述有关导致这场金融危机的华尔街所作所为的纪录影片，《纽约时报》的乔·诺切拉（Joe Nocera）在评述这部影片时写道：

在这里，华尔街积极地鼓励次贷机构一再降低原本就不高的标准——然后回购这些明知很可能违约的贷款而毫无顾忌。在这里，华尔街上上下下的证券投机商们兜售的表面上是数以百万计附加红利的产品，实际上却是"嘀嗒作响的定时炸弹"。在这里，三大信用评级机构之一的穆迪投资者服务公司（Moody's）像分发糖果一样发放三 A 信用评级，7年中使公司利润增加了三倍。在这里，监管机构对于调查非法信贷业务和过度举债经营的强烈恳求视而不见。这些情形已经司空见惯，是金融危机发生前数年中的惯常做法。[3]

有关这些行为的证据集中到国会参众两院的听证会上，导致旨在对金融市场加强监管的多德－弗兰克法案（Dodd-Frank bill）的出台，并在2010年7月由奥巴马总统签署成为法律。次贷事件在多大程度上可以表明美国商业界出现了更大范围的腐败，或者是在未卷入次贷事件的金融领域中出现了更大范围的腐败吗？这是一个一直以来都未能找到合理答案的问题。在附录五中，我列出了证券交易委员会（Securities and Exchange Commission）与国家税务局（Internal Revenue Service）的调查数据，两部门均未能提供企业诚信全面下滑的量化证据。国家税务局关于税务欺诈的证据实际上指向了另一个方向，可是并不确凿。尽管企业与金融违法行为的那些著名案例都是真实的，但是这些案例是否反映出整个商业界诚信的日渐缺失尚不确定。

个人财务诚信

个人的诚信状况几乎像企业诚信状况一样难以掌握。如果长期以来就存在着某些与以下行为相一致的趋势，如人们信守承诺，坚持为自己的错误负责任，还有多找了零钱时提醒收银员等，这些都会让人乐得闻之，但是我一直未能找到表明这些趋势存在的数据库，然而有一个例外，那就是对破产法律的运用。

在美国，个人破产已经成为给予人们又一次机会的合法方式，美国的某些名人比如马克·吐温就利用过这种补救措施。但是，美国人还一直将赖账视为可耻的行为，吐温也秉持了这

一传统，尽管已不再负有法律上的义务，但他最终还是清偿了
所有的债务。

　　我使用的是一种特定破产种类的定量指标，即人们熟知的
《破产法》第七章规定的破产，它规定破产者可以不做进一步偿
债的努力而一走了之。[4] 我将这一规定限于个人破产情形，为的
是避免混同个人破产与公司破产之间的某些重要区别。依据第七
章规定，申请破产者被要求出售其大多数或全部财产（对此各州
有不同的规定），以尽可能多地偿还债务，而未能偿还部分的债
务依法予以免除。图 10.4 显示了 1960 年到 2008 年个人申请破
产的总体趋势。

　　1960 年到 1978 年间，破产申请数量小幅增加。然后，就在
1978 年，《破产法》在若干方面做了修改，这使得破产的吸引力

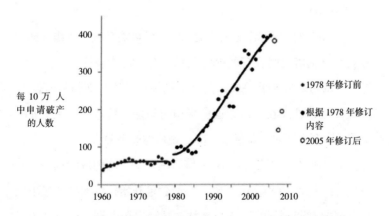

图 10.4　依据《破产法》第七章申请个人破产的情况

资料来源：《美国统计摘要 2010》（*Statistical Abstract of the United States 2010*）中的表 752
以及早期版本中的类似表格。[5] 本图中未显示依据第十一章提出的非商业破产申请数量，原
因是此类申请数量尚不足全部非商业破产申请数量的 1%

大增。[6] 1979 年至 1980 年破产申请数量的大幅跃升看上去像是法律修改所致，但在 20 世纪 80 年代中期，破产申请数量又趋于稳定。[7] 1984 年对《破产法》所做的修改甚至弱化了 1978 年法律中某些保护债务人的条款，然而破产申请数量从 1986 年开始了持续、急剧的增长，这一趋势一直延续到 2005 年，增速达到了 1978 年的 7.2 倍。

由于某个容易确定的原因，随后的 2006 年到 2007 年间，破产申请数量的增速突然下降。《破产法》的另一项重要改革于 2005 年通过，使高收入者依据第七章宣告破产的难度变得更大，从而使这些人转而适用该法第十三章的规定——实际上是要求他们制定偿债计划，而不是合法地免除他们的债务。非商业破产申请的数量随之下降——不仅是因为第七章的规定，也是因为第十三章的规定。这两种破产申请的数量从 2008 年再次开始增加。

我们应该如何解读这段历史呢？一种可能性就是我错误地认为破产与诚信之间没有丝毫的联系。有人可能会说，美国人宣告破产的习惯向来就是破产的优劣利弊在经济方面的晴雨表。[8] 1978 年后，破产在经济方面的吸引力增加，数量就上涨；2005 年变得无利可图时，数量就下降。诚信与此无关。

第二种解释是人们从 1978 年后进入了经济困难时期，而且一直持续到 2010 年。由于破产申请数量开始持续增长始于里根政府繁荣时期并延续至整个克林顿政府繁荣时期，所以从表面看这种说法似乎不足为信。尽管如此，《脆弱的中产阶层》（*The Fragile Middle Class*）一书的作者们仍然竭力证明这一点。他们认为，政府和银行诱导人们累积了更多超出他们负担能力的债务，离婚与非婚生育的增加产生了数百万个经济状况脆弱的家庭，高昂医疗费用的发生率已经增高。[9] 但一项针对 2003 年特拉华州所有个人破产申请的调查结果显示，这种可以将破产申请数量的增加归咎于人们无力控制事件的主张遭到了质疑。离婚与失业极少被涉及，医疗费用只起了次要作用，而破产的主要原因就是在类似房屋或者汽车等耐用消费品方面的非理性支出。[10]

第三种解释是人们宣告破产的倾向已经改变，诚信状况已然恶化。是破产法律变得更加宽松了吗？以更轻易宣告破产的方式来回应更多宽容的做法，无异于如果刑事司法制度变得更加宽容就决定去入店行窃。是银行太过轻易就提供信贷了吗？一个诚信至上的人会因担心背负无法偿付的债务而不去贷款。会是一个面临离婚的女性吗？如果必要，一个诚信至上的人会彻底改变她的生活方式，以此来避免因无力偿还债务而蒙羞。

我并不认为诚信之人从来不会宣告破产。相反，我要说的是生活中总会有举债的诱惑，也总会有财务状况不佳的艰难时期。在一个诚信程度很高的国家里，各种诱惑与艰难岁月的影响会得到抑制。从图 10.4 中的趋势线来看，在美国历史上，包括了若干最繁荣十年之一的时期在内，个人申请破产的数量增加了 3 倍，疑似是个人诚信的一次衰退。然而仅凭这些数据还无法让我们对贝尔蒙特与费什敦的诚信状况是否衰退得更加严重做出判断。

第十一章

虔　诚

从 1960 年到 2010 年，尤其是自 20 世纪 90 年代初开始，美国白人从整体上变得更加世俗，本章对此提出了证据。尽管美国白人社会中的劳动阶层是最虔诚的群体已成为共识，但费什敦逐渐放弃宗教信仰的人数要远远超过贝尔蒙特。

开国者们对宗教重要性的推崇到了近乎虚伪的程度。他们去教堂做礼拜，却很少有人内心虔诚。现在，虽然少了些许虚伪，但在这一问题上仍然鲜有内省。乔治·华盛顿当年说"在排除宗教原则的情况下，理智和经验不容许我们期望国家的道德观念能够普遍存在"的话是正确的吗？这不是一个哲学问题，而是一个会产生具体后果的政治问题。

有关世俗的民主制度能否长久存在的元问题仍然众说纷纭，尚无定论。但最近几十年间已经出现了大量的专业文献，内容关乎宗教维护公民生活的作用与宗教对人体机能的影响。

宗教作为社会资本的来源，其作用是巨大的。罗伯特·帕特南在《独自打保龄》一书中写道："我们的证据显示，据粗略估计，（就是）所有的协会成员中有将近一半的人与宗教有关，所有的个人慈善行为有一半具有宗教的性质，而有一半的志愿服务发生在宗教背景下。"[1] 使宗教对社会资本如此重要的不仅是宗教背景下的美国人的贡献，虔诚之人在社会资本的世俗形态方面也占有巨大的比例。罗伯特·帕特南还写道：

> 与其他人相比，宗教信奉者们与声称宗教对自己非常重要的人们更有可能去拜访朋友、在家宴客、出席俱乐部会议以及加入运动团体、专业或学术协会、校内服务组织、青年组织、同人福利社、业余爱好与园艺俱乐部、文学艺术讨论与研究小组、大学生联谊会与大学女生联谊会、农场组织、政治俱乐部、民族团体以及其他各种类别的团体或组织。[2]

通常除了增加社会资本，教会还明确地成为保持公民民主精神的一种手段。各种研究已经发现，积极参加礼拜仪式发挥着某种重要的公民技能培训中心的作用。[3] 即使在控制了人口与社会经济变量的条件下，所有这些联系也依然存在。

除了有关公民文化的这些益处之外，从经验来看，宗教信仰还与诸如良好的生理健康、心理健康与长寿等这些好事情相联系，相应的各种主张于 20 世纪 70、80 年代开始出现。许多早期的主张由笃信宗教者提出，因而遭到了质疑。但是，在最近的几十年中，为宗教辩护但并无个人利益的社会科学家们一直在以这些问题为基础发表资料翔实的文章，而且事实证明，这些主张中的大多数是正确的。[4]定期去教堂和声称宗教是他们生活中重要组成部分的人，有着更长的预期寿命[5]、晚年很少有疾病[6]以及有更加稳固的婚姻[7]。2001年，该文献的一项评论得出结论，称有充分的证据表明，虔诚同生活幸福美满、自尊、减少抑郁以及降低滥用药物之间存在联系。[8]相关的内容还在增加，包括子女由信仰宗教的父母抚养而产生的许多积极的效果等。[9]

正如我们在本章中所提出的，宗教的所有这些作用对于调查1960年到2010年美国人虔诚状况的轨迹是至关重要的。

世俗化

自1960年起，有关美国白人与宗教的重要事实是，所有社会经济阶层中的白人已经变得更加世俗，但整个过程要比这更加复杂和有趣。

20世纪初到第二次世界大战前夕，美国教会成员与做礼拜者的数量仅与同期人口增长数量相当，或许还要少些。在综合了20世纪前几十年有关此类问题的难以理解的数据资料后，历史学家威廉·哈钦森（William Hutchinson）得出结论，称这一时期做礼拜者的数量实际上已经减少。[10]名义上的教会成员数量仍然众多，在民意调查员询问时，有四分之三的美国人声称是某个教堂或犹太会堂的成员，但每周去教堂做礼拜的次数非常少。在战前的盖洛普调查中，最低点出现在1940年，当时只有37%的受访者称前一周参加了礼拜仪式。[11]

随后，教会成员与做礼拜者的数量因不明原因突然增多，并在 20 世纪 30 年代持续增加，达到历史上的最高值。教会成员数量的最高点出现在 60 年代中期[12]，根据盖洛普调查数据，做礼拜者数量在 1963 年左右达到了最高点[13]。所以当综合社会调查（GSS）在 1972 年首次对虔诚状况进行调查时，美国的相关指标已在几年中处于下降状态。请记住，这是 GSS 证实的情况。

世俗化版本 1：无信仰的人

世俗的核心定义被这样的人群代表着，当被问及宗教信仰时，他们明确地回答"没有"。当 1972 年 GSS 第一次询问此问题时，30 岁至 49 岁的白人中仅有 4% 满足该定义的条件，这个比例到了不可能比 60 年代更低的程度。但是，该比例从那之后迅速增高，到 1980 年时，10% 的 GSS 受访者自愿承认他们没有宗教信仰。这一趋势在 80 年代渐趋平缓，甚至出现了一点下降。此后的趋势线急剧上扬，到 2010 年达到了所有 30 岁至 49 岁白人的 21%。这个数字相当于 1972 年以来核心世俗白人的 5 倍，也是 90 年代初期以来的两倍。图 11.1 显示了住宅区核心成员世俗化迅速发生的过程。

图 11.1 显示了贝尔蒙特与费什敦之间出现的罕见的重合情形，然而该图传递的主要信息并非两个住宅区之间的差别，而是两个住宅区中声称没有宗教信仰的白人比例的急剧上升。需要特别指出的是，这一增长开始于 80 年代中期。

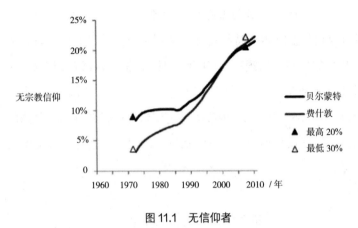

图 11.1 无信仰者

资料来源：GSS。样本限于 30—49 岁白人。使用局部估计回归法（LOESS）的平滑数据

世俗化版本 2：事实上的俗人

许多美国人一直觉得自己应该是虔诚的信徒，所以，即使他们数年不参加礼拜仪式，也常常会告诉调查员他们信仰宗教。他们往往还会告诉调查员，他们实际上参加礼拜仪式的次数会比所说的次数更为频繁。[14] 在 GSS 调查结果中，有大约三分之一声称自己信仰某一宗教的白人还承认一年中做礼拜的次数往往只有一次。实际上，认为这些人与不信仰宗教的人一样很少参加宗教活动似乎是合理的。把信仰宗教但一年中做礼拜次数只有一次的人和声称不信仰宗教者加起来，让我们在"世俗"的广义定义下来看看这些趋势。图 11.2 显示了两个住宅区在广义的定义条件下迅速世俗化的过程。

定义的改变令情况发生了变化。如果我们从脱离宗教的角度来看，费什敦处于领先地位，而且分化明显。20 世纪 70 年

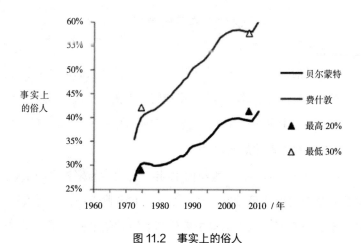

图 11.2　事实上的俗人

资料来源：CSS。样本限于 30—49 岁白人。使用局部估计回归法（LOESS）的平滑数据

代的前 5 年，贝尔蒙特与费什敦之间的差距大约为 10 个百分点。随后的 30 年间人数持续增加，在 21 世纪前 10 年的后 5 年，贝尔蒙特脱离宗教者的比例达到了 41%。在费什敦，脱离宗教者成为多数，占比达到了 59%。

在结束世俗化的话题之前，我应当指出的是，即使在下降之后，两个住宅区中积极参与宗教活动的美国白人的比例仍然高于其他的发达国家。1998 年到 1999 年开展的国际宗教活动参与度调查结果显示，在斯堪的纳维亚国家以及德国、荷兰、法国和英国，人们定期去教堂的比例从丹麦的 2% 到英国的 14% 不等，相比之下美国的比例为 32%。[15] 在这方面，美国依然是优越的，虔诚度仅比自己先前的水平有所降低。

信教者的宗教参与

对的确信仰某一宗教的白人来说，他们与宗教的隶属关系有多紧密？对所信仰宗教的遵奉程度如何？现在，我将样本限于信仰宗教且一年中参加礼拜仪式超过一次的对象——"信教者"是我用来标记这个群体的名称。

20世纪70年代至21世纪前10年，信教者与宗教之间隶属关系的紧密程度几乎没有什么改变。在GSS调查中，尽管大约有一半的信教者在每次调查中都称其与宗教的隶属关系是紧密的，贝尔蒙特与费什敦之间的差距也不超过几个百分点，但是对宗教的遵奉程度确实发生了改变。图11.3显示了声称将近每周一次、每周一次或每周一次以上参加礼拜仪式者的比例情况。

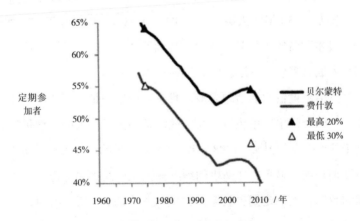

图 11.3　定期参加礼拜仪式的信教者

资料来源：作者对 GSS 数据的分析。样本限于承认有宗教信仰并且每年参加宗教仪式一次以上的 30—49 岁白人。"定期去教堂"者包括回答"几乎每周"一次或更多次者。使用局部估计回归法（LOESS）的平滑数据

　　两个住宅区中定期参加宗教仪式的信教者的数量都已经下降，减少的幅度不是很人—　　注意图中的比例范围仅为 40% 到 65%。

为何普遍看法与现实之间存在差距?

　　在我刚才展示的图中，没有一个符合常规的看法，即当美国精英阶层白人被世俗人文主义者主导时，美国劳动阶层白人仍然坚定地信奉宗教。这些普遍印象与 GSS 调查数据之间存在差异，其原因有二。

　　第一个原因是贝尔蒙特并非广义或者狭义精英阶层的代名词。虽然贝尔蒙特代表中上阶层，但却包括比超级邮政区范围更大的住宅区和比从事贝尔蒙特职业的最高 5% 人群范围更广的人群——广义精英阶层的定义。例如，想想那些学者和科学家，根据一般人的印象他们绝对是无宗教信仰的世俗之人。有确凿的证据表明，最杰出的科学家与学者都不是教徒。美国国家科学院那些拥有很高声望的学者于 1996 年接受民意测验时，有 65% 的人回答不信仰上帝[16]，但贝尔蒙特的居民并非都是美国国家科学院的成员。GSS 调查样本中的学者与科学家，仅有 16% 的人称没有宗教信仰。贝尔蒙特的居民中仍然有很多人去教堂，这就不足为怪了。

　　常规的看法与现实之间存在差异的第二个原因，是美国劳动阶层信教者中原教旨主义者增加的比例与全体美国劳动阶层中原教旨主义者增加比例的合并。费什敦声称是原教旨主义者的信教者的比例，从 20 世纪 70 年代的 34% 增加到了 21 世纪前 10 年的 46%。原教旨主义在政治上的负面影响——例如反对在公立学校中教授进化论——给人们留下了在劳动阶层和中产阶层美国人中原教旨主义日渐盛行的印象，但这大多是一种错觉。我们在计算时涵盖了所有的人群（不仅仅是信教者），20 世纪 70 年代费什敦有 32% 的人是原教旨主义者，21 世纪前 10 年为 34%——实际上没有改变。三分之二的费什敦人不是原教旨主义者，而且很明显，这种状态已经持续了近 40 年。

即使原教旨主义在信教者中有所抬头，也不必然意味着它在费什敦变得更受欢迎，更简单的解释就是区别对待它。当费什敦人与宗教渐行渐远时，最不容易受世俗化影响的人群就是那些最虔诚的信徒，而这些人往往又是原教旨主义者，这似乎是合理的。

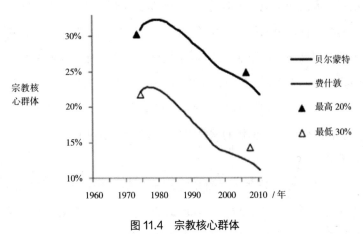

图 11.4　宗教核心群体

资料来源：GSS。样本限于 30—49 岁白人。使用局部估计回归法（LOESS）的平滑数据

宗教核心群体

把各方面汇总起来看，宗教被认为是一个社区中社会资本的主要来源之一。通过教堂和犹太会堂创造社会资本的人们，并不一定是那些虔诚地信奉所信仰宗教每一条神学教义的人，他们或许是，或许不是。但是，在接受 GSS 调查员询问时，称自己定期参加礼拜仪式并与其所信仰的宗教有紧密隶属关系的人，是那些在主日学校授课的人，是在慈善筹款活动摊位提供服务的人，是带领犹太会堂的青年组织去户外互动的人，是为痛失家人者提供帮助的人，还有在教会中担任执事的人。图 11.4 显示了这些人在贝尔蒙特与费什敦普遍存在的状况。

从历史的角度来看，宗教为美国的社区贡献了社会资本，那么创造社会资本的临界人数又是多少呢？从表面看，全部人口的 25% 到 30% 积极参与了教堂或犹太会堂的事务，再加上社区其余人中大多数的口头支持——这种情形在 20 世纪 70 年代前 5 年就存在——似乎数量足够了。我无法判断贝尔蒙特的比例在 21 世纪前 10 年的后 5 年减少到 23% 是否会产生大的影响，但无论从何种角度来看，费什敦的比例从 20 世纪 70 年代前 5 年的 22% 减少至 21 世纪前 10 年的后 5 年的 12%，这一降幅看起来的确很大。尽管宗教核心群体现存的比例很小，但并非实质上的少数——它仍然大到足以成为该社区中的一支主要力量，他们越来越多地被看作是由怪咖组成的一个群体，而 8 个群体中就有一个这样的群体。

第十二章

现实中的费什敦

　　本章数据背后的人们反映了现实的费什敦生活中发生的事情。

　　我们讨论社会各阶层时，会本能地诉诸一些模式化的形象。在思考新上等阶层白人时没有涉及门廊下停着奔驰车的豪宅，或者在思考新下等阶层白人时没有涉及前院中正遭受锈蚀的破旧汽车，这些情形都是难以想象的。然而各阶层的实际情形并非如此，富人和乡下人，还有其他符合上等阶层或下等阶层条件却与这些模式化形象截然不同的人们，他们形象不一，表现各异。

　　新下等阶层成员的情形尤其如此，大多数人没有任何明显的不当之处。一个更好地思考新下等阶层的方法，是从你自己的大家庭，或者从你的朋友们告诉你的有关他们家人的故事入手。在这些亲属圈子中，至少会有几个人从未真正地努力过，并且会成为令父母或兄弟姐妹绝望的人，尽管你遇见他们时，他们看起来非常友好。这就是新下等阶层涉及的主要问题。就个体而言，他们几乎没什么问题，但从总体上看，他们可能摧毁美国赖以存在的公民社会。

如果一名成年男性因无法保持一份稳定的工作，而与他经济拮据的姐姐及其家人生活在一起，就会给姐姐的家庭带来很大的压力。如果某个社区中有许多成年男性依靠亲属或女友生活，那么就会给这个社区增加很大的压力。作为父亲却未与孩子母亲结婚的男子或许是一个好人，他会为此感到抱歉，而且可能会尽力提供力所能及的帮助。但是，仅有少数未婚男性最终成为他们孩子的合法父亲，这依然是事实。孩子们需要父亲，社区的下一代中众多没有父亲的孩子处于不幸之中。不去教堂的人们可能会像去教堂的人们一样正直，但作为一个群体，他们创造不出经常去做礼拜的人们所创造的社会资本——尽管社会资本状况恶化不是"他们的过错"，但这丝毫不能减轻恶化的程度。存在于婚姻、勤奋、诚实、虔诚和自治社会之间的经验关系意味着损害已经产生，即使无人希望如此。

这并不是说作为个体，新下等阶层也没有一个日渐增多的问题人群。与声称想工作却好像得不到一份工作的男性同时存在的，是越来越多如果能逃避就不打算工作的男性，这些人不仅依靠他们的女友生活，有时还会令她们破产。与身为父亲而由其女友抚养子女但会努力提供帮助的男性同时存在的，是那些一旦知道女友怀孕就抛弃她、永不露面的男性。

与那些没有结婚但努力成为好母亲的女性形成对比的，是在儿童保护机构工作人员间谈论的那些惊人事件中的女性——母亲们外出参加晚会，让三岁的孩子照顾婴儿；因为新近同居的男友在厨房洗涤池制造甲基苯丙胺 * 而导致家中孩子们的大脑损伤；还有许多未婚女性对孩子们进行肆意虐待和精神折磨的案例，她们不仅是不堪重负的母亲，也是不负责任或不称职的母亲。

对于生活在劳动阶层社区的人们来说，这类情形司空见惯，然而未曾生活在劳动阶层社区的读者们则需要更多统计数据以外的信息。本书最后四章内容对现实中的人们意味着什么，以及为什么我将在本书第三部分证明后果是如此糟糕，作为理解上述情形的一种方法，是时候去追问数字背后的故事，去倾听生活在现实费什敦的人们的心声了。

费什敦是特拉华河河畔一块三角形地区，大约位于费城独立大厅东北 2 英里处，并非正式行政区划。有些人不无嘲讽地认为费什敦得名于 1842 年到访费城的查尔斯·狄更斯，但在你听到的众多说法中，有一条来自当地的历史学家肯·米拉诺（Ken Milano），他找到一份报纸，该报纸早在 1808 年就提到了这个叫"Fish-town"的地区。[1] 费什敦的名字可以一直追溯到美国独立战争时期，当时这个住宅区是当地美洲西鲱鱼渔业中心。

有关费什敦的边界，居民们众说纷纭。人们都同意费什敦西北方向的边界是法兰克福大道（Frankfort Avenue），东南方向的边界是特拉华河，但也有一些人说东北方向的边界是诺里斯大街（Norris Street）。而持更加大胆观点的人则称费什敦的边界一直到约克大街（York Street），也就是诺里斯大街再往东北方向 3 个街

---

* 又译甲基安非他命，冰毒的主要成分。——译者注

区的地方。不管怎么说，费什敦是个三条边界中每条都不超过 1 英里的小地方。

费什敦 1960 年的人口为 12077 人，除了 20 人以外其余都是白人。[2] 80% 的费什敦男性从事各种蓝领工作，主导费城经济的专业制造商们需要他们中的许多人从事有技能的工作。德国人和爱尔兰人是 19 世纪当地的主要族群，波兰人在 20 世纪加入了进来，90 年代，来自其他东欧国家的人汇聚于此。2000 年人口普查时，白人的人口比例为 91.3%，费什敦仍然是一个罕见的白人居住的旧城区住宅区。

费什敦一直作为一个几乎完全由白人构成的旧城区住宅区是不同寻常的，已经引起了外界的关注。20 世纪 30 年代初期，社会学家彼得·罗西（Peter Rossi）调查了肯辛顿区（官方认可的包括费什敦在内的费城城区），作为为其著作《为何搬家》（*Why Families Move*）所做研究的一部分，而且罗西困惑地发现，尽管肯辛顿客观上贫困，但这里的居民喜欢这个地方。的确，在罗西所调查过的费城的 4 个住宅区中，肯辛顿人对自己住宅区的抱怨是最少的。[3]

1970 年，当民权运动的余波使城市白人与北部的黑人关系紧张之时，《费城问询报》（*Philadelphia Inquirer*）记者彼得·宾曾（Peter Binzen）以费什敦为主题写出了一本书，即《美国的白人城：有关美国普通民众生活、学习、工作与思维方式的初步研究》（*Whitetown U.S.A.: A First-hand Study of How the "Silent Majority" Lives, Learns, Works, and Thinks*）。[4] 宾曾在书中描绘了一个结构严密、以家庭为中心、过度饮酒、勤劳工作和拼搏抗争的蓝领住宅区，这个住宅区感受到了来自政府的烦扰和精英阶层的蔑视。但是，肯辛顿人一向为自己的社区感到非常骄傲，这大大地激怒了当地的社会服务机构。费城社会福利部门的一位官员说："肯辛顿人从内心无法正视他们在社交、文化和经济方面的匮乏，自尊心阻碍了他们向社会福利部门求助。对他们来说，接受这些社会服务可能就是承认他们完全不是自称的那样。"[5]坦普尔大学学生社区活动中心主任抱怨称"没有人知道如何在这个白人社区工作。肯辛顿不希望我们在这里。它拒绝承认是一个贫困地区"[6]。

25年之后，20世纪90年代的后5年间，帕特里夏·斯特恩·斯墨拉康（Patricia Stern Smallacombe），一名宾夕法尼亚大学的博士研究生，决定以肯辛顿现存的白人区为课题撰写她的博士学位论文。她开始把时间花在邻近费什敦的一个教区里，有一座被她称为圣祖德（St. Jude）的教堂（为保护隐私，其论文中的名字均做了改变）为该教区提供服务。在研究工作最紧张的那年，她就住在圣祖德教区里。2002年，斯墨拉康完成了她的博士学位论文，《他们为何留下来：一个旧城区白人住宅区的植根与隔离》（*Why Do They Stay: Rootedness and Isolation in an Inner-city White Neighborhood*）。[7]这是一篇丰富细致的人种志方面的记述，文中有许多扩展段落一字不差地摘自现场笔记和采访记录。在此，通过居民们的言辞，就可以了解前几章中有关虚构费什敦的枯燥乏味的统计数据，是如何体现出发生在现实费什敦日常生活中的各种变化的。[8]

婚　姻

现实费什敦的结婚率同虚构费什敦一样，在 20 世纪 70 年代开始下降。就结婚率来讲，我们无法说出 1960 年和 1970 年人口普查中已婚成年人的数目——人口普查区数据只记载了 14 岁及以上已婚人数的比例——但我们确实知道，1970 年，在有 18 岁以下子女的家庭中，仍然由已婚夫妻主导的家庭占到了 81%。仅仅在接下来的 10 年里，这一比例就下降到了 67%。

费什敦的传统规范肯定不再是"结婚、怀孕与生孩子"了，倒是"怀孕，然后结婚与生孩子"的情形变得非常普遍。然而在斯墨拉康开展研究时，任何一种规范的改变都是急剧的。珍妮出生在一个多子女的劳动阶层家庭，她是 7 个子女中的一个，父母离婚时她还是个孩子（父亲曾对母亲实施家暴），80 年代中期她 20 岁。

> 我 20 岁时有了（儿子）。我 19 岁怀孕，20 岁生下他。我姐姐结婚很早，也怀孕了。我想嫁给我结识的那个人，我打算像我姐姐那样结婚，结果未能如愿。后来加上我的妹妹，我们同时怀孕，这太好了，我们姐妹三个都怀孕了。我母亲不相信我们，不相信我们都怀孕。有一个人很好，因为她结婚了，她没问题……我们都处在竞争中。我和 4 个姐妹都有了孩子，仅有一个人是通过正确方式做到的。[9]

到了 90 年代，有越来越多像珍妮的妹妹一样的姑娘，正值青少年时期就开始怀孕。卡丽是圣祖德教会学校食堂的雇员，她有一个 16 岁的女儿，在一所天主教中学读书。

> 最近 4 个月里，我女儿参加了 6 场迎婴聚会了……（那所学校）有 52 个孩子怀孕了。52 个呀，令人难以置信，更不用说那些已经有了小孩的……我说过，每个人都犯错误，我不会因为任何人犯一次错误就去谴责他们，可是这里正在发生着什么？为什么会有那么多女生怀孕？我上学时也有人怀孕，但我敢说一整年里也就可能有 4 个。[10]

为什么会发生这种事情？似乎不是生育知识缺乏的问题。在《他们为何留下来》中，没有年轻女性因怀孕而感到意外和惊慌的证言，也没有她们的天主教信仰会阻止她们采取节育措施的内容。大量的怀孕情形只是以与过去相同的方式发生着，只不过紧接其后的不是结婚。有些怀孕是被需要的——斯墨拉康注意到某些特定的社会地位与育有一名婴儿相关。[11] 许多怀孕行为作为离开家庭的手段被愉快接受，要么搬去和男友一起住，要么接受救济。克里斯蒂娜·奎因（Christina Quinn）是一位单身母亲，她谈起了一位在 14 岁时就有了第一个孩子的朋友。

> 我有一位女伴，琼妮（Joanie）出生时，她已经有 5 个孩子了。我才 21 岁，而她已经有 5 个孩子了。我说，"你疯了"，而她说，"你迟了"。……她不想住在家里，但她只能带着 5 个孩子重回父母身边，因为同她在一起的那个男人并

未准备好接纳所有孩子。事实上，不是她而是她的母亲在抚养这些孩子。我偶尔能碰到她，她说现在只能由她的母亲来抚养孩子，她自己甚至不知道如何抚养孩子。[12]

不懂得如何做母亲是一个大问题，圣祖德教区某所公立学校一位四年级教师说：

在我教的班级中，三分之二孩子的父母不工作……父母们希望孩子视自己为优秀的父母，他们想为孩子们"做些什么"但却不知如何做……或者说，这些母亲不是吸毒成瘾，就是同男人们勾搭厮混……孩子们因为有适应大城市生活的能力而知道如何照顾自己，他们能在大街上应付各种事情。他们学会了负责任，关照兄弟姐妹。但是，他们就是不知道照顾一个孩子与抚养一个孩子之间的区别。[13]

克里斯蒂娜·奎因朋友的 5 个孩子由她父母抚养并非个例。肯辛顿所有的（外）祖父母都在抚养着他们的（外）孙子女，有时候这样的安排有着不错的效果。一位名叫玛丽的单身母亲谈起了她的儿子和他们的生活：

现在他依靠那个生活（她为了儿子接受了社会救助）。我为了他领取支票，用来支付我们的生活费用，我偷偷地工作，在酒吧当侍者……我知道不可能一辈子都这样，但到目前为止，我对现状相当满意。救助金用来支付各项费用，我们靠那个生活得非常好……另外，我同我的母亲一起生活……他是她的全部。我的儿子是她的全部。

有时候情况就没有这么好：

现场笔记：邦尼（讲述了）伯恩斯一家令人伤感的境况。她从孩子们的外祖母伯恩斯太太如何起诉她吸毒的女儿以获得外孙们的监护权开始说起。外祖母赢了官司，三个外孙现在同外祖父母住在奥克大街。女婿因过量使用毒品身亡，女儿仍然常来奥克大街探望孩子。邦尼说："三个孩子很爱他们的母亲。她走的时候，孩子们非常伤心。"邦尼称伯恩斯太太不想让她的女儿再来看孩子，因为这样会让孩子们感到为难。她说伯恩斯太太的胸部长了一个肿块，却没有引起注意。邦尼转述了有一天当面问伯恩斯太太的那个问题："万一你有个三长两短，谁来照顾孩子们？"[14]

还有一种情况，已婚女性似乎并不一定要有一个可以依靠的养家之人。掌管圣祖德教会学校的卡萝尔修女（Sister Carol）解释道：

我想我所看到的，是众多为所有大小事情操劳的女性。在家里，除了孩子们之外，她们还有一个"儿子"，那就是她们的丈夫，如果她们有丈夫……这些女性两手各提一包东西在大街上走过，孩子们紧紧拽着她们的衣襟，而丈夫走在

身后，玩着电子游戏。这一定是出问题了！ [15]

这就说到了男性勤奋的问题。

勤　奋

1960 年人口普查时，费什敦 20 岁至 64 岁的男性中，大约有 9% 的人不在劳动人口中。到 2000 年人口普查时，费什敦大约有 30% 上述年龄范围内的男性不在劳动人口中。[16]

从 1960 年到 2000 年，费什敦工作年龄男性退出劳动人口比例的惊人增高产生了这种可能性，那就是我们将会看到更大的消极失业者的数字，这些人认为他们不再会有找到工作的机会。但是，费什敦男性 1960 年与 2000 年失业率的差距并没有多大——1960 年为 7.3%，而 2000 年为 8.9%。一说到工作，费什敦人就抱怨丢了工厂的高工资差事，但他们不会说再也找不到工作了。他们还议论那些似乎只是不能成功掌握一套得到和保住工作的方法的男性。

西蒙是费什敦一家小工厂的股东之一，我们先前说到的珍妮是他的办公室主任，菲尔是质检经理。对于想要雇用的人，西蒙并不挑剔。他有一本为有前科、有毒瘾问题、没有高中学历和无工作经验的求职者提供就业机会的记录册。西蒙有一条简单的规则：他会给予任何人工作机会，但此人必须准时上班，投入工作，否则会被开除。斯墨拉康研究了那些闲逛的年轻人的情况，很明显，他们什么也不干。

　　现场笔记：我坐回到椅子上，用有些冒失并疑惑的口气问："好吧，转角处的白人小伙子们是什么情况，那些白人小伙子？"西蒙问："（他的工厂对面）转角处的那些小伙子？"我说："打个比喻，'街角'。"珍妮笑了起来——"懒汉"。西蒙解释道："这些小伙子不可能在那里工作，他们也不会有工作……他们没有工作的动力。"珍妮说："他们接受福利救济，或者靠别的收入为生。他们不想工作。"[17]

珍妮说她同许多这样的小伙子一起长大。他们对拥有工作或家庭没有兴趣，尽管他们已经30多岁了。

　　许多人是好人，只是胸无大志。我想这就是他们的成长方式，他们看着自己的父亲和叔叔在街角游荡，他们只是延续了这个传统。那是一种特殊的感受（此时她开始用手敲桌子，说到每一代人就以有力的节奏敲一下），从父亲到叔叔，再到孩子，然后再到孩子的孩子……成了一个标志。[18]

看到了这段引文，肯·米拉诺回忆起了阳光俱乐部。

　　在我成长的过程中（20世纪70年代），我们成立了"阳光俱乐部"，成员不是没在工作就是在失业中。他们为这个事实而感到骄傲，在T恤衫上绣上"阳光俱乐部成员"或类似的东西。流行的做法通常是整个夏天尝试去怀尔德伍德［Wildwood，在泽西肖尔（Jersey Shore）］的海边工作，在接下来的几个月里干一些乏味的活儿，以便在一年中剩下的时间里什么也不做，直到夏天再次来临。[19]

塔米是肯辛顿本地人，是当地互助储金会的主席，她回想起街角那帮家伙让她的弟弟陷入了困境。

> 现场笔记：塔米讲了她弟弟怎样在一家快餐店工作的故事。显然，他的那些在街角的朋友们觉得他干这个工作有失身份，就建议他向老板要求加薪。他照做了，很快就被解雇了。塔米透露，那次之后，弟弟就再也没有得到一份稳定的工作。没法子，他只好在住宅区"私下里"干点儿零活，以此来满足需要——今天是一台电视机，明天是别的什么东西。[20]

救济金也扮演着重要的角色。在第九章，我出示了显示男性残疾人数逐步增多的曲线图，并称与1960年相比，2000年不可能有更多的男性因身体原因而无法工作。斯墨拉康指出，因为许多费什敦男性所从事的是诸如盖屋顶和建筑这样的工作，容易受伤致残，所以有申请伤残津贴的合法要求。但是，她还说：

> 还有一些男性，身体受损的原因非常可疑……他们依靠伤残津贴和其他家庭收入维持生活，有时继续工作，偷偷地打点儿零工。此外，该住宅区的社会服务与卫生保健人员发

现，有更多的家庭给孩子们服用治疗儿童多动症（ADHD）的利他林（Ritalin）一类的药物，以此使孩子符合获得政府伤残资助的条件，从而进入（伤残保障）体系。[21]

男性得不到救济金而女性能得到的情况下，这些男性就依靠女性生活。此类男性被称为"逃亡者"或"夜逃负债者"，因为他们总是不停地四处奔逃，躲避追债者、儿童抚养费收缴员、他们的女友或子女，还有警察。他们还热衷于参与毒品交易，这种情形在20世纪90年代后5年斯墨拉康到来之前的10—15年间曾一度激增。[22]

诚　实

在费什敦，彼得·罗西和彼得·宾曾研究的犯罪算不上是个问题。拳头是解决纠纷的常用方法，但生活在一个结构紧密的劳动阶层住宅区的优势之一，就是在该社区内有着高度的诚实。如果有人敢越雷池一步，人们肯定不打算等警察来再处理。肯·米拉诺回忆："以前是如果你的汽车被撬，人人都知道大概是谁干的——滥用吸入剂者（吸胶毒者），所以你只要去他们游荡的地方，狠揍他们一顿，就会很容易找出是谁干的了。"甚至费什敦的各帮派都帮着维持治安（勉强称得上），米拉诺说："大多数帮派有点儿像治安维持会成员——他们会好好教训小偷、瘾君子等。"

斯墨拉康开展研究时，这种社区凝聚力已严重恶化。家庭结构的改变意味着更多青少年游手好闲，没有人了解他们的状况，这产生了相应的后果。玛丽住在大众游乐场附近，那个地方因有人竭力干涉由来已久的习俗而为人所知。她谈起了自己现在必须遵守的各种限制。

> 无可奈何。街对面有几个孩子，我坐在那儿看他们干那些事情，是的，我可以因为某些事情而叱责他们，如果他们正在破坏财产什么的，那我当然可以。我知道他们只有十四五岁的年纪，但如果他们只是坐在那里抽大麻或者喝酒，我对此什么也做不了，做不了……父母们知道孩子不在家，但他们却不在意。我只是打算报复那些对我的家庭、汽车或者家人造成损害的人，为什么要刻意去管其他的事情呢？我不会。我只打算到此为止。[23]

一种盲目冲动的破坏行为已经在费什敦出现。鲍勃是土生土长的肯辛顿人，他为公园管理处工作，担任大众游乐场的负责人：

> 我不理解还在发生的破坏行为，孩子们破坏的正是为他们提供服务的区域。我理解不了这件事，比如说今年早些时候，他们撕破垫子，闯入游乐场，毁坏卫生间。还有就是喝饮料。人们在这个游乐场喝了几十年的饮料啦，可他们从不打碎瓶子，也会把所有垃圾扔进垃圾桶。[24]

故意破坏公私财产一直以来与实际犯罪数量的增加相伴，多数受侵害的对象是该社区中年纪较大的居民，因为他们最容易被恐吓。在斯墨拉康讲述的一个案例中，受害者是犯罪者的母亲，她的儿子需要钱去买毒品。

几位肯辛顿居民对于为父母之道的一个变化发表了评论，他们认为这个变化缘于青少年犯罪数量的增加。问题不仅是父母不在家，过去常常是父母无法必须在家。如果某位邻居看到孩子行为不端，上前阻止被认为是恰当的。孩子的父母了解情况后会心存感激，即使孩子坚持自己是清白的，父母也会相信邻居。

有人告诉斯墨拉康，未婚和离异的父母往往不会这么做。相反，他们常常会试图成为子女面前的好人。玛丽说：

> 接下来你会听到为什么对子女的管教只达到最低的程度——"好吧，你知道，我同他们谈过了。他们说这个，说那个，还有其他的，而我认为'或许他是对的'。"但我会说："哦，不是。你了解事实，你知道真相，而你现在却只是极力地让自己看起来是正确的……你想成为可以让这个孩子为所欲为的很酷的家长、朋友般的家长和了不起的家长，而他想的，只是衣着华丽。"[25]

这些父母还试图通过对子女一味地维护来显示他们对子女的爱。玛丽接着说：

> 我们有一位邻居（被我们称作）"不是我儿子休（Sue）"，因为无论什么事她都会说"不是我的孩子……"有

人确实看到她的儿子扔棒球棒打破了一辆轿车的车窗玻璃，而且她也在场，可她却说"不是我儿子干的"。包括一位警察和"不是我儿子休"在内，有 25 位目击者。这样的事情还有很多。[26]

圣祖德教堂的一位顾问通过观察平日里发生的这种事情，发现了一种行为倾向："孩子们变得更加挑衅，（对）后果却少有担心。父母们为孩子提供了这样做的动力，而这是具有破坏性的……父母们感到他们正在受到应得的对待……'我是一个差劲的家长，我在工作，还有种种借口，所以这就是我活该如此的原因'。"[27]

虔 诚

早在几十年前，费什敦就是天主教徒集中的住宅区。当地有两座大的教堂，靠近斯墨拉康作为调查工作中心的那个住宅区有一座被她称为圣祖德的教堂。正如斯墨拉康所证明的，很难过分夸大天主教在费什敦的过去起过核心作用。费什敦的教堂远不止是人们每周一次做礼拜的地方，它们是社交中心和费什敦大多数孩子接受教育的场所。天主教的世界观占据了费什敦教区居民的内心，该教的教义——其中包括家庭就是一座教堂在内——认可费什敦的核心价值观。

到斯墨拉康开展研究时，所有这些都已消失，但这座教堂的作用一点儿也没失去——在她居住在圣祖德教堂附近的那年里，在圣祖德教堂连续 9 天祈祷仪式结束时，20 位牧师与神学院学生以及大约 1200 名住宅区居民，围绕教区列队行进，这成为该活动的重要内容。[28]教会经营彩票、奖券依然是一项主要的社会活动。把子女送到教会学校读书的年轻家庭依旧积极参加教堂的活动。但是，对于费什敦剩下的更年轻的一代来说，他们与教堂的联系正变得无关紧要，甚至只是装装样子。

> 现场笔记：我走了一条去教堂的近路，跟着其他的教区居民走过了罗大街（Rowe Street）……有一家人在我前面缓慢地走着——一个男人、一个女人和一个男孩。男人和男孩穿着牛仔裤、胶底帆布运动鞋和"鹰"牌风帽外套，这是参加弥撒的大部分男性的典型装束……我们一个个缓步进入教堂时，里面大约有 100 人。在走近靠背长椅落座前，年长者和一些二三十岁的年轻父母都行了屈膝礼。然而，我没有看到有哪个孩子行这种礼，或者听到他们诵读祈祷文。大部分孩子穿着外套，在整个仪式过程中一直站着，他们的表情相当茫然。[29]

即使是在教会学校上学的孩子们，也不一定会为了向下一代传递费什敦的天主教传统而形成一个同类群体。斯墨拉康总结说："就是这些穿着天主教会学校校服并且遵守校纪的孩子，在上高中之前，甚至比他们的学长们更有可能成为滥交者和吸毒、酗酒者。这些年轻人不会承认自己不道德的或者具有潜在危险的行为所带来的后果。"[30]卡萝尔修女对年轻的费什敦人与该教堂之间残存关系性质的表述是客观的："尽管与以往大不相同，但也还有那么点儿宗教的成分在里边。遭遇不幸时，他们试图抓住上帝。结婚时，他们想要去更好的教堂；而在医院时，他们希望那里有修女和牧师。"[31]

新下等阶层

对肯辛顿人来说，我所使用的"下等阶层"这个术语听起来可能并无不妥，因为他们中有些人自己也在使用。该术语与"家庭人士"相对，后者用来指那些过着体面生活并供养子女和大家庭的人，没有做到这些的人就是下等阶层。安吉是圣祖德教会学校食堂的工人，最近搬到了特拉克斯大街（Trax Street）的另一边，这条街被视为有家庭人士与其他人士的分界线，这让他与下等阶层的人低头不见抬头见：

> 现在我住在那里，那里住的真是下等阶层的人……别误会我，那里住着一些圣祖德的教区居民，他们和我们差不多，但更多的居民是下等……嗯，是下等阶层，我很遗憾，他们绝对是。没有工作，靠救济金生活，你知道，他们不在乎。在我看来……救济金虽然不错，但是如果你能工作的话还是应该去工作。我觉得这些人是能工作的。[32]

对一直习惯于从种族角度听到与福利依赖和家庭破裂相联系的问题的美国人来说，肯辛顿居民的证言起着有效匡正的作用。

新下等阶层白人的问题听起来好像与被广泛报道的黑人和拉丁裔下等阶层的问题一样多。

> 现场笔记：坐在桌子那头的邦尼径直发言，讲了一个被她称为"穷苦白人"家庭的故事。这家人就住在这个教区的住宅区中，是她母亲的邻居。邦尼生动地描述了一个令人不安的场景——营养不良的孩子们裹着脏尿布，在没有成年人看护的屋子里跑来跑去……邦尼是带着愤慨和恐惧讲述这个故事的，以前谈及住宅区中类似情形时，我从未见过她情绪如此激动。她毫无顾忌地说起她所认识的白人居民的坏消息和违法与堕落的事情，尽管这样涉及谈论他人隐私，桌子旁的所有人都陷入了沉默。[33]

结束语

自20世纪90年代末帕特里夏·斯墨拉康结束实地调查以来，费什敦已经发生了很大的变化。21世纪初，移居开发之风在费什敦兴起，这是一个势不可当的进程。与那些更加时尚的住宅区相比，费什敦的房屋价格便宜，加之靠近费城的商业区，因此移居开发是明智稳妥的。依据费什敦的传统标准，未成年人犯罪和吸毒可能已经成为一个问题，但你仍然不必担心步行回家时会被打劫，也不用担心深夜去便利店买牛奶时会遭遇持枪抢劫。所以第一批开拓者——没有多少钱的画家和音乐家们——开始迁入费什敦。过去的几年里，富有的青年专业人员已经扩展了他们的滩头阵地。

如果你现在去费什敦，你会看到，街景还和以前差不多，也有个别不同。过去专营百威淡啤与施格兰王冠威士忌以及（如果你坚持要吃的）猪蹄和火腿肠的酒吧现在有了复杂的照明设施，瓶装精酿五光十色，你还会在南布罗德大街发现各式各样的菜肴。一些废弃的工厂已经变成了别致的阁楼公寓。挨着肯·米拉诺的5个公寓小套间正在整修——实木地板、裸露的墙砖、光洁的新厨房和卫生间——将以相应的更高的租金重新出租。20世纪90年代价值3万美元的房子现在卖20万美元，价格还在上涨。飞速上涨的房价意味着大多数即使是有房子的家庭也会生出一个诱人的念头，那就是卖掉他们的房子，部分收益存入银行，拿着剩下的钱搬到朋友们已经定居的城郊住宅区去。费什敦的新下等阶层租客将无力负担今后的房租，所以他们不得不另觅他处而居。

所以说，老的费什敦正在迅速消失。肯·米拉诺在费什敦的新貌中没有看到喜欢的东西。"和穷人在一起，你知道你得到了什么，至少我是知道的，因为我在这些地方长大。新居民有各种各样解决问题的方法，但肯定不是用拳头。更多的人喜欢叫警察来对付你，把你关起来，更严重的就是起诉你。"肯·米拉诺一直热爱着费什敦和费什敦尚存的一切，但就在几年前，他被迫做出了一个艰难的决定。他的儿子刚刚上完了圣祖德的幼儿园，然而米拉诺知道位于费什敦某个教区的那所圣名（Holy Name）学校已于2006年关闭，他能看到圣祖德的入学人数正在减少。他和妻子不想让孩子们在小学阶段的中途就失去所有的朋友，所以，他们把儿子转到了圣玛丽（St. Mary）的商业区。圣祖德的牧师感到失望——"肯，我正在尽我所能让学校办下去，而你却要转走你的孩子？"但米拉诺决定一切必须以家庭为重。2011年2月28日，天主教教育办公室宣布，由于入学人数减少的原因，7个教区将会在本学年结束后关闭各自的学校，其中之一就是位于圣祖德的这所小学。

几年后就不再有"现实的费什敦"了，但是全国范围内依然会有数以千计的劳动阶层住宅区和城镇，它们中逐渐减少的情况会发生在城市里，更多的会发生在城市劳动阶层白人数年来一直在搬离的劳动阶层居住的城郊。其余的就是乡村地区中的小镇，这些地方基本美德的恶化已经像费什敦一样迅速地蔓延开来。[34] 关于这种恶化已造成的人口流失状况，已没有什么难以理解之处，或者说仅有统计学上的意义了。

第十三章

新下等阶层的规模

本章提出了思考新下等阶层的性质与规模的方法。

新下等阶层是一个由人构成的连续体，所以没有明确的界限来判定某人是否属于该阶层。尽管如此，通过思考对美国公民文化而言存在问题的三个独立群体，来获得对其规模的认识，这还是可能的。

三个有问题的群体

未在谋生的男性

我想确定一个由大量无经济能力或情况更糟的男性构成的群体。为此我使用"谋生"的概念，将未在谋生的男性归入到这个群体中。我将谋生定义为挣得一份收入，足以让一个两口之家的生活处于贫困线以上。2010 年的贫困线是 14634 美元。[1]

以贫困线作为（衡量谋生的）指标太过单一，因为它不能满足谋生目标全部含义的要求。截至 2010 年，假设一个没有子女的已婚男性从事一份最低工资的工作，他只要工作 50.5 周就可以做到。但是，这个最低工资几乎不会与处于劳动人口中的 30 岁至 49 岁的男性有关，而只有 6% 的小时工可以接受。[2] 假设你在 2010 年的工作是做一个看门人——低声望与低报酬工作的代名词，以看门人的平均小时工资 11.6 美元为标准，每周工作 40 小时，那么你 2010 年的收入在当年工作到第 31 周时就已经达到了我定义的谋生的标准。[3]

我的意思不是说贫困线就是一个好的衡量贫困的标准，我也不反对女性工作而有助于共同获得足够的家庭收入。[4] 相反，没有给家庭带回足够收入，未能让他们自己和另一个成年人的生活处在贫困线之上，这样的健康男性是无法达到一个低标准的。在这个男性群体中，有很大一部分人都是无经济能力的。

图 13.1 显示了从 1959 年至 2009 年符合谋生定义的 30 岁至 49 岁白人男性的比例（记得 CPS 收入数字是以调查前那一年的

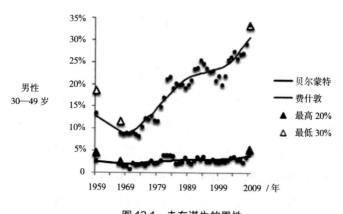

图 13.1　未在谋生的男性

资料来源：IPUMS。样本限于 30—49 岁白人男性[5]

状况为基础的）。

对丁费什敦男性而言，1959 年至 1967 年间的情形正在好转。不仅如此，我们还能推断出至少从 1939 年开始情形就一直在好转。学者们已经通过回溯计算，得到了最远至 1940 年人口普查时的贫困率，结果显示当时的贫困人口超过了美国人口的 50%。[6] 费什敦未在谋生男性的比例从 1974 年开始增高，除了在 90 年代后期有过下降以外，在经济繁荣时期和经济萧条时期都持续增高。2007 年的失业率仍旧不高，未在谋生人数的比例达到了 27%，是 1973 年的 3 倍以上。

有子女的单身女性

作为一名单身母亲是艰辛的，对于身处这种境况的女性表示同情也是合适的，但对美国公民文化的功能而言，这并不能减少单身母亲存在的任何问题。图 13.2 中，我将所有与未成年子女共同生活的壮年期女性包括在内。因为 CPS 没有单列这一类别，所以我忽略了由父亲或母亲以及继父或继母一方主导的有未成年子女的白人家庭（有父亲或母亲以及继父或继母一方子女的情形与那些没有再婚的离异父母子女的情形大致相同）。

鉴于你在第八章中已经看到过有关单亲家庭的类似信息，所以图中的趋势不会令人感到意外。截至 2010 年，费什敦单身且抚养未成年子女的壮年期白人女性的比例已是 1960 年的 4 倍。再一次指出，费什敦居民成分的变化不能说明任何问题。1960 年最低 30% 人群中单身母亲的比例与费什敦全体女性中单身母亲的比例几乎相同。

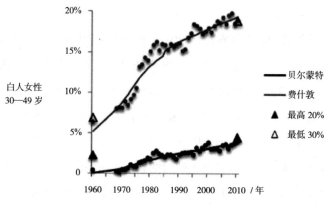

白人女性
30—49 岁

图 13.2　抚养未成年子女的单身女性

资料来源：IPUMS。样本限于 30—49 岁白人女性

隔离人群

　　未在谋生的男性和抚养未成年子女的单身母亲并不能穷尽费什敦有问题的人口。还存在一个由谋生男性和非单身母亲的女性构成的群体，但这些成员与社区生活的环境不发生联系。你很可能知道这类人：他们有朋友，但完全是为了社交——是有益于社交应酬和尽情享乐的朋友，而不是在危难之中出手相助的朋友。这类人生活在这个住宅区中，但却不属于它。他们不参与任何事情——连垒球联盟都不肯参加，更别说在家长教师协会（PTA）中发挥积极作用或者主持民间资金募集活动了。

　　通过群体成员的数据，GSS 提供了一种估算该人群数量的方法。图 13.3 显示了无论如何都不属于任何组织（GSS 询问了大约 15 个具体种类，再加一个"所有其他"种类）和每年仅去过一次教堂的壮年期成人的比例。

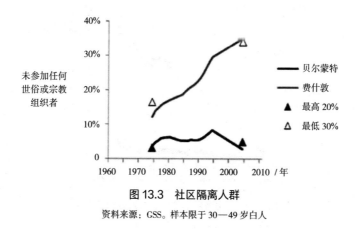

图 13.3　社区隔离人群

资料来源：GSS。样本限于 30—49 岁白人

由于受 GSS 调查收入数据和样本量的限制，故无法对该隔离人群与我已讨论过的另外两个群体的重叠部分做出准确的估算，但是很明显，隔离人群增加了新下等阶层的人口数量。截至 2004 年 GSS 最近一次询问这些问题时，费什敦有 24% 的非单身母亲属于我定义的社区隔离人群，而此类人群在贝尔蒙特仅有 3%。费什敦男性中有 27% 的人是社区隔离人群，他们的总收入让两个成年人的生活处在贫困线以上，此类人群在贝尔蒙特占 3%。[7]

综合各类别

图 13.4 将未在谋生的壮年期白人男性与抚养未成年子女的单身母亲比例相加，并且假定费什敦隔离人群中有四分之一的人不属于这两个群体中的任何一个。[8]

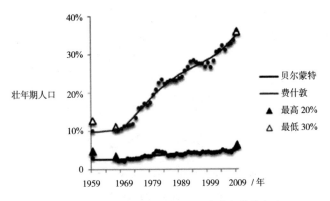

图 13.4 　一个思考新下等阶层白人规模的方法

资料来源：GSS。样本限于 30—49 岁白人

费什敦有这样或那样问题居民的比例，从 20 世纪 60 年代最低点的 10% 上升到了 2007 年的 33%，那是经济衰退前的最后一年，而贝尔蒙特依旧保持在很低的比例——2007 年的 4%。

假如我们不考虑具体的住宅区，而是将贝尔蒙特与费什敦所有 30 岁至 49 岁的白人包括在内，再加上两者以外的所有白人的一半，那么符合新下等阶层白人条件的比例将会是先前的两倍以上，即从 20 世纪 60 年代末期的最低点 8% 到 2007 年的 17%。2009 年，也就是进入经济衰退后的那一年，这一比例已经超过了 19%，而且很可能在 2010 年超过 20%。

我对白人新下等阶层规模的论述也许被认为是保守的，这表现在以下两个方面。第一，各种比例按理说是被低估了。如果有子女的婚姻对于美国的公民文化是至关重要的，那么要求一个三四十岁正在"谋生"的男子能够保证妻子和至少一个孩子的生活水平在贫困线以上，而不只是如我的定义所确定的那样，只保证该男子本人和另一个成年人的生活水平在贫困线以上，这种要求可能是合理的。我还曾假定我的未在谋生男性的标准包含了整个罪犯阶层，而实际上 CPS 调查中罪犯所占的比例过低。第二，我提出的原始数据太小。壮年期男性只包括了归入新下等阶层的一小部分白人。我的描述忽略了所有 30 岁以下和 49 岁以上无经济能力的男性、所有 30 岁以下和 49 岁以上正独自抚养子女的女性以及所有 30 岁以下和 49 岁以上的社交隔离人群。

然而，做到对新下等阶层白人的准确估算既不可行，也无必要。如果符合新下等阶层条件的 30 岁至 49 岁白人的总体比例自 20 世纪 60 年代以来已增加了一倍，并且正在接近我所使用的定义表明的壮年期白人人口的 20% 这一比例，那么这就是一个将要改变国家生活的下等阶层。

第三部分

为何事关重大

经济学家约翰·梅纳德·凯恩斯（John Maynard Keynes）因改变对货币政策的看法而受到指责，他著名的回应是："事实发生变化，我就改变我的想法。您会怎么做，先生？"[1]对凯恩斯问题的诚实回答是："通常什么也不做。"尽管资料会对政策问题产生影响，但是我们对政策的许多见解是建立在有关人类生活与人类社会本质的前提之上的，而这些超出了资料的范畴。试着提出任何可能改变你对人工流产、死刑、大麻合法化、同性婚姻或者遗产税立场的新资料，如果你做不到，那么你未必缺乏理性。

这与我提出的证据一致。在第一和第二部分，社会民主主义者可能会发现一个支持财富再分配的有说服力的根据，而社会保守主义者可能会发现一个有关政府政策支持婚姻、宗教和传统价值观的令人信服的理由。我是一个自由论者，发现的是一个可以回归到开国者们有限政府理念的不容置疑的论据。

在最后一章，我试图解释为什么会从这个角度看待这些事实。由于美国成年人中仅有很小比例的自由论者，所以你们中的大多数人应该会有不同的看法。但是为最后一章做铺垫的各章持续地为这种讨论增加资料，而且这些资料可能会在没有改变的前提下影响你们的立场。

如果没有别的事情，我希望你相信这一点，即最近半个世纪中的各种趋势代表的并不仅仅是一种过时生活方式的结束，我一直将这种生活方式等同于"美国计划"。相反，这些趋势预示着对美国社会的核心和绝大多数美国人追求满意生活方式的损害。最近半个世纪的各种趋势事关重大，如果得不到扭转，美国文化中许多最好的和最杰出的品质就不能存续下去。

第十四章

美国社区的选择性衰落

美国卓异主义的一个核心——美国的市民生活，在费什敦临近崩溃。

20世纪50年代中期，后来成为美国最杰出政治学家之一的爱德华·班菲尔德（Edward Banfield）还是一位默默无闻的青年学者，他曾在意大利南部的一个小镇度过了9个月的时光，日后他把这个小镇叫作蒙特格拉诺（Montegrano）。带着对那些社区性质的深入了解，班菲尔德结束了那段经历。由于是依据被他称作"非伦理家庭主义"的原则来管理的，因此他曾经生活的那个小镇已无法正常运转。非伦理家庭主义以一种单一的决策规则为基础，班菲尔德将这个规则解读为"物质与核心家庭的短期利益最大化，假定其他人都这么做"[1]。班菲尔德对非伦理家庭主义的深刻洞见和详尽阐述，让他那本有关该小镇的书《落后社会的道德基础》（*The Moral Basis of a Backward Society*）成为经典。

非伦理家庭主义没有为利他主义甚至与之合作留下更多的空间。某修道会的修女们艰难地维持着一座古老修道院中的孤儿院，但蒙特格拉诺人不提供任何帮助，即便孤儿院里的孩子来自他们这个地区。修道院需要人帮忙，本地的石匠们也有空闲时间，但没有一个人肯放下一天的活计去帮助做些修缮的工作。蒙特格拉诺有两座教堂，但没有一座在这个社区的世俗生活中发挥过丝毫作用。实际上，整个镇子确实有一个"社团"——由25个上等阶层男性组成，负担着可供他们打牌的娱乐室的费用。

在考虑以何种方式向20世纪50年代的美国读者介绍蒙特格拉诺时，班菲尔德想起了另外一个他曾做过实地调查的地方，那是一个在人口、气候、地貌和孤立程度上与蒙特格拉诺相似的美国小镇：犹他州的圣乔治（St. George）。他决定从对各种活动的叙述开始介绍《落后社会的道德基础》这本书，这些活动见于圣乔治周报某一期的报道。

那一周，红十字会正在举办一场成员募捐活动，商业与职业女性俱乐部正在为修建当地社区学院的新学生宿舍筹集资金，美国未来农民协会正在举办一场父子宴会，一家当地的企业向学区捐赠了一套百科全书，商会正就邻近的两个镇子之间修建一条公路的可行性进行讨论，"天空观察"（Skywatch）的志愿者们正在报名（出于什么目的，班菲尔德没有说明），当地的一座教堂已经为一所儿童医院募集了1393.11美元的分币（价值超过了2010年的10500美元）。有一则召开家长教师协会（PTA）会议的通知，结尾处说："作为我们社区一名负责任的公民，你应该加入家长教师协会。"以上种种都发生在犹他州荒漠中部的一个人口4562人的小镇里，报道见于一家周报的某一期。

美国社区与美国卓异主义

以《宪法》所保障的自由为基础，基本美德创造了世界上独一无二的美国公民文化。不仅是美国人这样认为，所有的观察者也一致认为，美国的社区生活不同于其他任何地方的社区生活。它最近的同类是英国的公民文化，但是英国等级制度无处不在的影响意味着这个"最近"仍然是十分不同的。

美国社区生活第一个无与伦比的方面是它的睦邻友好的程度。睦邻友好不同于好客，尽管许多文化都有着盛情款待陌生人与来客的传统，但是，在彼此碰巧相邻而居的没有亲属关系的人们之间，广泛而自愿的互帮互助已经很少见了。然而在美国，睦邻友好向来都是无处不在的。对居住在现实费什敦的人来说，使现实费什敦在过去数年中如此受居民珍视的事情之一，就是它的睦邻友好——居民之间无论大事小情，一贯并持续地给予相互帮助：照看家里无人的房子，借一件工具或俗话所说的一碗醋，照顾邻家跑腿办事的母亲的孩子们，或者开车送邻居去诊所，等等。睦邻友好一直以来被认为只存在于小镇和乡村地区，这是误解。正如现实费什敦所表现出的，美国的城市住宅区过去大多像小镇一样封闭，这些住宅区中的认同感非常强烈，以至于居民们通过他们成长的住宅区来界定自己。

美国社区生活第二个无与伦比的方面，是公民积极参与解决当地的各种问题。有时候这意味着参与到当地政府中，但更多的是参与到志愿社团之中——那些美国人在历史上动不动就成立的社团。《论美国的民主》一书中被引用最多的段落是以托克维尔的评述开头的，称"各种年龄、身份和性情的美国人正在没完没了地成立社团"。他继续写道：

> 人们参与的社团不仅是商业和工业性质的，还有上千种其他不同类型的社团——宗教的、道德的、严肃的、琐碎的、非常普遍和非常罕见的，以及非常庞大和非常微小的。美国人会同时开展举办游乐会、创办神学院、修建教堂、分发书籍和向对跖点居民派传教士等活动，设立医院、监狱和学校也是如此。到头来，如果他们想要宣布某一事实或者宣传受杰出楷模鼓舞的某些感受，那么他们就会成立一个社团。你会发现但凡在新兴事业中处于领先地位的，在法国会是政府，在英国会是一些领主，而在美国则肯定是某一个社团。[2]

19世纪末和进入20世纪的前几十年，这些志愿社团的影响基本上已被遗忘了。文化历史学家马文·奥拉斯基（Marvin Olasky）汇总整理了这方面的资料，这些资料充分显示出各类社团活动的丰富程度。例如，这是一份20世纪初隶属于曼哈顿和布朗克斯（Bronx）的112个新教教会的社团举行活动的登记表：48所工业学校、45个图书馆或阅览室、44所缝纫学校、40家幼儿园、29家小额储蓄银行和信贷协会、21家职业介绍所、20家健身房和游泳馆、8家药房、7家全天托儿所和4栋出租公寓。[3]这些仅仅是纽约市两个行政区教会社团中的一部分，而且报告中显示的并非一个完整的活动名单。试想一下，如果我们加上纽约天主教教区、犹太慈善机构的活动，还有大量完全各异并且错综复杂的世俗志愿社团的活动，那么，这张登记表又会是什么样子。或许来自一个截然不同背景的数据将会表明，世俗组织可能赞助过的活动名单有多长。当艾奥瓦州在第一次世界大战期间开展食品储备计划时，有隶属于 31 个不同的世俗兄弟会组织的 9630 个地方分会参与其中。这是一个值得我们停下来思考的数字：9630，在一个人口稀少的州。[4]

与数不胜数的小慈善机构的作用相比，那些世俗兄弟会组织的作用甚至已被更加彻底地遗忘了。今天，大多数人听说过一些中下阶层男性的社交组织，诸如慈善互助会、友爱互助会和共济会（如果他们全都听说过），这些社交组织实际上是各式各样组织拼图的残余部分，而该拼图曾经是美国市民生活的核心。我们要感谢西达·斯考克波（Theda Skocpol），她在 2003 年出版的《衰退的民主》（*Diminished Democracy*）中再现了这些组织的作用。[5] 你需要读完她的全部描述才能对兄弟会组织发挥的全部作用有所了解。对我们来说，有一点是特别重要的：这些组织从各个社会阶层中吸收成员，而且确保不同阶层之间的人们保持经常且密切的交流。斯考克波写道："无论是学术研究成果，还是我在罗列成员职业清单时碰巧发现的五花八门的老共济会地方分会或退伍军人协会地方分会的登记表，所有证据都一致地证实了社团的作用。"[6] 下面是斯考克波书中值得完整引用的一段话：

> 看看以往那些杰出男性和女性的传略……你会在上述包含了数以百万计非精英市民的众多的兄弟会、退伍军人协

会、女性团体和其他民间组织中，看到那些光荣的优秀成员
和官员……领导者们必须要用心地激励广大的组织成员。每
一位成员都很重要，领导者们要动员他们，与来自各种不同
背景的成员沟通交流，否则他们的工作就不会取得成效。为
了超越其他社团，雄心勃勃的男女们必须同各种各样职业背
景的人们在价值观和行动上步调一致。[7]

这并不是说在过去的好时光中，费什敦人和贝尔蒙特人就可
以平等地参加各种社团，但确实表明了他们之间存在着互动。如
果你生活在费什敦，无论你是不是某个兄弟会组织的成员，你也
会知道谁是。反过来，他们认识生活在贝尔蒙特的人——不仅通
过姓名，而且通过会社支部兄弟或姊妹的身份。[8]

社会资本与阶层

哈佛大学政治学家罗伯特·帕特南在其畅销著作《独自打保
龄》中，首次提出了美国社区持续衰落的论据。[9]帕特南接受了
"社会资本"这个社会科学家们对睦邻友好与公民参与的称谓，
并且从各方收集了数据资料，在书中为六种类型的活动各设一
章，这六种活动类型是志愿活动与慈善活动、政治参与、公民参
与、宗教参与、职场联系和非正式社会联系。在本章中，我略去
了宗教参与，它在第十一章已经论及。下面是有关其他问题各项
指标的抽样以及这些指标到20世纪90年代中期的变化程度[10]：

· 在总统选举中投票的比例：从1960年到1996年下降了

22%。[11]

· 出席公开的镇务或校务会议的比例：从 1973 年到 1994 年下降了 35%。

· 担任某些俱乐部或组织高级职员的比例：从 1973 年到 1994 年下降了 42%。

· 为某一政党工作的比例：从 1973 年到 1994 年下降了 42%。

· 在当地某些组织的委员会中任职的比例：从 1973 年到 1994 年下降了 39%。

· 有 18 岁以下子女且为 PTA 成员的父母的比例：从 1960 年到 1997 年下降了 61%。

· 32 个具有支部分会基础的全国性社团的平均会费：从 1960 年到 1997 年下降了几乎 50%。

· 人们每年在家中款待朋友的次数：从 1975 年到 1997 年减少了 45%。

· "全家人通常一起吃晚饭？"回答"否"的已婚美国人比例：从 1977 年到 1999 年上升了 69%。

· 将联合劝募会（United Way）的捐款作为个人收入的比例：从 1963 年到 1998 年下降了 55%。

· 每 1000 名 20 岁及以上男性中加入男子保龄球联盟的人数：从 1963 年到 1998 年（打保龄球者的数量持续增长之时）减少了 73%。

还有更多这类的例子，但以上这些实例足以说明问题。无论采用何种判定方法，帕特南有了同样的发现：无论是直接证据还是间接证据，一致表明美国的社会资本已经遭受严重侵蚀。

社区与新上等阶层

勉强算好消息的，是新上等阶层的市民生活像在托克维尔时代一样在许多地方盛行。佛蒙特州的伯灵顿就是一个被戴维·布鲁克斯称为"拿铁小镇"的某种小城市的例子。这些小城是有钱人和高学历者的飞地，有些位于类似圣菲（Santa Fe）或者阿斯彭（Aspen）这样的风景名胜区，有些位于诸如安阿伯（Ann Arbor）、伯克利或者查珀尔希尔这样的大学城。关于伯灵顿，布鲁克斯写道：

> 伯灵顿以拥有一个异常热闹的公共广场而自豪。那里举办各类风筝节、瑜伽节和美食节，那里有各种艺术委员会、校企协作组织、环保团体、保护组织、社区资助的农业组织、反发展团体和专门的积极分子团体……这个公共广场是吸引人们到拿铁小镇的特色之一。很明显，这些地方的人们宁愿在公共区域花更多的时间，而不愿意把少量时间花在家庭的私人领域和方圆一英里的院子里。[12]

在拿铁小镇，市议会的出席率很高，而且有大量居民愿意参与当地政治事务。传统的邻里交互方式各不相同。在遍布重建的维多利亚时代建筑的新上等阶层住宅区中，邻里之间常常以传统方式进行互动，而被自己所有的几英亩土地隔开的家庭之间则不然。但即使这样，睦邻友好的情形也可以存在，各学校中的家长会常常成为富裕的家长们与当地人发展友好关系的手段。

　　新上等阶层的社会资本不局限于近郊住宅区和小城市。在华盛顿特区，类似克利夫兰公园（Cleveland Park）这样的住宅区因公民行动主义而在当地闻名。在《大归类》中，比尔·毕晓普描述了特拉维斯高地奥斯汀住宅区中强烈的住宅区自豪感和行动主义。甚至在曼哈顿、旧金山、芝加哥和波士顿都市化程度最高的超级邮政区中，你都会找到那些积极参与到各自标榜的社区生活中的住宅区。

　　此外，还有新上等阶层因职业和富有而喜爱的各种社区生活形式。尽管他们最亲密的朋友很可能不住在同一个住宅区，甚至不住在同一个城市，但他们加入的俱乐部和参加的慈善机构却是相同的。对于新上等阶层来说，住宅区的地理位置与归属于社会资本的系列活动之间的关联程度已经变得越来越低了。

　　是新上等阶层，或者更宽泛地说是贝尔蒙特躲过了社会资本的彻底侵蚀吗？很难找到资料来回答这个问题，这令人失望。我们从《独自打保龄》中得知，社会资本的衰退始于60年代，1964年是衰退的典型年份，而且衰退迅速。有关社会资本最早的数据来自1974年的GSS调查，这些数据可能按类别被分解了。GSS调查持续收集这类数据，直到1994年才（非常令人失望地）停止了对那些问题的提问，唯一的例外就是2004年的调查。因此我们无从得知贝尔蒙特在1974年以前已经恶化的程度，而且我们仅有一项单独的调查来评估1994年以来的各种变化。考虑到这些局限，看起来贝尔蒙特似乎一直表现得相当不错。详细内容见附录六。简短描述如下。

考虑社会资本衰退的两个指标：社会脱离，是指人们不再隶属于运动俱乐部、业余爱好俱乐部、兄弟会组织、民族团体（例如"意大利之子"）或退伍军人团体等；而公民脱离则指的是人们不再隶属于服务性团体、青年组织（例如做一名童子军团长）、学校服务团体或当地的政治组织。如果一个人不再是任何组织的成员，那么他就可以被界定为社会脱离或者公民脱离。

从 1974 年到 2004 年间，贝尔蒙特的社会脱离指标实际上是稳定的，比例从 20 世纪 70 年代几次调查时的 35% 到 21 世纪初那次调查时的 36%。贝尔蒙特公民脱离指标则显示出了 U 形反转。在 20 世纪 70 年代 GSS 的调查中，38% 的贝尔蒙特人没有参加任何民间团体，这一比例在 80 年代上升到了 50%，在 90 年代上升到了 59%。接下来，在 2004 年那次单独调查中，这个比例下降到了 45%，甚至低于 70 年代的水平。这是反常现象，还是贝尔蒙特的公民参与复兴的标志呢？我跟你一样说不清楚。

结合 GSS 的调查结果与有关中上阶层社区生活的定性观测资料，我们有理由认为贝尔蒙特尤其是新上等阶层的社会资本，基本上未发生与美国其他地方相同的衰退情形。

互联网与社会资本的新形式

对沉迷于互联网的人来说有更多的好消息。帕特南在 20 世纪 90 年代的后 5 年撰写《独自打保龄》一书时，正值互联网兴盛的初期。从那以后，互联网为人类的交流提供了各种各样的新方式。这些新方式中有许多具有社会资本的所有特征，而且学术界也一直在发表相应的文献，用以调查互联网是通过与传统社交互动竞争的方式损害了社会资本，还是借助新的资源增加了传统的社会资本。[13]答案是可以预料到的，"视情形而定"。有时候，通过互联网可以形成一个社区（例如在大城市中，有年幼子女的母亲们出于相互帮助和分享当地资源信息的目的建立自己的网站）。[14]有时候，互联网可以为十分传统的邻里互助方式提供便利：某个陷入危机的家庭需要帮助的时候，朋友们可以通力协作给予援助（例如为一位正在经历化疗的母亲配制一份数周的晚餐食谱），lotsahelpinghands.com 网站就可以轻易做到这一点。有时候，线上友谊可以引发对传统资源的使用（例如，当某位青少年意识到远在千里之外的一位网友听起来要自杀时，他联系了那个男孩的学校，组织了一场干预行动）。所有例子都来自我直系亲属的经历。还有互联网培育的几十种其他类型的互动方式，它们符合任何合理的社会资本的定义。

费什敦在多大程度上参与了这些社会资本的新形式呢？皮尤基金会（Pew Foundation）持续进行的互联网与美国人生活的项目（Internet & American Life Project）发现，与收入低于 30000 美元的家庭相比，收入在 75000 美元以上的家庭更可能多地（通常可能接近两倍）获取在线新闻、在线银行服务、在线医疗信息查询、在线购物、在线支付以及开展产品的在线调查等方面的信息。[15]互联网与美国人生活项目中的另一项研究显示，从这些网络的数量与通过这些网络所开展活动的广泛程度的角度来看，受教育程度与使用社交网站之间存在着正相关关系。[16]考虑到这些情形，在使用互联网来增加社会资本方面，费什敦很可能远远落后于贝尔蒙特。

社区与新下等阶层

一般来说，坏消息总是与费什敦人有关，尤其是新下等阶层白人。到1974年有了GSS数据时，费什敦中社会脱离与公民脱离的比例已经远高于贝尔蒙特。在20世纪70年代的调查中，费什敦社会脱离人口的比例为63%，而贝尔蒙特为35%。至于公民脱离的比例，费什敦为69%，贝尔蒙特为38%。这些数据在1960年是怎么样的？我一直没能找到答案。我们所知道的是，帕特南收集了全国范围的数据，该数据表明社会资本在60年代出现急剧的衰退。可以肯定的是，这次衰退至少像打击其他社区一样沉重地打击了费什敦，而且似乎非常沉重。

到21世纪，费什敦的情形已经更加恶化。在2004年的调查中，费什敦社会脱离的人口比例已从20世纪70年代的63%上升到了75%，而公民脱离的人口比例也从70年代的69%上升到了82%。从GSS资料中获得的这些趋势原本是可以被预测的，只要通过查看费什敦严重下降的婚姻与宗教信仰的人口比例就可以做到。

婚姻的作用——确切地说，是有子女的婚姻的作用——是显而易见的。父母不仅通过学校设法为孩子改善环境，而且在方方面面都做出努力，例如为公园增添一副新秋千，催促市议会在孩子们经常玩耍的交叉路口设立四向停车标志等，由此很大一部分与普通社区联系密切的社交网络得以形成。已婚父亲是完成这些任务的好劳力，未婚父亲则不然。费什敦的社会资本理所当然地衰退了。同时，想为孩子们提供适宜环境的单身母亲通常一直在承担着双重的责任，既要努力成为养家糊口的人，还得是一个关怀体贴子女的家长，没有几个单身母亲有更多的时间或精力参加社区的各类活动。费什敦的社会资本理所当然地衰退了。

虔诚度降低的影响也是明显的，尤其是在第十一章中，我们通过罗伯特·帕特南的阐述了解到，各种社会资本大约有一半源于宗教背景，而且不管怎样，重要的是加入教会的人还在极大程度上参与了各种世俗的社会资本。费什敦的社会资本理所当然地衰退了。

在总统选举中投票

在总统选举中投票是某个指标的典型例子，这种例子对任何个人来说并不意味着什么，但对于大规模样本来说却有着许多含义。投票是最基本的民主参与行为，而且对大多数人来说，总统选举是最常见的选举，也是最重要的选举。总的来说，如果人们连这种最简单的公民参与形式都不愿意花费精力的话，那么也就不可能有其他形式的公民参与了。在总统选举中投票也提供了社会资本少有的判断尺度中的一种，GSS 给我们的一条连续的趋势线就可用于此目的，该趋势线以 1968 年理查德·尼克松和休伯特·汉弗莱竞选总统为起点。图 14.1 显示了贝尔蒙特与费什敦壮年期白人的投票率。[17]

故事的主要情节就是，即使在 1968 年，费什敦的投票率已经远低于贝尔蒙特的投票率——70% 对 96%——并且一直如此。但各种趋势的对比也具有重要的意义。贝尔蒙特的投票率从未低于 86%，并且在 21 世纪初回升至 90% 以上。费什敦的投票率从 1968 年的 70% 下降至 1988 年的 51%。除了在 1992 年选举时有

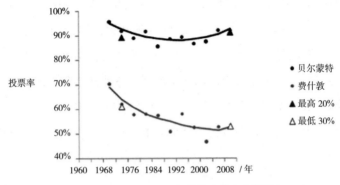

图 14.1　1968—2008 年总统选举中的投票率

资料来源：GSS。样本限于 30—49 岁白人。使用局部估计回归法（LOESS）的平滑数据

过一次剧增以外，一直到 2008 年贝拉克·奥巴马竞选总统期间，费什敦的投票率一直处于 20 世纪 50 年代低下的水平上，甚至更糟。我们还知道，费什敦 1968 年时的投票率低于其在 50 年代的水平，而那时低于高中学历的白人比例（费什敦 50 年代的近似值）至少为 75%。[18] 尽管我无法做到更准确，但从 1960 年至 2008 年，看起来似乎费什敦人在总统选举中投票的比例下降了大约三分之一，而这一时期的贝尔蒙特仍然保持着极高的比例。

社区衰落的可能性

来自 GSS 最可怕的信息不是构成社会资本的各项具体活动减少了，而是费什敦中令社区可能存在的原始材料甚至也减少到了如此程度，以致局面或许已无法挽回。

这个原始材料就是社会信任——不是信任某个碰巧成为你朋

友的邻居，而是一种对你周围的人行正确之事的普遍期望。正如弗朗西斯·福山（Francis Fukuyama）在《信任：社会美德与创造经济繁荣》（*Trust: The Social Virtues and Creation of Prosperity*）一书中证明的，为什么有些文化创造了财富，而有些文化则陷入了贫困的泥潭，社会信任的存在是根本原因。[19] 在社区层面上，任何一种没有信任的社会资本的存在都会是难以想象的。罗伯特·帕特南从互惠的角度对社会信任予以阐释："社会资本的试金石是普遍性的互惠原则——我现在为你做这件事，并不希望马上得到回报，或许甚至都不认识你，但我坚信你或其他人今后会对此做出回报。"[20]

当社会信任缺失时，社会资本将全面瘫痪。考虑到这一点，注意以下三个自 1972 年以来几乎每一次 GSS 调查都会询问的问题：

· 你认为人们大多时候是尽量做到乐于助人，还是通常只考虑自己的利益？

· 你认为如果有机会，大多数人是会试图占你的便宜，还是会尽量做到公平？

· 一般来说，你认为人们能够被信任，还是在同人打交道时再怎么小心也不为过？

受访者对这些问题所作回答中的各种趋势令人担忧。图 14.2 以有关信任问题的结果开始叙述这个事实。

帕特南的数据表明，1972 年以前社会信任已经衰退，尽管我们无法知道这一衰退是否或者怎样分别对贝尔蒙特与费什敦造成影响。[21] 在 70 年代前 5 年的 GSS 调查中，大约有 75% 的贝尔

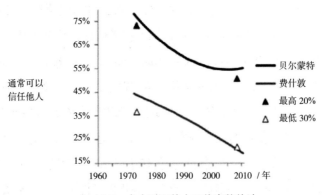

图 14.2　白人对于他人可信度的估计

资料来源：对 GSS 数据的分析。样本限于 30—49 岁白人。使用局部估计回归法（LOESS）的平滑数据

蒙特人仍然是信任他人的。在 21 世纪前 10 年的后 5 年中，这一数字下降至 60% 左右。20 世纪 70 年代费什敦不信任他人者远多于贝尔蒙特，有不到一半的受访者认为大多数人可以信任。这些人的悲观情绪只是加剧了。从 2006 年到 2010 年，GSS 的调查结果是，仅有 20% 的费什敦受访者称一般情况下可以信任他人。

图 14.3 显示了对于公平问题的调查结果。

既然这样，就让我们回到贝尔蒙特与费什敦之间分化和总体下滑的熟悉画面中吧。当 20 世纪 70 年代初 GSS 开展首次调查时，贝尔蒙特与费什敦之间的差距就已经存在了，但是在 20 世纪 70 年代到 21 世纪前 10 年之间，这个差距变得相当大。贝尔蒙特没有什么大的改变，几乎 80% 的人仍然相信他人是公平的。同信任的情形一样，相信他人是公平的费什敦人已减少至少数。

根据费什敦生活中的其他变化来看，信任与公平性的调查结

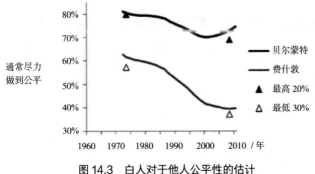

图 14.3　白人对于他人公平性的估计

资料来源：对 GSS 数据的分析。样本限于 30—49 岁白人。使用局部估计回归法（LOESS）
的平滑数据

果是说得通的。如果最近几十年中，你居住在某个住宅区里，那
里会欺骗你、抢劫你、伤害你或者甚至是谋杀你的人已经越来越
多，而你依然没有变得更加不信任他人，或者你很可能以为他人
还会公平地对待你，那么你就是一个傻子。相应地，贝尔蒙特人
生活在一个周围的邻居差不多与过去一样的圈子里，他们对同类
人的乐观程度没有怎么降低，这是说得通的。然而他们毕竟还是
生活在同一个社会中，一旦离开了贝尔蒙特这个地方，他们还是
得比平时更加小心。所以说，他们对于同胞的信任程度总体上也
已经下降了。

　　图 14.4 显示了有关乐于助人假设的情形。

　　在 20 世纪 70 年代，以为人们会乐于助人的意识在两个住宅
区中都相当牢固，之后贝尔蒙特的牢固程度在 80 年代开始急剧
下降，一直到 2000 年左右。两个住宅区在 80 年代前 5 年的差距
就像它们在 70 年代前 5 年的差距一样大。有两个令人担忧的迹

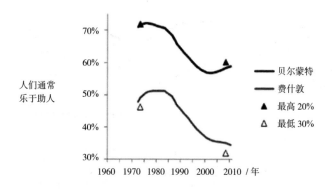

图14.4　白人对于他人乐于助人的估计

资料来源：GSS。样本限于30—49岁白人。使用局部估计回归法（LOESS）的平滑数据

象：在费什敦，大多数人到21世纪前10年已经对"人们通常只考虑自己的利益"形成共识。还有一个就是在整个21世纪前10年，持他人会乐于助人观点的人数继续少量地减少，而在贝尔蒙特已经达到了一个更高水平的稳定状态。

贝尔蒙特社会信任水平的下降不是无关紧要的。另一方面，贝尔蒙特在所有三个指标水平上的下降已经趋于稳定，因此在适宜的环境下设想一个社区的复兴是有可能的。但问题在于，费什敦现有的社会信任水平能否承受接近美国人对睦邻友好的传统期望和解决当地问题的所有重负。用于具体说明一切尽失的引爆点（tipping point）的标准是不存在的。看看费什敦的整体情形，由于戴上了只能被称为社会资本灾难性衰退的帽子，在我看来，除非在一套完全不同的社会信号下运行，否则费什敦的复兴是难以想象的。

有关社会信任的另一个问题，而且是一个可能有助于解释衰退趋势的问题，最近已经更多地显露出来：社会资本的主要成分——社会信任——受到了种族多样性的侵蚀。在《独自打保龄》出版后的几年中，罗伯特·帕特南得到了一个令他不安的研究发现：社区中的种族多样性会对社会信任造成妨害——不仅对其他种族人群的信任造成了妨害，而且连对同一种族群体中邻人的信任也造成了妨害。此外，帕特南的研究还发现，在种族多样性更为丰富的地区，存在着对当地政府更低的信任度，对政治效能更低的感受，实施社区计划更小的可能性，慈善捐助更小的可能性，亲密朋友更少以及对生活质量更低的感知度。[22] 怎样协调处理种族多样性对社会资本的侵蚀与 21 世纪美国多样性日益增加的现实之间的关系呢？伴随种族多样性的不信任将会减少，对此我个人是持乐观态度的——最近几十年中出生的几代人会以一种他们父母做不到的方式与多样的种族群体愉快相处——但这仍是希望，并非现实。

社会资本衰退的后果

对这个讨论，我必须预见一个看似合理的反应：

我们一直享用的只是对某个世界的怀旧之情，而这个世界从不像作者极力描述的那样精彩。所有志愿组织和这种睦邻友好都与大范围的贫困和各种人类苦难并存，更别提对女性和有色人种的全面歧视了。作者赞美的大多数社区活动实际上是乏味的，而且社区的封闭性令人窒息。难道他以前没看过《大街》（*Main Street*）吗？

毫无疑问，高层次的社会资本也有消极的方面，小镇的娱乐活动与谈话内容不能迎合所有人的品位。在一个不大的、结合紧密的社区中，所有人差不多都知道你做的每件事情，匿名是不可能的，从众的压力可能是沉重的。

高度社会资本化可能还有其他劣势。一种观点（我不赞同的）认为，高度社会资本化的标志——邻里之间相互帮助解决问题，不如一个通过政府计划来满足人们需要的制度，因为只有政府才可以提供与道德论断毫无关联的慈善方面的帮助。就我个人而言，我认为过多的某些种类的社会资本会阻碍个体创造力的发挥，会减少伟大的美术、文学和音乐作品的产出量。[23] 类似这样的考虑因素解释了有关社会资本的两个基础文本各自拥有标题同为"社会资本的阴暗面"的章节的原因。[24]

但如果我们讨论的是大多数人的日常生活，那么社会资本的衰退就会对生活质量产生重大影响，对大城市与小城镇来说都是一样的。与社会资本强大的住宅区相比，社会资本弱小的住宅区更容易遭受犯罪的侵害。社会资本弱小的住宅区必须将问题提交给警方或社会福利机构处理，因为用于应对这些问题的本地资源已经逐渐枯竭。在社会资本弱小的住宅区，每天与邻居或零售店主友好交流的小小乐趣也不见了踪影。综上所述，就是与生活在社会资本强大地方的人相比，生活在社会资本弱小地方的人普遍过着满意度更低的生活——他们不太幸福。这为我们引出了下一章的主题。

第十五章

基本美德与生活实质

　　人类对生活深度满意的程度，也就是他们追求幸福的程度，与基本美德密不可分。本章提出了有关自称幸福的证据以支持该观点，并证明费什敦自称幸福者的比例在急剧下降。

　　美国下等阶层白人中社会资本状况的恶化，令他们失去了美国人借以追求幸福的主要资源之一。也可以说，恶化的状况就出现在婚姻、勤奋、诚实和虔诚方面。这些是否是人类生活的重要方面，取决于个人偏好，合在一起，就构成了生活的实质。

亚里士多德式的幸福

　　使用"幸福"这个词或许是在自找麻烦——难道幸福不是因人而异吗？但在西方，人们对人类幸福的核心本质有着广泛的认同，这可以追溯到亚里士多德在《尼各马可伦理学》（*Nicomachean Ethics*）中的幸福观。尽管亚里士多德有关幸福的大量论述最后可浓缩为一条简短的定义，但就目的而言，它足以充分体现幸福观：幸福是指总体上对生活持久而合理的满意（Happiness consists of lasting and justified satisfaction with life as a whole）。这个定义实际上是说，在你判断自己多幸福时，要考虑的往往是能够界定自己生活的许多方面（而不仅仅是生活中的细枝末节），将你对自己幸福的评价建立在对事态发展状况而非短暂快乐的深度满意的基础上，而且你从内心相信这些满意一直以来是值得追求的。这的确不是一个有争议的定义——试想一下，一个适用于你自己的大不一样的生活幸福的定义。

令我们晚年生活幸福的这些深度满意是什么呢？我们可以先从那些不是深度满意的事情说起。很少有人会在自己晚年时，因财富或名气而对生活感到满意。电影制片人与音乐制作人戴维·格芬（David Geffen）——一位亿万富翁——曾在电视访谈中面带苦笑地说："如果你能找出那个认为钱能买到幸福的人，我就能找到那个从未有过很多钱却幸福的人。"[1] 换而言之，如果你能找出那个认为晚年时的深度满意源自一直以来的富有和出名的人，我就能找到那个永不变老的人。富有与出名的人纵然晚年时可能对其生活深感满意，也是缘于他们变得富有和出名的过程。

一旦开始深入思考令你在晚年时对自己已经成为的人和已经做过的事感到满意的各种成就时，你会发现（我认为）你心中的成就有三个共同之处。第一，满意的来源与重要的事情相关。尽管我们可以从琐碎的事情中得到快乐，但快乐毕竟不同于深度满意。第二，满意的来源与努力分不开，这种努力很可能会持续很长一段时间，"任何有价值的东西都不会轻易得来"的陈词滥调仍是至理名言。第三，对于结果，某种程度的个人责任是必不可少的。需要有人为某事承担责任时，你能站出来说，"要不是因为我，这件好事也不会变成那样"。

生活中没有太多的活动符合重要性、努力与责任这三个必备的要求。成为合格的家长，成为美好婚姻中的另一半，出色地完成工作，成为忠实于某种伟大宗教的信徒，做与你生活有交集的人们的好邻居和好朋友，以上这些都符合必备的要求。还有别的吗？

正式来讲，就是如果要问，在人类生活中获得深度满意的——获得幸福的——领域有哪些，答案只有这四个：家庭、职业、社区与信仰，但条件是社区能包括地理位置上分散的人们，职业包括正式职业和兼职。

不是任何个体都必然会涉及这四个领域，我也不按等级排列它们，只是确认了这四个领域都是存在的。生活的实质内容就发生在这四个领域中。

四个领域与自称幸福

其实，证明四个领域与幸福相关最简单的方法，就是使用社会科学家们的幸福测量法：问人们"你有多幸福？"这并不是一个毫无瑕疵的方法——我确信许多人告诉调查员他们幸福的原因与"总体上对生活持久而合理的满意"毫无关系，然而自称幸福与四个领域之间的经验关系值得深究。数据来自 GSS 调查，合

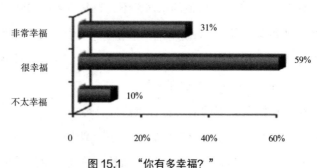

图 15.1 "你有多幸福？"

资料来源：作者对 1990—2008 年 GSS 数据的分析。样本限于 30—49 岁白人

并了从 1990 年到 2010 年的调查结果。[2]选项有"不太幸福""很幸福"和"非常幸福"。图 15.1 显示了调查结果。

大约三分之一的 30 岁至 49 岁的白人称他们"非常幸福"——三个答案中仅有这一个具有意义。当你真正要说"我还可以、没什么可抱怨的"或者"事情可能会更糟"时，你也许回答了"很幸福"。人们不会太随意地回答"非常幸福"，这可能是一个人真正积极评价自己生活的标志。

家 庭

婚姻与幸福之间的关系再简单不过了。对于增进幸福来说，几乎没有什么比一段美满的婚姻更好的了；相反，几乎没有什么比一场不幸的婚姻更糟糕的了。在 GSS 的受访者中，58% 的壮年期白人称婚姻非常美满，也称生活非常幸福；相比之下，有 10% 的人称"相当美满"，8% 的人称"不太美满"。

即使不问婚姻本身是否美满，对于获得幸福来说，婚姻仍不

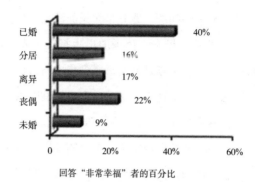

图 15.2　自称幸福与婚姻状况

资料来源：1990—2010 年 GSS 调查。样本限于 30—49 岁白人

失为一个比较稳妥的选择。图 15.2 显示了婚姻与不同形式单身的统计分析。

　　40% 的已婚壮年期白人称他们非常幸福，而其他所有人称非常幸福的比例为 18%（加权平均数）。在非婚姻状态人群中，丧偶者是最幸福的，而从未结婚者是最不幸福的。

　　GSS 在 21 世纪前 10 年的三次调查中还询问了同居的问题。从幸福的角度看，尽管同居略好于独居，但也好不到哪里去。在这三次调查中，43% 拥有合法婚姻的壮年期白人称自己非常幸福，相比之下，只有 29% 正在与伴侣同居的人称自己非常幸福，22% 有伴侣但未同居的人称自己非常幸福，但这 29% 的比例也存在不实之处。结束一段不幸福的同居关系比结束一段不美满的婚姻关系要容易得多。实际上，同居人群从潜在的不幸福的受访者中减少的速度比已婚人群更快。

　　有子女就能使人们感到幸福吗？就如任何一名家长都能证明

的，这是个复杂的问题。婴儿是快乐的源泉，但抚养他们长大也是艰辛的，尤其是母亲，孩子的出生打破了先前的快乐生活模式。众所周知，青少年是使父母感到焦虑与苦恼的原因之一，然而大多数父母将子女视为生活的一个决定性因素，还通常是唯一因素，这是客观事实。如果孩子功成名就，或许是最满意的结果。这么多复杂的情形说明了一个事实，即三四十岁的已婚白人称有没有子女他们都大致同样幸福。在未婚状态人群中（包括分居、离异、丧偶和从未结婚者），那些有子女的明显不如无子女的幸福——这一发现反映出身为一名单亲家长所面临的许多经济上与情感上的困难。

在结束本话题之前，我必须强调，婚姻与幸福之间的统计关系并不是完全的因果关系。在某种程度上，幸福的人自主选择进入婚姻，而不幸福的人则自主选择退出婚姻。[3] 然而，在创造幸福方面，婚姻所发挥的作用也是毋庸置疑的。如果凭自己的生活经历无法了解这一点，那么就请教一下幸福的已婚人士吧。他们会毫不犹豫地肯定，从总体上来看，婚姻是持久与合理的满意生活的首要因素。

职　业

职业与幸福关系的直接证据来自 GSS 对一个问题的调查："总的来说，你对自己所从事工作的满意程度如何？"这个问题的答案与自称幸福之间是明确的强相关关系，如图 15.3 所示。

当思考什么使人们幸福时，调查结果支持我们使用"职业"

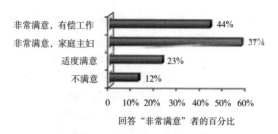

非常满意，有偿工作　　　44%

非常满意，家庭主妇　　　57%

适度满意　　　23%

不满意　　　12%

0　10%　20%　30%　40%　50%　60%

回答"非常满意"者的百分比

图 15.3　对工作和幸福的满意程度

资料来源：1990—2010 年 GSS 调查。样本限于 30—49 岁白人

而不是"工作"的概念。有很高的工作满意度并且自称非常幸福的最大比例人群，由那些被 GSS 称为"housewives"（家庭主妇）的女性构成。我在图中换用了传统用词"homemakers"，这个词反映了我的假设，即这一群体满意的来源更多地与持家而非操持家务有关。

无论满意来自持家还是从事有报酬的工作，非常幸福人群的比例是那些对工作仅仅适度满意人群的两倍，也是那些对工作不满意人群的四倍。

信　仰

图 15.4 概括了令社会科学家们感到困惑的情形，这些社会科学家中大多数人没有宗教信仰。该图显示了 GSS 调查中有关参加宗教仪式与自称幸福的数据。

社会科学家们很少能在如此多的类别中发现这样一个有序的关系。在图的顶端，每周参加礼拜仪式一次以上者中，有 49% 的人称自己非常幸福。在图的底端，从不参加礼拜仪式的成年白

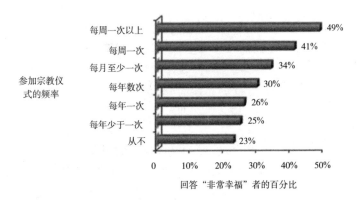

图 15.4　参加宗教仪式与幸福

资料来源：1990—2010 年 GSS 调查。样本限于 30—49 岁白人

人中，仅有 23% 的人称自己非常幸福。

　　我很难找到一个假象用来解释这个结果。与不幸福的人相比，已经感到幸福的人更有可能参加礼拜仪式，这似乎不合理（依据我能想出的任何理由）。若非要说出原因，那就是数据中的所有假象似乎在其他方面产生了作用——不幸福的人去教堂是为了寻求心灵的慰藉。

　　这就是与幸福有关的参加礼拜仪式的行为或者宗教信仰的实质吗？答案似乎是你必须相信并且必须参加。43% 的信教者和每周至少去一次教堂的人称自己是幸福的，这一比例大约是那些自称信仰宗教但从未去过教堂的人群的两倍。那些去做礼拜但不信仰宗教的人也不会获得更大的优势——无宗教信仰者的比例表明，无论他们去教堂的次数有多少，非常幸福者的比例总是保持在 20% 左右。

　　坚持用一条非宗教理由来解释虔诚与幸福之间为何存在着这

种联系，这种做法是有问题的。这是自欺欺人吗？有人可能认为，在美国，宗教仍然是指占绝对主导地位的基督教，而基督教承诺让信徒的灵魂得到拯救和永生，易受影响的人们对此深信不疑。人们感到幸福，是因为他们认为自己会被拯救、会上天堂，但是这与幸福的实质无关。

数据与假设并不相符。首先，相信救赎和天堂的理由并不充分。自认为是原教旨主义者——意味着他们笃信被拯救与上天堂——每年仅去一次教堂感到"非常幸福"的人，比例仅为22%，几乎与无宗教信仰者一样低。其次，自认为是宗教温和主义者和宗教自由主义者的人（这意味着他们在被拯救与上天堂方面的自信可能是不可靠的），在参加宗教活动与自称幸福之间的关系上同原教旨主义者几乎一样，都是强相关关系——每周一次或多次去教堂的原教旨主义者中有47%的人称他们非常幸福，而宗教温和主义者和宗教自由主义者在此方面的比例分别为42%和41%。

社　区

如前章所述，GSS调查中有测量社区活动水平的问题，但这些问题几乎不会向那些在20世纪90年代和21世纪前10年的GSS调查中被询问幸福程度如何的受访者提出（任何一个调查对象都不会被询问到当年调查的所有问题）。幸运的是有了一个替代性的数据来源，它以社会资本基准调查（Social Capital Benchmark Survey，SCBS）的形式出现，该调查是由罗伯特·帕特南成立的仙人掌研究会（Saguaro Seminar）资助的。社会资本基准调查开展于2000年，样本总数为29233人，其中年龄在30岁至49岁之间的白人有 8895 人。连同一个有关自称幸福的问题在内，该调查包含了一套详尽的测量社区活动水平的方法。[4] 社会资本基准调查还为不同类型的社会资本创建了各种指数。为了对幸福做比较，我使用了这些指数中的 5 个，由下列方框中描述的指标构成。[5]

社会资本基准调查指数中使用的指标

团体参与指数（group involvement index）统计了除宗教团体以外的兄弟会、种族、政治、运动、青年、文学、退伍军人或者其他种类的俱乐部或组织的成员数量。

有组织团体互动指数（organized group interactions index）合并了实际出席公众集会、俱乐部会议和当地社区活动等标准。

捐赠与志愿服务指数（giving and volunteering index）合并了对不同组织的志愿服务、志愿服务的频度以及慈善性捐助等指标。

非正式社交互动指数（informal social interactions index）合并了拜访亲戚、邀请朋友到家中做客、与同事们交往、与朋友们在公共场所闲逛以及玩棋牌游戏等标准。

选举政治指数（electoral politics index）合并了投票、选民登记、对政治与国家事务的兴趣、政治知识以及读报的频度等指标。

在表 15.1 中，我将这些指数归入从"非常低"到"非常高"5 类中。对于数值多的指数，这些类别分布的分界点是第 10、第 33、第 67 和第 90 百分位。对于数值少的指数，我尽可能严格地遵循这些指导原则。[6]

表 15.1　30—49 岁白人中自称非常幸福者的比例

社会资本指数	指数类别	
	非常低	非常高
团体参与指数	32%	47%
有组织团体互动指数	29%	49%
捐赠与志愿服务指数	32%	57%
非正式社交互动指数	29%	48%
选举政治指数	29%	48%

资料来源：社会资本基准调查。样本限于 30—49 岁白人

与低水平的社区参与相比，高水平的社区参与同更高水平的"非常幸福"的人群存在一致的联系。此外，每一种不同的参与类别与幸福的关系似乎大致相当，"捐赠与志愿服务"有一个不大的优势。[7]

社会资本基准调查还创建了一种社会信任指数，该指数大体上合并了对有关信任邻居、同事、教友、店员、当地警察以及其他人问题的回应。自称幸福与他们的社会信任水平之间是特别强的相关关系，如图 15.5 所示。

在社会资本基准调查中，当人们的社会信任度非常高时，他们中有 62% 的人称自己非常幸福。当人们的社会信任度非常低时，仅有 21% 的人称自己非常幸福。

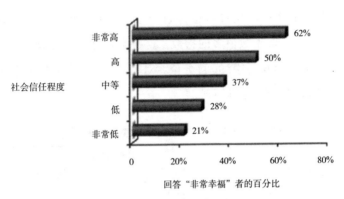

图 15.5　社会信任与幸福的关系

资料来源：社会资本基准调查。样本限于 30—49 岁白人

综合各部分内容

　　四个领域中的每一个领域——家庭、职业、信仰与社区——都与自称幸福之间存在着直接而密切的联系，哪个方面是最重要的呢？多元分析能够帮你解答。尽管附录七给出了详细内容，但说到底我们要问的是：在控制了这四个领域中的其他三个后，每一个领域是如何起作用的？它们彼此之间是如何作用的？[8]

　　图 15.6 显示了当每一个"高"水平测度（非常美满的婚姻、高满意度的工作、热情的宗教参与和高度的社会信任）的作用叠加到人们声称自己非常幸福的概率上时，所产生的相应结果。

　　在起点处——非婚状态、对工作不满意、声称无宗教信仰与社会信任度非常低——一位 30 岁至 49 岁的白人对有关其总体生活状况的问题回答"非常幸福"的概率仅有 10%。或者有非常满意的工作与或者有非常美满的婚姻的增加比例几乎相当，大

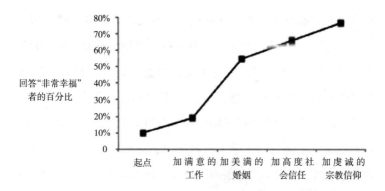

图 15.6　增加某人声称自己"非常幸福"可能性的事物，按重要程度排序

资料来源：1990—2010 年 GSS 调查。样本限于 30—49 岁成年白人。对数比率分析的结果，适于 40 岁者

约为 19%，但有非常满意工作的作用要稍微大一点。接下来是这个大的相互作用：有非常满意的工作与有非常美满的婚姻令概率跃升至 55%。有高度社会信任将这一比例推高到 69%，再加上坚定的宗教信仰，概率就上升到了 76%。

这些细节内容并非一成不变。与非常满意的工作相比，对该模型的不同设计（例如，使用三个而非四个类别的变量）有时会给予非常美满的婚姻更大的独立作用；与高度的社会信任相比，它还会给予坚定的宗教信仰更大的独立作用。在提高人们回答"非常幸福"的概率方面，所有保持不变的变量中首要的是婚姻与职业，其次是社会信任与宗教。

处于美满婚姻状态与仅仅结婚之间的差别有多大？从某种意义上说，就像我在前面论述家庭时所说的，差别很大。一般来说，不美满的婚姻与较低幸福生活的概率相联系，而美满的婚姻与较高幸福生活的概率相联系。同样，多元分析的结果显示，如果你处在单身状态，那么你幸福的概率要比你处在一段不那么"非常美满"婚姻中的概率略微高一些。但是在图15.6所示的多元分析人群中，67%的人称他们的婚姻是"非常美满"的，对于美满婚姻的受益极大。我们不妨忽略社会信任与宗教。在一项只包括年龄、婚姻、工作以及婚姻与工作相互作用的分析中，一位对工作非常不满意的未婚人士自称"非常幸福"的概率为9%，如果他走进了一段美满的婚姻，则这一概率为30%，是先前的三倍多。如果这位对工作非常满意的幸运的未婚人士结了婚，那么他自称"非常幸福"的概率就会从28%上升到63%，超出先前概率的一倍还要多。所以说，尽管婚姻是一种冒险，但是有利方面远远大于不利方面，而且对大多数人来说，这种冒险带来了好的结果。

将收入加入其中会怎样？

到目前为止，上述分析都没有包括作为控制变量的收入，不过人们都一致地发现在任何时候，富有的人比贫穷的人更有可能称自己是幸福的。我曾经忽略了这种一致的联系，因为一贫如洗的情形被排除后，这种联系就同样一致地被认为是一种非因果联系。纵向证据表明，当人们从中等收入转为富裕状态时，并不会觉得更幸福。[9]

这种联系存在于统计总体中有代表性的人群，因为令他们婚姻美满、工作满意、社会信任度高以及笃信宗教的个人品质，可能也是令他们在职业上获得成功的个人品质。此外，与缔结婚姻的个人品质无关，婚姻本身也增加了收入——这既来自某些情形下两种收入的合并，又来自第九章中讨论过的婚姻溢酬。相反，那些家庭生活不如意的人，对工作不满意，脱离生活的社区，没有精神生活，他们往往因为这些失败而感到不幸福——引发这些失败的品质还同时意味着，作为一个群体，他们可能收入微薄。将控制收入变量作为一个阐述幸福的手段，很可能会产生误导，错误地将带来幸福与高收入的个人品质的作用归于收入的效果。

然而需要指出的是，在控制了家庭收入变量后，本章中我所描述的四个领域与幸福之间的所有联系，在二元和多元联合分析中始终存在。[10] 由于幸福与收入之间存在着这种代表性的关系，所以这些联系的绝对量在减少。但是如图 15.6 所示，这些联系对感到非常幸福的概率的递增作用大约是相同的。例如在图 15.6 中，有非常满意的工作使回答"非常幸福"的基础概率提高了 9 个百分点。而对一个中等收入的人来说，工作满意方面的相同变化，使基础概率提高了甚至更多——16 个百分点。[11] 如果不对收入变量予以控制，非常满意的工作加上美满的婚姻会使概率提高 36 个百分点。对于一个中等收入者来说，类似的提高幅度为 31 个百分点。

一直以来是这样一个论点构成了这么多图表与分析的基础，即基本美德对实现生活中深度满意的四个领域发挥了重要作用。基本美德的衰败使人类的繁荣出现了问题。即使没有这些图表，对许多读者而言，这些说法也可能是不言自明的，对这些说法的经验支持却是随时可以获得的。

自称幸福的差别

我们现在这样问，随着时间的推移和住宅区的不同，自称幸福发生了什么变化？

尽管四个领域对幸福的作用在贝尔蒙特与费什敦会稍有差别，但是各自合计后的总值却显著地相似。在图 15.7 中，我重复使用了图 15.6，显示了当每一个领域的作用按照重要性依次加入时，自称非常幸福的概率的增量，但贝尔蒙特与费什敦的结果分别表述。

贝尔蒙特与费什敦的总体状况略有不同。给贝尔蒙特人加上非常满意的工作、非常美满的婚姻和社会信任并没有大幅度增加自称"非常幸福"的概率，而且实际上，坚定的宗教信仰降低了这一概率——至少在统计学上是这样的（暂时接受违反常理的复杂定量分析的结果，这没什么不合适的）。由于美满婚姻、高

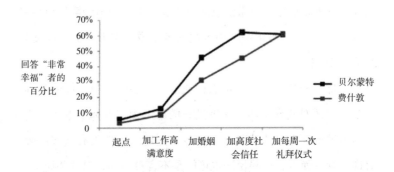

图 15.7　贝尔蒙特与费什敦在获得幸福方面的异同

资料来源：1990—2010 年 GSS 调查。样本限于 30—49 岁成年白人。对数比率分析的结果，适于年龄 40 岁者

度社会信任和坚定宗教信仰的加入对自称"非常幸福"的概率贡献了大致相同的增量，因此对费什敦人来说，这四个领域的作用更加平均而分散。

最后，无论属于贝尔蒙特还是费什敦，这四个指标值很高的人们自称非常幸福的概率都显著相似，这是值得深思的。对于一个拥有低技能工作的低学历者来说，在追求幸福上不存在固有的障碍。获得幸福的这些领域能够同样对贝尔蒙特人和费什敦人发挥作用，却不会在过去的半个世纪中始终发挥作用，而这在我们研究图 15.8 中的幸福趋势线时引发了一个可以预料的结果。

20 世纪 70 年代前 5 年开始 GSS 调查时，贝尔蒙特与费什敦自称非常幸福者的比例就已经出现了大约 15 个百分点的相当大的差距，但无法了解二者在 1960 年的比例。

在贝尔蒙特，这种情形与本书第二部分中的趋势线相似：在

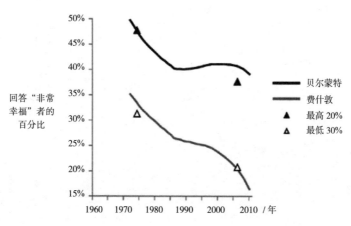

图 15.8　随着时间的推移，贝尔蒙特与费什敦自称幸福的变化状况

资料来源：GSS。样本限于 30—49 岁白人。使用局部估计回归法（LOESS）的平滑数据

20世纪70年代状况恶化，从那之后趋于稳定。在费什敦，自称幸福者的比例从70年代的大约33%下降到了21世纪前10年的平均22%。考虑到在本书第二部分中提出的费什敦趋势线以及第十二章中现实费什敦居民的证言，尽管这不是一个令人意外的发现，却是一个重要的发现。基本美德的趋势线不仅显示了社会制度与规范的变化，而且也从人类幸福的层面反映了费什敦生活的恶化状况。

第十六章

一国国民，不同特性

本章数据适用于所有美国人，你在美国白人身上看到的情形正发生在所有美国人身上。

本书聚焦于美国白人的命运，目的是排除各种干扰，专注于我的论题：我们的国家正在从接缝处分化——不是种族的接缝，而是阶层的接缝。由于是从白人的角度来阐述该论题，所以在没有将其他人也作为考察对象的情况下，我们不可能设法探究未来的情形。

凭直觉，将其他美国人也作为考察对象加入，似乎必定会使费什敦的形势变得更加严峻，甚至使费什敦与贝尔蒙特之间的差距变得更大。在不为人关注的情况下，美国劳动阶层白人存在的问题或许一直在恶化，然而几十年来，美国黑人的问题吸引着新闻媒体的注意力，而且许多被大量报道的数据——对婚姻破裂、退出劳动人口与犯罪的统计分析——所使用的标准与我在第二部分的标准相同。

将数据扩展到所有美国人而结果几乎没有任何差别，这一点让我感到意外，或许也让你感到意外。虽然我不会重复第二部分中的全部图表，但是各项指标的一个代表性抽样将会显示这一点。

婚　姻

根据前述确定的分配白人的规则，当我们将黑人、拉丁裔人与其他人增加到贝尔蒙特与费什敦的人口中时，图 16.1 显示了结婚率发生了什么变化。图中标明"所有费什敦人"的线指的是美国全部的劳动阶层（及以下阶层）人口，"所有贝尔蒙特人"指的是美国全部的中上阶层（及以上阶层）人口。与之前相同，以 30 岁至 49 岁成年人为对象。

所有贝尔蒙特人与贝尔蒙特白人的趋势线如此接近，这并不令人感到意外。截至 2010 年，白人占所有贝尔蒙特人口的比例为 76%，还有 10% 由东亚人、东南亚人和南亚人构成，这些人

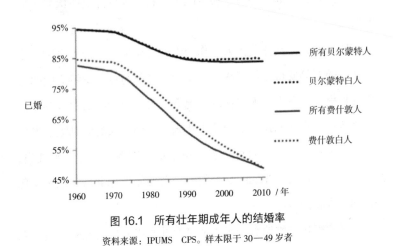

图 16.1　所有壮年期成年人的结婚率

资料来源：IPUMS　CPS。样本限于 30—49 岁者

在受过大学教育者中的人口学特征与白人相似。

但是在 2010 年，所有费什敦人口中只有 63% 是白人。然而在 2010 年，所有费什敦人口中已婚人群的比例与费什敦白人中已婚人群的比例相同——大约 48%。2010 年仅有 42% 的费什敦壮年期黑人已婚，这怎么可能呢？对于结婚率的回答同样适用于其他的指标。2010 年，所有费什敦人口的种族成分为白人 63%、黑人 12%、拉丁裔人 16% 和"其他族裔人口"9%。费什敦黑人的结婚率略低于白人的结婚率，但费什敦拉丁裔人口中有 50% 的人已婚，"其他族裔人口"中有 56% 的人已婚，这两个比例都高于费什敦白人 48% 的结婚率。最终结果，所有费什敦人的结婚率与费什敦白人的结婚率大致相同。

对婚姻一章中的其他指标来说，出现了相同的情形。截至 2010 年，尽管所有费什敦人与费什敦白人在离婚与从未结婚的人口方面的趋势各不相同，但二者之间也仅有几个百分点的差

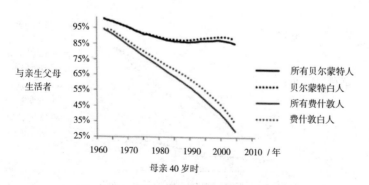

图 16.2　就所有母亲而言，母亲 40 岁时仍然与生父母生活的子女的状况

资料来源：全国成熟女性纵向调查，全国青年女性纵向调查，全国青年纵向调查 1979 年同生群

距。甚至在我们转向非洲裔美国人社区中最声名狼藉的家庭问题时，即子女由母亲们抚养而父亲未履行义务，如图 16.2 所示，所有费什敦人与费什敦白人的情形都十分相似。

截至 2005 年，费什敦白人子女中，有 37% 的人在母亲 40 岁时仍然与生父母生活在一起，所有费什敦子女中这一比例为 30%——一个不算大的差距。故事的主要情节是 1960 年两个起点的数值分别为 95%，无论采取哪一种种族合计的方式，灾难已经重创了费什敦——而无论采取哪一种种族合计的方式，贝尔蒙特未受影响的家庭数量依然众多。

勤　奋

图 16.3 显示了 30—49 岁男性劳动参与的情形。

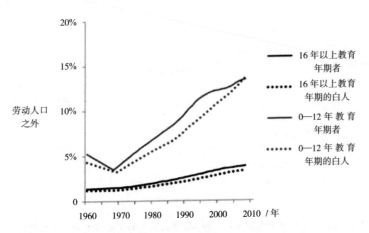

图 16.3　所有壮年期男性依据学历而区别的劳动参与状况

资料来源：IPUMS　CPS。样本限于 30—49 岁者

你可能想起第九章中用来分析劳动参与的贝尔蒙特 – 费什敦的统计分析是不可行的，这是因为有太多退出劳动人口的人没有职业。因此，图 16.3 对仅有 12 年教育年期和至少有 16 年教育年期的男性做了比较。截至 2010 年，白人人口的这一比例又一次几乎与全部人口的这一比例相同，而且出于同样的原因结婚率是如此接近：黑人中退出劳动人口的低学历男性的比例远高于白人，但是拉丁裔人的比例不断增加，他们的劳动参与率比白人更高，产生了差距。

在勤奋一章中，简化指标是户主或者配偶前一周至少工作 40 小时的家庭的比例。图 16.4 显示了我们把人口数量扩大到所有人时该指标的情形。

在这种情况下，20 世纪 80 年代与 90 年代费什敦白人和所有费什敦人之间出现了明显的差距，但在 21 世纪前 10 年，该差距几乎接近于零。

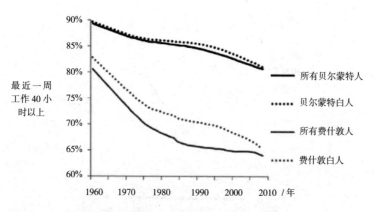

图 16.4　所有壮年期成人中户主或者配偶前一周至少工作 40 小时的家庭的情形

资料来源：IPUMS　CPS。样本限于 30—49 岁者

诚　实

如图 16.5 所示，当我们将所有人而不仅限于白人作为分析对象时，最终有一项指标看起来相当糟糕，那就是监禁。

到 2004 年在押罪犯调查时（最近的一次），所有男性的监禁率为 63%，高于白人男性的监禁率。可是当我们从监禁率转向逮捕率时，就会从最新的数据中发现，又回到了费什敦白人与多种族费什敦人之间仅有微小差别的情形。图 16.6 显示了暴力犯罪的趋势。

费什敦白人与所有费什敦人之间的一个主要差距形成于 20 世纪七八十年代之间，但到了 2009 年，暴力犯罪间的差距已大幅缩小，而且财产犯罪间的差距几乎消失了。监禁中的种族差异与逮捕中种族差异变小的并存，倒是适合两种说法。一种说法认为费什敦当前的监禁率与逮捕率相似，是因为我们当前过

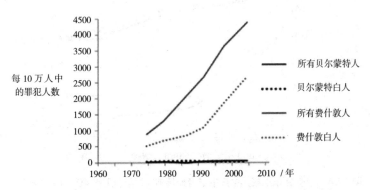

图 16.5　就所有壮年期男性而言，州和联邦监狱中罪犯的情形

资料来源：州和联邦罪犯调查。罪犯样本限于 20—49 岁男性。以 30—49 岁者的人数为分母

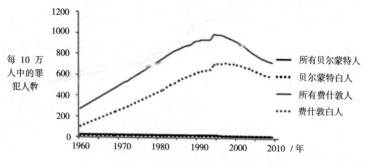

图 16.6 样本扩大至全部壮年期成人时的逮捕率

资料来源：美国联邦调查局《统一犯罪报告》

多地监禁了黑人和拉丁裔人。而另一种说法认为我们已经看到，费什敦黑人与拉丁裔人中被逮捕数量的下降要多于费什敦白人，是因为他们被监禁的比例更高。我把这些说法的是非曲直留给他人去评说。

虔 诚

在第十一章，我通过把社区的宗教核心群体定义为既定期参加礼拜仪式又声称有强烈宗教归属的人群的比例，概括了贝尔蒙特与费什敦之间的差别。当其他的种族群体被加入到费什敦时，结果见图 16.7。

不但全部贝尔蒙特人的宗教核心群体像贝尔蒙特白人的宗教核心群体一样大，而且所有费什敦人的宗教核心群体要比费什敦白人的宗教核心群体更大。遗憾的是，二者之间的差距并不大——在全部费什敦人中，有 14% 是拥有强烈宗教归属并定期

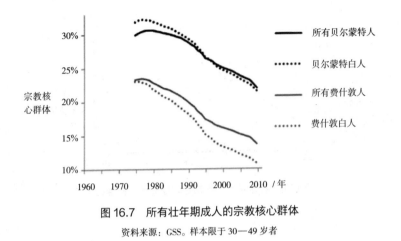

图 16.7　所有壮年期成人的宗教核心群体

资料来源：GSS。样本限于 30—49 岁者

去教堂的人，相比之下，费什敦白人的比例为 11%，二者的比例都很小。

幸　福

最终，认为自己"非常幸福"的美国人有多少呢？如图 16.8 所示。再说一次，这与是否是白人几乎没有任何关系。

对贝尔蒙特与费什敦来说，在 GSS 调查一直询问这个问题的时间里，自称非常幸福的美国白人与所有美国人之间在比例上的差别就无关紧要了。

在序言中，我说过我会描述美国白人从 1960—2010 年的状况，这个目的甚至通过本书的副标题着重指出。当美国正从一种由白人主导的文化向白人只是众多不同种族和民族中数量最多的

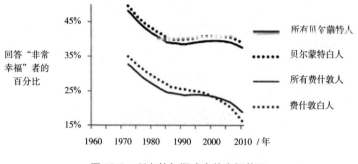

回答"非常幸福"者的百分比

所有贝尔蒙特人

贝尔蒙特白人

所有费什敦人

费什敦白人

图 16.8　所有壮年期成人的幸福状况

资料来源：GSS。样本限于 30—49 岁者

一部分的文化转变时，无论我怎样解释这样做的原因，你们中的许多人对此势必还会有某些看法，认为这是在做一件奇怪而且可能令人不安的事情。现在，当我们把注意力转向最后一章，思考这个国家从这里走向何方时，可以说：

"就白种人和有色人种来说，我们是一国国民，不可分割。尽管不同种族群体间命运的差别依旧存在，但美国白人没有走向某个方向，而非白人的美国人也没有走向另一个方向。从阶层的角度来看，我们是可分的。接缝处的分化已经不限于白人，其灾难性的影响也不限于白人。《分化》或许一直在讲述美国白人的故事，然而它传递的信息却关乎所有美国人。"

第十七章

可选择的未来

本章中，人们会问到美国各阶层间的分化是否预示着美国计划的完结。有关美国计划的前景，本章给出了悲观的和乐观的两种思考模式。

伟大的国家终将失去往日荣光，这一点不可避免，但也不是世界末日。尽管失去了一度拥有的地缘政治优势，但英国仍继续存在着。虽然法国失去了曾经拥有的艺术优势地位，但它也依然存在。在面对未来诸多抉择的情况下，美国也还会继续存在下去。亚当·斯密曾明智地忠告一位年轻的记者，"每一个国家都存在着许许多多的没落之处"，后者担心英国会在18世纪日暮途穷。[1] 作为一个大国，美国也同样存在着许多的没落之处。

可是美国计划留下的没落之处有多少呢？历史上的先例是罗马帝国。在皇帝们的统治下，无论是财富、军事实力还是疆域，罗马帝国都曾鼎盛一时。但是罗马帝国走向衰亡的最初一步，就是恺撒成为首位皇帝导致它失去了共和政体，这发生在西罗马帝国灭亡前的5个世纪里。这一损失事关重大吗？损失不在于物质方面，然而对于珍视共和体制的罗马人来说，这是一个即使有再多帝国的显赫也无法挽回的悲剧。

美国面临着同样的未来：尽管保持着以往的富裕与强大，却摒弃了传统。今后的美国无须成为帝王们统治的国家，我们可以继续拥有总统、国会和最高法院。然而，美国也只会是历史上主要国家行列中的成员之一而已，任何令美国卓尔不群的东西都将消失。

美国计划对欧洲模式

我频繁地使用"美国计划"这个短语，它指的是建立在开国者们理想即"良好政府要旨"基础上的国家生活，如同托马斯·杰斐逊在他的第一次就职演说中所说的那样，那是一个"必须阻止人们互相伤害（并且）让他们更加自由地管理各自日常工作和改善处境的活动"的政府。

美国的历史发展到今天，包括知名学者、民主党领导人和大批美国选民在内，越来越多的人认为历史已经超越了最初的理念。在20世纪的发展历程中，西欧发展出了美国模式之外的另一种模式——高福利国家，该模式为经济以外的其他生活领域提供了大量的个人自由。欧洲模式对雇主与雇员的经济行为施加大量的限制，反过来说，欧洲福利国家的公民（到目前为止）已经获得了经济上的保障。

我以为这是一项糟糕的政策，对此我在第十五章中间接地说明了其中原因，在此做更详尽的解释。

在涉及公共政策的选择时，欧洲模式假定人的需求是可以被分解的。人们有吃住需求，因此务必做到人人都有食物和住所。人们可能还需要自尊，这与该国是否为他们提供食物和住所无关。人们可能还需要与他人的亲密关系，这与婚姻和子女方面的政策没有任何关系。人们可能还需要自我实现，这与减轻生活重负的政策没有任何关系。

更为乐观的观点

对于欧洲模式的严厉批判至少代表了一小部分知识分子的立场，我对幸福的看法以及关于美国计划正在瓦解的结论也是如此。

说到再现欧洲模式的典范之作，我推荐杰里米·里夫金（Jeremy Rifkin）的《欧洲梦：欧洲对未来的憧憬如何悄然侵蚀了美国梦》（*The European Dream: How Europe's Vision of the Future Is Quietly Eclipsing the American Dream*）。[2] 反映欧洲人对于宗教与幸福观点的姊妹篇是菲尔·朱克曼（Phil Zuckerman）的《无神的社会：关于满足，最不信仰宗教的国家能告诉我们什么》（*Society Without God: What the Least Religious Nations Can Tell Us About Contentment*）和理查德·莱亚德（Richard Layard）的《幸福的社会》（*Happiness: Lessons from a New Science*）。[3]

从两个世纪前到今天，美国文化展现出了强大的连续性，有关这方面的事实，我推荐克劳德·费希尔（Claude Fischer）的《美国制造：美国文化与性格的社会史》（*Made in America: A Social History of American Culture and Character*）。[4] 费希尔与迈克尔·豪特（Michael Hout）还合著了《差异的世纪：美国社会在最近百年中的变迁》（*Century of Difference: How America Changed in the Last One Hundred Years*），该书采用了许多 1960 年以前的社会与经济状况的趋势线。[5]

由于这些都是经过仔细推敲的具有实际使用价值的分析，所以我不会试图加入由数据支配的辩论之中。关于欧洲模式的主张，如果你认为提供经济平等与保障是政府的首要职责，那么你就应该是一名社会民主主义者。你可以很容易地找到支持社会民主主义的证据（鉴于那两个优先性），你认为证据是具有决定性的。我审查上述证据，判断其为次要的、不相关的或者坚持错误的——不是因为数据有问题，而是因为基本原则的差异。关于克劳德对美国文化连续性的乐观态度，如果我们讨论的是贝尔蒙特，我对其中很多内容表示赞同；如果我们讨论的是费什敦则不然——但那不是费希尔着手探讨的差别，所以我们的观点在很大程度上只是短暂相遇，相互之间并无直接的冲突。

当人类面对饥饿与死亡时，高福利国家暗含的假定是正确的。因此，食物与住所都包含其中。然而一个发达的社会，可以通过各种方式来满足吃住需求，而且在这一点上，人类的需求不可能再被分解。获得食物与住所的方式影响人的其他需求能否得到满足。

人们需要自尊，但自尊必须是赢得的——如果不能赢得，那就不是自尊——赢得一切事物的唯一方式，就是面对失败的可能性而获得它。人们需要同他人的亲密关系，但丰富与令人愉快的亲密关系需要有内容，并且这种内容只有在人们参与有结果的互动时才会获得。人们需要自我实现，但自我实现不是一条可预知的从 A 点跑到 B 点的笔直大道。从本质上看，自我实现需要探究生活中除明显与轻易之事以外的各种可能性。这些人生中的美好事物——自尊、亲密关系和自我实现——对自由的要求只有一条，那就是自由具有意义，即在人生舞台上表演的自由与为这些行为的结果承担责任结合在一起，这种结合的深层意义——自由与责任——是至关重要的。对行为后果负责任不是自由的代价，而是对自由的一种奖励，我们知道要为自己的行为负责是让生活变得有意义的主要内容之一。

回想第十五章我提出的作为深度满意来源的四个领域，家庭、职业、社区和信仰。每一个领域中，对于期望的结果所承担的责任都与满意密不可分。伴随抚养子女而产生的深度满意，就来自你对几乎是人类所做的最重要的事情履行了自己的责任。如果你是一位对此没有付出更多努力的不用心的父亲，或者是一位将大部分照顾子女的辛苦工作交给全托和寄宿学校的富有的母亲，满意程度就会相应地降低。如果你是一位低收入的家长，觉得由高福利国家的相关机构接管子女能让自己更轻松，那么你拥有同样低的满意度是符合事实的。在职场，无论是否实至名归，获得加薪总是令人高兴的事情，但源自职务晋升的深度满意却会无法分离地同完成工作任务后应得的成就感紧密地联系在一起。要是你知道你只是因为身为老板的外甥而获得晋升，或者你在某个职级上工作了足够长的时间，为了你能肯定获得晋升而专门制定任用规则，就不可能有深度的满意。

　　无论是在欧洲的高福利国家还是差得多的美国模式中，政府的介入和协助，不仅会减轻我们对于期望结果的责任，而且还会弱化人们过满意生活所借助的各项社会制度，聪明的设计者们也无法避免这一点。婚姻之所以是一项极其重要且必不可少的社会制度，不是因为日复一日地抚养子女和做个好配偶有如此多的乐趣，而是因为家庭负有做且只能由家庭做重要事情的责任。社区之所以极其重要且必不可少，不是因为有如此多回应邻居们需求的乐趣，而是因为社区负有做且只能由社区做重要之事的责任。一旦必须履行的责任得以完成——家庭与社区真正发挥了作用——接下来，一张由期待、奖励和惩罚编织成的细密网络会随着时间的推移而逐步形成。同时，该网络会催生支持家庭与社区发挥其作用的良好行为规范的形成。如果政府不嫌麻烦，愿意承担一部分家庭与社区确定要做的事情，就会不可避免地削弱家庭与社区的作用，该网络也会受损，直至最终崩溃。

　　直到1963年11月21日，美国计划证明，社会在创造有助于公民应对问题的极其重要且必不可少的人际关系网络的同时，还可以提供充分的个人自由。[6]约翰·肯尼迪遇刺前夕的美国，尽管存在瑕疵，但仍然朝着正确的方向前进。

在某些方面，美国继续朝着正确的方向前进，让我们更加接近激励这个民族创造力的理想。突出的实例就是非洲裔美国人与女性社会地位的革命，他们在1963年遭遇的阻碍代表了美国在实现理想过程中的不断失败。到2010年，这些存在于美国人所有生活领域中的阻碍已经大大地减少了。

在其他方面，美国从那时起就在走下坡路，本书第二部分和第十四章中的趋势线构成了指摘的主要理由。在一些可预测的方面，家庭、职业、社区和信仰的作用已经全部被削弱。

这些变化造成的问题与贫困是不同性质的问题。孩子们因为贫困而遭受痛苦的问题在家庭不再贫困时会消失，贫困社区因为贫困而遭受苦难的问题会随着该社区不再贫困而不复存在。20世纪的前60多年见证了美国在这方面取得的巨大成功，但当家庭的功能失灵或基本上不再组成家庭时，越来越多的孩子会在与缺少金钱无关的方面遭受痛苦。一旦社区不再受共同的责任网络约束，人们持续的需求就必须移交给政府机构——给予人们所需帮助的所有手段中最生硬、最笨拙的方式。住宅区在最好的情况下变成了毫无活力的居住地，在最坏的情况下，就成了我们曾在一些大城市所见到的霍布斯式的（Hobbesian）所有人反对所有人的自由交火区。

这些代价——家庭、职业、社区和信仰的作用日渐减弱——不会强加在贝尔蒙特人头上。政府不嫌麻烦所做的那些事情几乎与某个成功的律师或高管的生活无关，相反，却与费什敦人的生活相关。一个拥有卑微工作并以此供养妻子与子女的男子所做的，正是他生活中真正至关重要的事情，他应当为此深感满足并受到社区的褒扬。如果这名男子生活在一个他无论是否出力，与他发生性关系的女性的子女都会得到照顾的社会体制下，那么前面所说的那种情形就不存在。我不是在描述一个理论上的结果，而是美国的住宅区之前有过这样的先例，男性因从事卑微工作以供养家人而感到自豪并在社区中受到人们的尊崇，但现在没有了。生活之中的辛劳被承担剥夺了人们回顾自己生活经历并声称"我发挥了重要作用"的重要方面。

欧洲已经证实，家庭、职业、社区与信仰衰落的国家仍然可以是舒适生活之地。我很乐意有机会去斯德哥尔摩或者巴黎。到那里后发现，当地的人民似乎并没有抱怨生活在严苛社会制度的束缚之下，相反，西欧高福利国家的日常生活中有很多令人喜欢的东西，这些国家是游览的好去处。但是植根于上述国家的对生活的看法却存在问题，好像是这样的：生活的意义在于尽可能快乐地在出生与死亡之间消磨时光，政府的目的就是让尽可能快乐地消磨时光变得尽可能容易——欧洲综合征（Europe Syndrome）。

欧洲的短工作周与频繁的假期是该综合征的症状之一。把工作看作自我实现的一种手段的想法已经逐渐消失。将工作看作无法避免的不幸，以及对更令人满意的闲暇时光的干扰的观点占据了上风。不得不出门找工作，或者必须冒着被解雇的风险从事某份工作被看作强人所难的事情。欧洲结婚率的急剧下降远超美国，这是该综合征的又一个症状。如果届时由国家充当替代配偶的角色来支付账单，那么终身承诺的意义又何在？生育率下降到远低于替代水平的程度也是症状之一。子女被看作必须由国家帮助承担的负担，甚至是令人从更为有趣的事情上分心的大麻烦。欧洲的世俗化是该综合征的又一个症状。欧洲人已经普遍地认为，人是活跃的化学物质的集合体，经过一段时间后就失去了活力。要真是这样的话，人生的意义就是尽可能快乐地消磨时光的说法倒是一个合理的观点。的确，持有其他任何观点终归都是不合理的。

与欧洲综合征不同的模式是，如果你的生命用来做重要的事情——供养家庭、维持自己、做个好朋友和好邻居、学习你能做好的事情并且竭尽所能地做好它，那么你的生命就可能拥有非凡的意义，美国计划的全部内容就是为做这些事情提供尽可能最好的体系。我说美国计划处在危险中，说的就是我考虑到的这种失败的特性——人们能够借以最有效地追求幸福的体系的失败。

尽管我们所面对的可能失去这个传统的原因有很多，但没有一个能比我在前面几章中试图描述的双重现实更为重要。一方面，数量庞大并且继续增加的美国人正在丧失其应当作为发挥作用的自由社会成员的美德。另一方面，掌管这个国家的人做得还不错。相对而言，他们追求幸福的体系没有受到该社会其他地方正在削弱家庭、职业、社区与信仰的力量的影响。实际上，他们已经变得非常孤立，往往注意不到存在于其他地方的问题的性质。

如我所说，已经导致新下等阶层形成的影响力继续存在。在缺少某些外部干预的情况下，新下等阶层势力将会继续加强。虽然对外部干预的拥护可能来自众多的社会层面——这一点在美国很大程度上依然是事实——但如果新下等阶层要获得认可，就必须最终得到新上等阶层的支持。新上等阶层握有太多的权力去期望获得其他的东西。这一情形发生的可能性如何？对接下来会发生什么，我提出两种思考方式，以此来结束这个复杂的话题。

一个空虚的精英阶层

第一种思考方式是，新上等阶层与新下等阶层同样面临许多麻烦，尽管这些麻烦各不相同，而且美国计划注定要失败。新上等阶层在财富与人力资本方面拥有海量资源，现代经济非常适合他们所具有的优势。他们正在进行着一项杰出的工作，从每一代人中选拔新的智力天才，这与中国传统上通过考试制度从每代人中选拔新的智力天才很像，然而新上等阶层正在表现出向一个核心空虚的精英阶层转变的迹象。

自信的丧失

20 世纪 40 年代末和 50 年代初，阿诺德·J. 汤因比（Arnold J. Toynbee）的《历史研究》（*A Study of History*）一书在美国成为公众时尚。[7] 汤因比确定了有历史记载的 26 个不同的民族文明，并提出一套解释这些文明兴起与衰落进程的宏大理论。学者对《历史研究》大肆攻击——汤因比一概而论的说教态度与当时的学术氛围格格不入。几年后，该书在学术方面已不再流行。2001年，我在写一本有关人类文明成果历史的书时，认为应该读一读《历史研究》。最终我看到了标题为"灵魂的分裂"（Schism in the

Soul）那章，经历了一次认识上的冲击。[8]

在那一章中，汤因比继续论述导致各种文明衰落的进程。他的论点是，某种文明在发展阶段由少数有创造力的人引领，他们具有鲜明自信的风格、高尚的品德与坚定的意志，无创造力的大多数人跟随其后。后来，在各种文明进程的某些阶段，少数有创造力的人蜕变为少数统治者。尽管这些人仍然掌控着局势，但是他们已不再自信，也不再为其他人树立典范。除此之外的其他反应有"沦落到逃避责任"——对公民责任的排斥，还有"向放荡观念低头"——低俗化的生活方式、艺术和语言，上述情形"往往首先出现在'无产阶级'中，并且从那里蔓延至少数统治者，而所有这一切通常都是屈从于'无产阶级化'的弊病的后果"。[9]

由于中产阶层与中上阶层接受了过去无疑属于下等阶层的行为方式，我才在2001年经历了那一次认识上的冲击。当参议员和后来的副总统阿尔·戈尔（Al Gore）的妻子蒂珀·戈尔（Tipper Gore）抨击无可置疑的暴力、厌女症摇滚和说唱乐歌词时，为什么她遭到如此多社交圈与政治界同侪的责备？为什么以前被中上阶层看作下等社会阶层独有的四字母粗俗下流词出现在了用亮光纸印刷的杂志中？"妓女相"如何成了郊区住宅区好女孩们的时尚趋势？几十年前已被证明是"无产阶级"成员明确标志的文身怎么又变得时髦起来？汤因比可能会耸耸肩膀，说这就是文明走向衰落的结果——美国少数有创造力的人已经蜕变为少数统治者，我们正关注着世界接下来的情形，少数统治者的"无产阶级化"。

对于这种描述方法不满的原因有很多。一方面，各种文明有时是在它们的全盛时期就经历了文化的粗俗化。美国近几十年的情形怎么就会被认为与摄政时期的英国不相似呢？ 19 世纪初期的英国是一个贵族阶层中道德规范杂乱无章与盲目奢侈的时代，但也是英国打败了拿破仑以及在科学、技术、文学、美术与工业领域进入黄金时期的时代。我们还应当记住，文化有时候会发生出人意料的彻底改变。摄政时期的最后几十年，英国就已经进入了维多利亚时代。

另一方面，如本书中已经证实的，新上等阶层，更宽泛地说还有贝尔蒙特人，在婚姻、勤奋与诚实，相对而言甚至还有虔诚方面，几乎毫不退让，而无产阶级已经衰落，美国的新上等阶层怎么会容易遭到模仿无产阶级的指责呢？

这些都是很好的观点。尽管如此，但美国新上等阶层已经经历了丧失自信的痛苦，这种迹象是很难被忽略的。例如，在体面的举止准则方面，人们会丧失自信。

牢固的精英规范的瓦解

在电影《费城故事》（*The Philadelphia Story*）中，特雷西［凯瑟琳·赫伯恩（Katharine Hepburn）饰］因前夜醉酒不省人事，想不起来她同迈克［吉米·斯图尔特（Jimmy Stewart）饰］之间发生了什么事。当得知迈克把她送回卧室，小心地放在床上后便离去时，她松了一口气，同时又为他为何如此彬彬有礼而烦恼。"我没有吸引力吗？如此冷漠？这么可怕，难以靠近？"她问道。迈克回答说：不是这么回事，"但是说到酒，就不是那样了，那又是另一套规矩了"。

　　迈克一直遵守着行为规范。行为规范存在于社会的每一个角落，而且是该范围内社会秩序强有力的决定性因素。医生有医生的行为规范，警察有警察的行为规范。青少年有青少年的行为规范，罪犯有罪犯的行为规范。精英阶层也有行为规范，与其他行为规范的区别在于规范影响力的范围。英国19世纪下半叶的历史可被视为维多利亚时代精英阶层倡导所有英国人接受其道德标准的成功范例。[10] 颓废的精英阶层规范可能在其他人群中激起蔑视和对革命的鼓励，18世纪中期的法国与20世纪初期的俄国就是典型的例子。

　　为了保持自身的民主传统，对于不同的社会经济阶层而言，美国不存在内容各异的行为规范。[11] 要想成为一个体面的人，就必须遵守适用于所有富人与穷人的行为规范。实际上，《费城故事》中的迈克一直遵循的，就是美国所有上学的孩子通常从我在第六章中介绍过的"麦加菲读本"中学到的行为规范。由于得到了更为广博的美国公民宗教的充实，"麦加菲读本"的地位首屈一指。这里有一段摘自1901年版《读本第四册》（*Fourth Reader*）的文字，是与迈克同辈的男性可能在四年级时读到过的内容："汤姆·巴顿永远不会忘记那晚的教训，他开始相信，依照该观念行事，在今后的岁月中，真正的男子汉气概就是温文尔雅、亲切友善和克己忘我的协调一致。"[12]

　　1940年《费城故事》上映之时，"麦加菲读本"已不再使用，但书中提倡的行为规范还存在，并且一直被人们传播着。我成长于20世纪四五十年代，理解类似这样的男性行为规范：

　　做一个男人，意味着你要勇敢、忠诚和由衷。犯错误时要坦白地承认，接受惩罚。你不能勾引女性。作为丈夫，你要供养和保护你的妻子和子女。获得胜利时要优雅，遭受失败时要开朗大度。一言既出，驷马难追。你的握手就是你的诺言。问题不在于你是赢是输，而在于你如何光明正大地行事。船将沉没之时，把女性和孩子们送上救生艇，微笑着同他们挥手道别。

很难想象一段文字中塞进了这么多的陈词滥调。在我看来这些的确是陈词滥调，因为男孩们明白这就是他们被要求的处世方式。掌管美国的人们所大力推广的行为规范继续存在，受到人们的重视。如果你今天在新上等阶层中看到或听到有人还在使用这些陈词滥调中的内容，那可能真是一种讽刺。正如相应的美国淑女的行为规范已经瓦解一样，美国绅士的行为规范也已不复存在。

　　在当今的新上等阶层中——汤因比肯定会视其为少数统治者——已经取而代之的行为规范是一套与人为善的含混不清的训谕，称其为普遍友善的行为规范。孩子们被要求相互之间分享玩具，不能打人，有秩序……与人为善。一般来说，新上等阶层的孩子们长大后都会善待他人，然而他们还被告知，无论其他人的性别、种族、性取向、文化习俗或国籍如何，都应当尊重他们的行事方式，这一点成为普遍友善中的严重缺陷。尽管一般认为少数统治者的行为规范是为整个社会制定的，但是普遍友善仅仅对少数统治者愿意评判的人产生影响——换句话说，也就是他们之间。

这就是我通过自信的丧失要表达的意思。尽管新上等阶层一直在做很好的践行某些美德的工作，却不再宣扬这些美德。新上等阶层已经丧失了对其自身道德习俗与价值观的正确性的自信，转而宣扬非论断主义。

非论断主义是新上等阶层文化更加令人费解的特征之一。[13]虽然新上等阶层成员们的勤奋达到了痴迷的程度，但他们对那些不勤奋的成年人却没有任何贬损的称谓。新上等阶层的年轻女性在婚姻之外几乎不会有孩子，但是对非婚生育使用贬损称谓是不被允许的。你对罪犯使用贬损的称谓，都可能会令他人感到吃惊。当你认真对待这件事时，你会发现在新上等阶层中，对任何人使用贬损称谓都是不被接受的，但有三种例外情形：持不同政见者、基督教原教旨主义者和乡村的劳动阶层白人。

如果你具有阴谋者的气质，那么非论断主义看起来像是新上等阶层在保持自身的优良品质，这一点令人怀疑。新上等阶层掌握着大幅提高幸福生活概率的秘密，但拒绝让其他任何人知道该秘密。不过阴谋性的解释是不必要的。要是你认为这是汤因比所说的少数统治者丧失自信的一个症状，那么非论断主义就不再令人费解了。新上等阶层不希望向不太幸运的人推行其生活方式，是因为他们有资格说自己的生活方式确实更好吗？该生活方式适合新上等阶层，然而凭什么说该生活方式也适合其他人呢？他们凭什么说他们的行为方式是道德高尚的而其他人的行为方式则不然呢？

汤因比将其论述的标题定为"灵魂的分裂"，原因在于文明的衰落不是整齐划一的过程。当一部分少数统治者开始模仿无产阶级文化时，剩下的人变成了空想社会主义者、禁欲主义者，或者试图援用旧的规范（就像我正在做的一样）。汤因比说，要认识某个衰落的文明，就得寻找一个分裂的文化——像我们今天的文化一样分裂。我们可以电影为例，就来自好莱坞的每一个暴力与道德愚钝的例子而言，这些影片大都忠实于经典小说的描写，表达了极强的道德敏感性。电视方面，最糟糕的与最好的情形的矛盾可能出现在同一部电视剧中——一个情节中的绝妙道德见解，另一情节中的道德惰性，有时会出现在同一集的剧情中。某些新上等阶层的父母要为制作与传播了代表最糟糕当代文化的内容负责，而其他人正不顾一切地保护他们的子女不受那些被他们视为暴力与堕落文化的东西的影响，有些时候这些父母就是同一群人。总而言之，我要说的只有一点，那就是新上等阶层的所有重要组成部分表现出的对宣扬其做法的不情愿。

不得体

　　牢固行为规范的崩溃（普遍友善不牢固）还意味着某些观念失去了约束行为举止的力量，其中之一就是不得体（unseemliness）。《兰登书屋英语词典》（*The Random House Dictionary of the English Language*）把"unseemly"定义为"未与公认的判断标准或适当的形式保持一致；外表上不得体或不雅观；言语行为等不适当；时间或地点的不适宜"。最权威的《牛津英语词典》（*The Oxford English Dictionary*）的解释仅用了三个词："不适当的、不合适的、不体面的。"[14]

　　需要一些例子吗？"不得体"就是电视制作人阿龙·斯佩林（Aaron Spelling）建了一所面积56500平方英尺、有123个房间的宅邸。不得体就是辉瑞制药公司（Pfizer）的执行总裁亨利·麦金内尔（Henry McKinnel）在看到股价暴跌后离职，获得9900万美元的高额离职补贴和8200万美元的养老金。[15]他们没有做任何违法的事情。斯佩林只是像数以百万计的其他人想做的那样，花钱去建造其梦想中的宅邸，并让其计划得到规划许可。麦金内尔的离职待遇是依据他成为辉瑞公司执行总裁时同公司签订的协议支付的。但这些结果出现的时间或地点并不恰当，不适合当时的境况。它们是不适当的、不合适的、不体面的。

　　我选择两个如此极端事例的目的，只是想让那些否认不得体是一个合理概念的人同我发生争论。然而，一旦我转而选择不那么极端的事例，那个短语——"公认的判断标准或适当的形式"就开始起作用。既然我选择的两个例子都与钱有关，就让我们继续这一话题。本书图17.1显示了自1970年以来大公司的执行总裁们接受的薪酬总额的趋势。

　　不得体的情形是从什么时候出现的？即使在1970年，执行总裁们的平均薪酬就大约为100万美元。对于那些为公司做出贡献的出色执行总裁们也是不得体的吗？假如这不算不得体，那么到1987年平均薪酬增加一倍达到200万美元是不得体的吗？到1992年再增加一倍到400万美元呢？到1998年再增加一倍到800万美元呢？到2006年再增加一倍到1600万美元呢？

　　我要问的不是数额的增加在经济上是否合理。专业文献激烈地争论这个问题，但是没有涉及我要探讨的问题。要澄清这个问

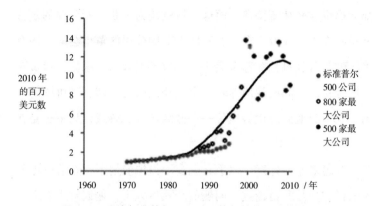

图 17.1 最大标准普尔 500 公司执行总裁们的薪酬总额

资料来源：Murphy，1999，fig.1。福布斯高管年度薪酬报告（Forbes Annual Executive Compensation Reports）[16]

题，如果我将这些数额的增加在经济上具有合理性设为争论的目的，或许会有所帮助。我将进一步确定令这些数额增加的动力促进了经济的增长，并且最终让人们一直过着更好的生活。现在回到这个问题，图 17.1 所讲述的故事有什么不得体的地方吗？

在个体层面上，接受一笔大额的薪酬待遇几乎没有什么不得体的。你是执行总裁，你曾为获得现在的职位而努力工作，你认为自己对公司做出了重要贡献，你知道给自己的薪酬与类似公司的执行总裁们要获得的薪酬数额相当。很难想象你负有任何的道德义务，去为自己达成一项比董事会愿意提供的待遇条件更低的协议。[17]

那么所有那些仅由许多现任或曾任执行总裁者本人构成的董事会的情形如何呢？它们对股东们负有受托义务，但对于公司的雇员们却没有。达到什么程度时这些董事会无论喜欢与否

都会提供这些薪酬待遇，而这么做就是为了获得所需要的掌管
公司的人呢？或者说在什么程度上美国公司的董事会——还有
美国的非营利机构和基金会——变成了温馨的大家庭？成员互
相挠着背，一同满足地守着一个已经让所有人都有利可图的市
场，利用着他们的优势地位——操纵着这场游戏，只不过是在
法律许可的范围内。[18]

　　看起来令人怀疑，似乎有太多不得体的情形存在着，可我
无法证明。与我讨论这一问题的企业界人士，他们对于有多少
亲如家人的现象存在看法不一，尽管他们都承认这种现象在某
种程度上是存在的。找到有关多与少问题的确实资料，就像找
到我在第十章中所论述的有关公司违法犯罪方面的确实资料一
样困难。

　　甚至可以说没有确实的资料，我就得不到左派人士的任何论
点，这些人倾向于认为美国的公司是可疑的，但这不是一个真正
由政治观点决定的问题。最近我询问了一位成功的承包商，他是
自由市场理论的热情支持者。当问到对于某家大公司董事会决定
奖励一位即将离职的执行总裁数百万美元作为答谢的看法时，他
严厉地看着我说："骇人听闻。"根据人们的反应来判断他们是自
由主义者、保守主义者还是自由论者，这倒是个合理的方法——
并非是否合法的问题，而是是否得体的问题。

　　我一直关注私营部门中的不得体情形在经济方面的表现，
因为它们在全国范围内有着如此庞大的枝状网络分布——绝大
多数的新上等阶层成员身处公司、非营利性组织和基金会之
中，所有这些机构都存在反映在图17.1中我认为不得体的情

形。但如果你要寻找不得体的极端事例，就只能看看同时期的美国政府了。

这已经不新鲜了。美国国会的立法技艺一直以来就像是制作香肠，但是当联邦政府除了道路、军事装备和政府大楼合同之外没有太多东西可以出售的时候，为争夺职权带来的连带利益而投入的精力就与赌注的总数额形成了正比。赌注的总额已经增大，对认识有影响人士的那些人来说，有价值数千亿美元他们渴望的东西供他们争夺。他们可以说服某位有影响力的委员会主席在立法案中塞入一个条款，也可以说服某位有影响力的监管官员以某种措辞方式做出一项决定，或者得到对一个重要的政府专门小组的顺利任命。或许在过去的半个世纪中，政府各部门中不得体的情形没有增多，但是这些部门的数量和规模已经呈数量级地增多，不得体情形的数量也就会随之增多。华盛顿已经超越以往，处在一个新的兜售影响力的镀金时代（Gilded Age）。

不得体是行为规范瓦解的一个症状，这种瓦解并不取决于法律和法规，而是取决于对事物适当性的共识，取决于依据这些共识行事的一种忠实。不得体是核心空虚的另一个症状。

我的论点是空虚的精英阶层就像新下等阶层一样，以自己特有的方式出现了功能障碍。从个人和家庭角度来看，精英阶层的成员是成功的，然而他们已经放弃了制定和推行各种标准的责任。该阶层中最有影响力和最成功的成员越来越多地利用他们的特权地位牟取特殊待遇，而不顾这种行为得体与否。新上等阶层的成员们在政治方面积极活跃，但当需要用他们的地位去帮助维持体现在日常生活中的共和政体时，他们就擅离职守了。

预 测

如果我刚刚描述的空虚的精英阶层的情形完全正确的话，那么就一切尽失。假定我们在本书中已经调查过的各种趋势还在继续，预见一下 2020 年时的情形。美国受困于数量庞大且不断增加的下等阶层，该阶层不能完全持续地照管自己。下等阶层在费什敦的聚居为那里仅存的家庭带来了越来越多的压力，而这些家庭正努力坚守着自己的阵地。

随着新上等阶层注入经济的人才的货币价值不断增长，该阶层也得以持续兴盛。随着财富的增加，新上等阶层成员们愿意为在某个合适的地方安家而支付的价格已经水涨船高，超级邮政区中一直表现出某些不同的不那么富有的居民在 2010 年已经搬走了，超级邮政区中清一色的非常富有、有非常高学历的人口已经增多。上等阶层养育的第三代中的新上等阶层人数比例已经增大，而且随着人数比例的增大，这些人对于隔离层之外世界的无知程度也在不断加深。

新上等阶层中的自由主义者几十年来继续支持采用欧洲模式，而保守主义者一直推举保守的候选人，但与那些左派的人相比，他们不再愿意宣扬自己的做法。新上等阶层中那些不关心政治的人不介意转向欧洲模式，因为纳税是一个便宜的价格——比实际上必须参与到周围人的生活中去要便宜得多。

新的法律法规持续增加，美国的管理体制与欧洲高福利国家的管理体制不久就会变得难以区分。美国计划注定失败。

一次公民的大觉醒

在某种程度上，另一种未来有机会证实以下四个预测。第一，我们在美国将一直关注欧洲发生的情况，而且该情况不会太妙。第二，科学将逐渐削弱福利国家的道德基础。第三，以一种简单的、负担得起的方式取代福利国家的全部机构的趋势将会变得越来越明显。第四，美国人对美国计划的持续忠诚将会远远高于迄今为止我已经确认的程度。

关注欧洲模式崩溃

高福利国家失去吸引力的最简单的方式就是欧洲福利国家的濒临破产。

财政破产是最聪明的计划者也无法避免的事情。随着政府提供的救济金的增加，需要接受救济的人口数量也会增加。需要救济金的人数越多，政府机构的数量就越多。依靠政府供养的人越多以及政府机构越庞大，私营部门中为各种救济金和国家机构付款的人就越少。[19]为了获得救济金或者工作而依靠政府的人越多，为不断增大的政府投票的选民数量就越多。

这些是在每个西方发达国家都明显存在并可计算的现实情况。就像我写的那样，这些现实情况已经使某些欧洲福利国家破产在即。远低于替代水平的生育率肯定会更多地减少未来具有创造力的西欧人的数量。

虽然没有固定的方式来摆脱福利国家自毁的力量，但欧洲有一个诱人的权宜之计——鼓励工作在私营领域的更年轻人口大规模移民欧洲并缴纳各种税金，用于弥补财政亏损。这种做法不会一直发挥作用——移民们迟早也会抵挡不住福利国家设立的福利诱惑。然而当前更迫切的问题是大多数新工人与西欧人的文化背景截然不同。在某些情况下，这些文化鄙视导致福利国家形成的价值观。在我们自己的形势变得同样生死攸关之前，美国有机会看到这些事件的发生，而且它们会强有力地警示美国避免重蹈覆辙。

关注福利国家崩溃的思想基础

开国者们相信人性的某些方面是永远不变的，这些方面严格地限制了政治与文化上的可能之事。麦迪逊在《联邦党人文集》（*The Federalist*）第51篇中的评述，即"如果人人都是天使，就不需要任何政府了"是人尽皆知的，但他前面的两句话更加直接地谈到了问题的实质："用这样的种种方法来控制政府的弊病，可能是对人性的一种侮辱。但政府本身若不是对人性的最大侮辱，又是什么呢？"[20]

欧洲与美国的福利国家的拥护者们反对这一观点，代之以人性可以被改变的观点。关于人的可塑性，马克思主义认为，若有适合的社会环境，人有可能成为大公无私的集体主义者，使目标可能实现——各尽所能，按需分配——在共产主义社会成为现实。[21]虽然创建了现代福利国家的20世纪的社会民主主义者并没有与苏联相同的议程，但其创造之物的长期可用性同样取决于人类具有可塑性的前提。该前提的第一个可操作含义，是福利国家能够从引导人们不再利用福利国家设立的激励机制方面得以设计——

例如，丰厚的失业救济金不会对多么努力地保住老工作或者多么努力寻找新工作的人们产生重大的影响。该前提的第二个可操作含义，是设计合理的政府干预手段能够纠正人的各种不当行为。

由于福利国家形成发展于 20 世纪，两个有关智人更为具体的观点就被融入它的结构中。第一个观点是人不只是在美国的《独立宣言》中被说成是平等的——在上帝眼中和法律面前也是平等的——然而平等，或者说基本平等是指他们潜在的能力和特点方面。某种程度上，这个观点适用于个体——如果接受了正确的指导，那么所有孩子都应当渴望获得大学学位的想法，就反映了一种孩子们生来就足够聪明到可以上大学的乐观看法。然而对于平等性前提的严格解读适用于各类人群。在公平社会中，人们相信，不同群体的人们——男性与女性、黑人与白人、异性恋者与同性恋者、穷人的子女与富人的子女——将会理所当然地拥有相同的人生结果的分配：相同的平均收入、相同的平均受教育程度、相同的成为看门人和执行总裁的比例、相同的成为英语教授与理论物理学家的比例以及相同的成为独角戏喜剧演员与控球后卫的比例。如果这些不曾出现，原因就在于人们的不良行为和社会的不公平。最近 40 年来，巨大的群体差异不可能存在的前提已经证明，数千页的政府条例和法规已经影响了从要求解雇某人的文书工作到为高中摔跤队提供经费的所有事务。一切同"政治正确"相联系的事物最终都回到了这一前提上。

成为福利国家思想基础的有关智人的第二个观点，就是实际上人类没有真正地为自己所做的事情担负责任。做得好的人们不配得到他们获得的东西——他们获得这些东西是因为出生在正确的社会阶层中。或者，尽管出身贫困和地位低下，如果他们做得好，那是因为运气赋予了能使他们取得成功的个人品质。做得不好的人也不配得到他们获得的东西，他们出生在错误的社会阶层，抑或受到了非自身过错造成的个性弱点的阻碍。因此，要求经济上获得成功者将其大部分所得转交国家，这在道德上是合适的，而说任何对待工作三天打鱼两天晒网的人懒惰或不负责任则是不合适的。

我认为在今后的 10 年或 20 年间，现代福利国家的所有这些思想基础，将会被我们科学理解人类行为的潮汐式变化推翻，该变化已在进行中。这种变化的作用将会进入到政治与文化生活的每一道缝隙里，哈佛大学的爱德华·O. 威尔逊（Edward O. Wilson）在一本名为《知识大融通》（*Consilience*）的书中预料了将要发生之事。[22] 他指出，进入 21 世纪，生物学的研究成果——准确地说是神经科学家与遗传学家的研究成果将会对社会科学的发展具有越来越多的决定作用。

到目前为止他们发现了什么？没什么令人惊讶的东西。那就对了。例如，科学将毫无疑问地证明男性和女性对婴儿的反应不同与他们被抚养长大的方式毫无关系。[23] 这不是一项能令所有人感到意外的发现，但基本上与某种观点相左，即在一个非性别歧视的世界里，男性与女性同样会发现照看婴儿是一件得益的事情。因此，它支持许多影响政策问题的议题。我们一直处在一条陡峭的学习曲线的起点。

然而我们确实已经知道，福利国家这些道德支柱的倒塌最终必定会对政策产生极大的影响。有一个例证或许可以用来说明这个问题。多年来，我一直是那些认为（如我在本书中所认为的）未婚女性生育率的上升已成为一个社会灾难的人群中的一分子。虽然我们中间持有这一观点的人能够证明其他的家庭结构已经不会像传统家庭结构一样发挥作用，但是也没有人能够证明替代的家庭结构就不能发挥作用。因此，社会规划者们又推出了新的别出心裁的计划，旨在弥补父亲的缺失。

我预测在未来的几十年间，进化心理学的发展将同对遗传学认知所取得的进步相结合，形成类似这样的科学共识：为什么那些在住宅区中长大的、没有已婚父亲的小男孩，常常在进入青春期时不能适应要求他们必须待在监狱之外并且拥有工作的行为规范，其中有着源于人类进化机制的遗传学方面的各种原因。同样是这些原因，解释了虐待儿童的情形会并且一直会集中在同居男性不是已婚亲生父亲的家庭结构中。同样是这些原因，还解释了为什么社会对于弥补已婚亲生父亲缺失的尝试不会取得效果，而且永远也不会取得效果。

没有必要为这样的认识感到害怕。我们仍然能确认许多的单身女性做了出色的抚养自己的子女的工作。社会民主主义者或许能设计出某些有益的外部干预措施，但他们将不得不停止宣称传统家庭只是众多同样有效选择中的一种。他们将不得不认可传统家庭在人类繁荣方面发挥着特定的、必不可少的作用，并且社会政策必须以此事实为基础。

上述新认识的具体影响，将会让我们对被中央政府强施评价的关于人们应当如何生活的每一个领域重新思考。下面是更多一些我认为神经学家和遗传学家将会在今后几十年中证明的事例：

· 当人将其实现的潜能运用到极限时会感到快乐。

· 对结果的质疑和负责，是人将其实现的潜能运用到极限的积极性不可或缺的组成部分。

· 人们依性别、种族、年龄、社会阶层和性取向分类，有过他们认为合适的生活的自由，会在结果中产生群体差异，这是因为他们在认知、心理和生理特征的遗传方面存在差异。

· 无论人们是否拥有自由意志，人类繁荣都要求他们生活在一个他人对待自己如同自己对待他人的环境之中。

· 实际上，从深刻的神经学意义上说，人确有自由意志。

所有这些问题将会在21世纪结束很早以前得到回答，而且这些答案承载的趋势会明确地存在于我们大多数人的一生之中。我已将这部分的标题定为"关注福利国家崩溃的思想基础"来表达我的自信，即我们对于人类在最深入的遗传学和神经学层面上如何行事知道得越多，思考人性的许多古老的方法将会被证明是正确的数量就越多。围绕着婚姻、职业、社区与信仰的社会制度会被认为是人类步入满意生活的关键性资源，我们会发现，高福利国家中的这些社会制度退化是由福利国家的本质属性所决定的。我们还会发现，在允许人们自主解决生计问题以及与何人为伍的国家中，这些社会制度是最为丰富多样和最可靠的。

显著性日益增加的替代模式

自20世纪60年代起，某些保守主义者就抱怨："要是我们把花在穷人身上的钱均分，给他们现金，他们就不会贫穷了。"在那个时期的大部分时间里，这样做确实不可行。现在可以。

你会在《在我们手中》(*In Our Hands*)一书中找到有关的计算结果和理由。这本出版于 2006 年的书，建议政府为所有 21 岁及以上的美国人提供基本的收入，通过卖断所有的收入转移项目来筹集该笔资金。我当时写到当前体制的预计成本和有关基本收入制度会在 2011 年实行的计划，仿佛它们确实已经存在。[24] 然而 2011 年或者接下来几十年的形势却与此毫不相关。相反，在今后一二十年中的某些时候，这个福利国家的财政状况对所有人来说一定会变得荒唐可笑。

对我们中的某些人来说，在我写《在我们手中》时，财政状况就已经荒唐可笑了。美国是世界上最富有的国家之一，大多数美国人——准确的比例会因个人对"足够"所下定义的不同而不同——为自己和家人挣得了足够的钱，即使这个全福利的国家明天就可能解体，他们也不会有什么问题。然而在 2002 年，我写《在我们手中》的时候，联邦政府独自支出了大约 15000 亿美元，用于包括社会保障、医疗保险和各种形式的公司福利在内的转移支付。各州又支付了几千亿美元的转移支付资金。但是，仍然有数百万美国人生活在穷困之中。

这就是我用荒唐可笑来表达的意思。在一个起初大多数人不需要一分钱收入转移的国家，我们怎么可能支出 15000 亿美元用于收入转移而物质缺乏的情形还依然存在呢？脱离那些关于我们如何能在这里调整社会保障制度、如何能在那里调整医疗保险制度的日复一日的争论，仔细想一想当前的体制是多么不切实际，只有政府才可能如此毫无效率地花费这么多钱。

不同政治信仰的读者们可能提出，为什么对我来说 2002 年的形势不像看起来那么荒唐。但是或早或晚，在某些预算数字上，我们打算花在容易达到的目标上的钱数最终将使每一个人相信，依据各种规章和偏袒的理由，由大批的官员接受数以万亿计的美元，将其中的许多钱花在官员们自己身上，然后将许多钱给予不需要钱的人，最后将剩下的钱分发掉是不合理或者不必要的。富裕的国家能够完成高福利国家的核心目标——为人们的基本需要提供资金——而不需要该福利国家的政府机构。或早或晚，这一事实必定引发根本性的改变。还有一个问题——如何能以一种让人们为自己行为的结果负责的方式提供帮助，不过如同我在《在我们手中》竭力劝说读者相信一样，这个问题有一个答案。

美国理想的适应力

最终，幸好美国有着令悲观主义者感到惊讶的历史。每当美国计划受到了重创或者转向错误的方向时，这些看起来可能是致命的，但事情到最后几乎总是能化险为夷。这种情形能再次出现吗？

诺贝尔奖获得者、经济学家罗伯特·福格尔（Robert Fogel）在《第四次大觉醒及平等主义的未来》（*The Fourth Great Awakening & the Future of Egalitarianism*，2000）中对这种说法表示赞同，他的论题利用了美国历史的一个不同寻常的特点。从殖民时期开始，被称为"大觉醒"的宗教运动就周期性地横扫美国。在福格尔之前，历史学家们一致认为该宗教运动有过三次，每次都以有影响的牧师、宗教复兴运动和狂热为特征。第一次运动开始于18世纪20年代中期，在30年代末达到了顶点。第二次运动始于 1800 年左右，持续至 1840 年。第三次大觉醒运动的开始时间不一致，是从 19 世纪 60 年代到 1890 年间，持续到了 20 世纪初期。

前三次大觉醒运动中的每一次都有一个政治后果，即福格尔所说的"新的伦理观快速引发强力政治纲领与运动的时期"。[25] 第一次大觉醒运动为美国独立战争做了准备。第二次大觉醒运动在推行禁酒、基础义务教育、废奴主义以及女性选举权运动的初期发挥了重要作用。第三次大觉醒运动为新政改革和后来的民权运动提供了伦理依据。

此外，福格尔提出了一个论点，称美国经历了第四次大觉醒运动，该运动大约从 1960 年开始，持续到了他写书时的 90 年代末期。即便是主流基督教派的成员在 60 年代开始减少之际，"狂热宗教"——信仰基督教重生教义的人的数量也在增加。加上主流教会与信仰基督教福音教派教义的罗马天主教会的成员，福格尔指出在 80 年代末，狂热宗教的信奉者大约有 6000 万，代表了全体选民数量的三分之一。[26] 福格尔经历了处在反堕胎运动、70 年代抗税运动和 80 年代媒介批评中的第四次大觉醒运动的早期政治阶段。

在福格尔看来，最终的结果不会是基督教联盟（Christian Coalition）或者其他特定宗教影响力议题的直接外推，而是当新世纪目睹"两个强大的平等主义阵营"——第三次大觉醒运动与第四次大觉醒运动的政治追随者——"……互相对抗时，后现代平等主义议题"的出现。福格尔指出，新的平等主义议题不可能以福利国家（第三次大觉醒运动的产物）的社会与经济目标为基础，因为这些目标在很大程度上已经实现。贫困不会再像20世纪上半叶那样引发共鸣。福格尔继续写道：

> 目前，在新千年来临之际，有必要对诸如自我实现的奋斗、发现生命中更深刻意义的渴望而不是无休止地聚积耐用消费品与追求享乐等后现代问题加以解决。与第三次大觉醒运动的改革议题不同，第四次大觉醒运动强调的是一个国家生活中精神层面的需要，甚至依据流行于一个世纪前的标准，认为穷人在物质上是富有的，而许多物质上富有的人在精神上却是贫穷的。[27]

福格尔将第四次大觉醒运动的政治议题，确定为一种恢复机会均等原则的尝试，这种尝试与第三次大觉醒运动的追随者们持续推行的地位平等原则的尝试相对立。

令我印象深刻的是福格尔的自信，即正如第三次大觉醒运动的议题并非政治自由主义者的特有属性一样，后现代平等主义的议题也不是政治保守主义者的特有属性。在两种情形中，运动的力量超越了党派政治。我意识到前述超越情形也出现在本书提出的许多问题中，我的根据是通过举例来证明的。我有属于新上等阶层且拥有不同政治信仰的朋友，当我们讨论诸如我们的子女与其他美国人越来越隔离的问题时，所有人都表示这一问题一直以来困扰着他们。当我同精英大学中那些生于第二代或第三代富裕家庭的学生们谈论这些问题时，他们表示愿意认真对待因与其他美国人脱离联系而受到的指责。

有关阶层差异的另一方面，我在马里兰州一个蓝领与农村人口聚居的地区住了 20 多年，那里也存在费什敦的所有问题，而且一直在显著增多。政治方面，我的邻居分属不同的政治派别。然而，如果正在努力做正确之事的人们得到了他们需要的支援——不是以政府帮助的形式，而是凭借他们持续奉行的价值观与标准的有效性，那么那里就仍然存在着能够针对这些问题取得进展的公民道德与公民参与的核心。

一旦本书提出的问题得到了认可，各个政治派别的人很可能会迅速而积极地做出回应，这只是我的感觉——对此没有更为系统的证据。这个问题的一大部分内容并不复杂，就是我们相信但不愿意人声说出来的东西。很多人，尤其是新上等阶层中的人，只是需要开始宣扬他们的做法。

所以说，我期望着一场新上等阶层中的公民大觉醒运动。这场运动从我希望他们认真对待的问题开始：你对令美国卓尔不群的东西有多珍视，以及为了维护它，你愿意做些什么？

如同我在全书所表明的，美国卓异主义不仅仅是美国人对自己的认可。从历史上看，作为一个民族，美国人一直是与众不同的甚至是奇怪的，这一点已为全世界所了解。我想到了前面各章中讨论过的诸如美国人的勤奋与睦邻友好的品质，即便是这些看起来不能算作充分的理由，也还有美国人的乐观，我们绝少有阶层嫉妒，大多数美国人认为他们掌握着自己的命运。最后，美国人有一个独一无二的最讨人喜欢的品质：坚持我们是中产阶层组成部分的传统，即使我们不是，也要在与我们的同胞交流时表现出仿佛我们都是中产阶层的样子。

卓异主义向来就不是任何人凭空想象出来的事物，它一直以来令人惊叹，只是它的有名无实已经令我们深信不疑。我们已经成为这种文化资本的产物，该文化资本是开国者们建立的制度遗留给我们的：一个声称人们必须自由地过自己认为合适的生活并对自己行为的后果负责的制度；保护人们免受自身伤害不是政府的工作；对人们如何交流做精心安排不是政府的工作。摒弃创造了文化资本的这个制度，我们热爱的美国人品质就会丧失。

除了宣扬他们的做法以外，美国的新上等阶层还必须仔细审视他们当前的生活方式，看看他们的生活是否在福格尔描述的某些方面陷入贫困，然后考虑一下改变的方式。我不是说新上等阶层的人们应该牺牲自身利益，我只是想尽早重新发现这个自身利益是什么。古老的人类智慧已经认识到，幸福生活是需要我们周围的人参与的。过浮华的生活可能是愉快的，但最终平凡的生活会更加有意义，也是更有乐趣的，融入其他正在过着平凡生活的人们当中，对这一点的再认识在某种程度上可能引发新上等阶层中一场公民大觉醒运动。

归根结底，美国新上等阶层必须与令美国与众不同的东西再续前缘。这些品质逐渐丧失的速度可能会因具体立法事项一件件地通过或者最高法院审理的具体案件的胜诉而减慢，但也只是减慢而已。只有全体美国人再次讨论美国为什么卓尔不群以及为什么美国保持与众不同会如此重要时，这些品质的逐渐丧失才会停止。这就要求再一次明确先前的美国计划是什么：人们与众不同的共同生活方式，世界上独一无二的国家，弥足珍贵。

鸣　谢

　　《分化》是我个人一些观点的最终表述，这些观点源自 20 世纪 60 年代我在泰国东北部村庄的经历。我在 70 年代评价美国那些旨在帮助弱势群体的社会计划时，这些观点开始形成。到了 1980 年，我个人生活中发生的一些事情让我认真思考究竟获得多大成功和多少金钱才称得上幸福。平头的见解，加上我不断发展的有关政府的理念，促使我决定写一本有关幸福与公共政策之间关系的书。

　　结果证明我无法直接进入这个主题。《节节败退》（*Losing Ground*）出版于 1984 年，对读者而言它更像一本独立的书。对我来说，它却是我要写最初计划的那本书之前必须清除的障碍。我那本名为《寻求中：关于幸福和好政府》（*In Pursuit: Of Happiness and Good Government*）的书出版于 1988 年，我相信所有作者都有一本自己最爱的作品，《寻求中》一直是我的最爱。

　　《寻求中》讲述的内容是我著书以来大部分作品的背景，它对于《钟形曲线》最后两章的影响是显而易见的。《寻求中》的主题贯穿于《做一名自由论者意味着什么》（*What It Means to Be a Libertarian*）全书。在《寻求中》的第二部分占主导地位的亚里士多德学派的原则构建了《人类成就》（*Human Accomplishment*）

第四部分，并且成为《真正的教育》（*Real Education*）的论点的根据。我在《在我们手中》一书中关于保障最低收入的主张是从追求幸福的角度来阐明的。23 年后，《寻求中》一书面世。我仍然专心致力于书中的核心政策主题：美国的开国者们创立的基本制度，废除了对于奴隶制度的承认，是让所有人得以追求幸福的最有可能的方式。

从一开始我就知道，《分化》会是我关于幸福与公共政策主题的告别之作，我也意识到它可能是我的最后一本书。一句话，我写这本书时已经 68 岁了，没有什么可期待的了。由于写了这么多来自最近 45 年形成的思想与主题的东西，我开始以铭记于心的早期作品中的只言片语为乐——这儿一个短语，那儿一个修辞，有时是完整的句子，真不知道除我以外是否还有人会注意到这些。

在这里我要举出几个重要的实例。《分化》的序言部分使用了与《节节败退》开篇相同的文学手法，而且《分化》重复使用了《节节败退》中的几个句子。第二章中有关新上等阶层基础的讨论大量使用了我与理查德·赫恩斯坦在《钟形曲线》一书中所写的分析内容。由于为《人类成就》一书做准备工作的原因，我读到了汤因比的"灵魂的分裂"，我在第十七章中有关这一问题的讨论直接使用了我为《华尔街日报》写的一篇相关文章。《在我们手中》第一次对欧洲综合征做了描述。第十七章的结论来自欧文·克里斯托尔（Irving Kristol）的讲座"人民的幸福"（The Happiness of the People），并在我写《分化》期间发表。最明显之处，是第十五章对生活实质的讨论和第十七章关于有限政府的论据材料之一都取自《寻求中》。从一定程度上说，这些倒像是某种形式的剽窃。我宁愿将其看作对自己年轻时迸发的奇思妙想所给予的首次认可。

比尔·本内特（Bill Bennett）应该得到特别的感谢。我俩曾决定合著一本书，该书有着与《分化》同样宽泛的主题，我们准备了一个有关该主题的计划。在最后一刻——确实是最后一刻——我意识到打算写的这本书毕竟是个人的见解，这使我无法与他人合作，即便是像比尔这样与我志趣相投的人。他没有让我的唐突决定影响我们之间的友谊，还宽宏大量地鼓励我坚持下去，独立成书。

我邀请了各方面的学者对《分化》的各个部分进行评论，是因为或者书中引用了他们的著述，或者他们是所涉及内容方面的权威。我就不列出大多数人的名字了，因为名字出现在鸣谢名单中可能会给学术界的人带来不便。我的这种做法已经让他们中的几位在公开场合否认我对他们的致谢，以免他们的同事们认为他们认同我在本书中所写的全部内容。但尽管如此，我还是要感谢那些为我解答疑问的人，即使没有提到他们的名字。我可以稳妥地公布以下姓名并表示感谢，他们既是我的同事，又是我的朋友：汤姆·布沙尔（Tom Bouchard）、阿瑟·布鲁克斯（Arthur Brooks）、约翰·迪卢里奥（John Dilulio）、格雷格·邓肯（Greg Duncan）、厄尔·亨特（Earl Hunt）、欧文·施特尔策（Irwin Stelzer）和詹姆斯·威尔逊（James Q. Wilson）。还要感谢我在费什敦的向导迈克·迪贝拉尔蒂尼（Mike DiBerardini）和丘克·瓦伦丁（Chuck Valentine），特别是肯·米拉诺（Ken Milano）。

卡林·鲍曼（Karlyn Bowman）是美国企业研究所（AEI）社会进程组（Social Processes Group）的负责人，他全程给予我道义与物质方面毫无保留的支持。安德鲁·鲁格（Andrew Rugg）提供了迅捷而高效的后勤支持。对于我提出的为第四章中的测试题草稿提出意见的请求，许多 AEI 的工作人员给予了回复，他们的意见对修改工作大有裨益。

再次表示感谢——这句话在最近的四分之一世纪说了多少遍？——感谢阿曼达·厄本（Amanda Urban），出版经纪人中柏拉图式的典范。经验丰富的肖恩·德斯蒙德（Sean Desmond）对编辑工作给予了指导，当工作进度落后于原计划时，他表现出了毫无怨言的耐心。文字编辑莫琳·克拉克（Maureen Clark）对待工作的态度一丝不苟，令人赞叹。凯瑟琳（Catherine）手中的红笔既亲切友爱又不留情面。

查尔斯·默里

2011 年 7 月 18 日，于马里兰州伯基茨维尔镇

附　录

附录一

数据来源与说明

数据来源

1960 年人口普查与 1968 年到 2010 年的 CPS

婚姻与就业数据的主要来源是一个数据系列，该系列以 1960 年十年人口普查 1% 的样本开始，从 1968 年到 2010 年间一直使用 CPS 的 3 月版本。1961 年至 1967 年的 CPS 调查结果没有被使用，是因为那些年的职业编码不足以用来确定人们是否符合贝尔蒙特与费什敦的职业标准。

1960 年的人口普查中，18 岁至 65 岁的样本有 986917 人，其中 402889 人是 30 岁至 49 岁的白人（用于分析的基本样本）。1968 年到 2010 年 CPS 调查中，18 岁至 65 岁的年度样本量范围从 130124 人到 209802 人，30 岁至 49 岁白人样本量范围从 22345 人到 48134 人。

人口普查数据与 CPS 数据可以通过世界人口微观共享数据库（Integrated Public Use Microdata Series，IPUMS）在线获得，该数据库由明尼苏达人口中心管理，一直作为图表中人口普查与

CPS 数据的来源而被引用。IPUMS 的网址为 http://cps.ipums.org/cps/。

综合社会调查（GSS）

从 1972 年起，位于芝加哥大学的全国民意研究中心开始实施综合社会调查。GSS 调查涉及各种各样的人口学、行为和生活态度方面的问题，包括了许多在所有该项调查中同样被问到的问题。这是使用最广泛的美国人生活态度方面的数据库。

GSS 的样本量比 CPS 少得多。从 1972 年到 1993 年，GSS 全部样本为 1372 人到 1860 人。从 1994 年到 2008 年的样本量为 2023 人到 2992 人，2006 年的样本量例外增加，达到了 4510 人。30 岁至 49 岁白人数量从 413 人到 1176 人。GSS 的网址为 http://www.norc.org/GSS+Website/。

美国国家卫生统计中心（NCHS）的人口动态统计

NCHS 收集美国所有的生育数据。针对第八章中婚外生育的分析，我使用了隔年的 20 万生育实例中的随机样本。NCHS 人口动态统计系统的网址为 http://www.cdc.gov/nchs/nvss.htm。

邮政区与人口普查区数据

对 2000 年的十年人口普查邮政区的分析，我使用了美国人口普查局网站上提供的美国资讯检索站工具，该资源允许任何人下载依据邮政区（或者许多其他组合形式）分类的人口普查数据。在我写这本书时，美国人口普查局正在更新美国资讯检索站的版本，不过你可以很容易地在美国人口普查局的主页 http://

www.census.gov/ 上找到它。为了确定各邮政区的地理边界，我使用了谷歌地图补充的 hipcodes.com 网站。

关于 1960 年人口普查区的数据，我使用了 1960 年人口普查资料卷的 PDF 文件，该文件可以在人口普查局网站找到，有关 1960 年人口普查的美国信息互换标准代码（ASCII）文件可以从政治与社会研究校际联盟（Interuniversity Consortium for Political and Social Research，ICPSR）网站获得，网址 http://www.icpsr. umich.edu/icpsrweb/ICPSR/。

在提交《分化》初稿的第二天，我的名字出现在了社会探险家（Social Explorer）网站上，书名可能会在该网站保留几周的时间，我把该网站推荐给了其他所有打算做此类分析的学者。该网站的网址是 http://www.socialexplorer.com/pub/home/home.aspx。

全国纵向调查（NLS）

全国纵向调查是由美国劳工统计局（Bureau of Labor Statistics）出资，由设在俄亥俄州立大学的人力资源研究中心（Center for Human Resource Research）实施的一项家庭调查。为绘制母亲 40 岁时仍与生身父母共同生活的子女的趋势线，我整合了来自青年女性样本（最初样本量为 5159 人）和成熟女性样本（最初样本量为 5083 人）的数据，这两项数据的调查时间均为从 1968 年到 2003 年，还有全国青年纵向调查（最初样本量为 6283 人）中 1979 年同生群的生育率样本数据，一直到我写书时的 2011 年，对该数据的追踪调查仍在继续。所有这些调查结果都可以在线获得，全国纵向调查的网址是 http://www.nlsinfo.org/。

《统一犯罪报告》(UCR)

《统一犯罪报告》是一份有关全国犯罪与逮捕的统计资料的汇编，由美国联邦调查局制作，自 1935 年起每年发布。1995 年以来的数据可在线获得，《统一犯罪报告》的网址是 http://www.fbi.gov/about-us/cjis/ucr/ucr/。

州与联邦监狱中在押罪犯调查

在押罪犯调查由美国司法统计局设计，美国人口普查局执行，已经分别于 1974 年（州）、1979 年（州）、1986 年（州）、1991 年（联邦）、1997 年（州与联邦）和 2004 年（州与联邦）实施。分析中使用的男性样本 1974 年为 8741 人，1979 年为 9142 人，1986 年为 11556 人，1991 年为 11163 人，1997 年为 14530 人，2004 年为 11569 人。调查结果可在线获得，网址 http://www.icpsr.umich.edu/icpsrweb/ICPSR。

图示惯例

如同在第八章中指出的，图中垂直轴以标定在某幅确定图中的变量的最大值和最小值为根据，最小的显示范围是 20 个百分点。

在每一幅使用 CPS 数据的图中，经过实际数据点的平滑曲线发挥着与移动平均数相同的作用，就是提供对总体趋势的视觉感知。这些平滑曲线源于一个被称为"局部加权回归散点平滑法"的方法，该方法于 1979 年由克利夫兰（W. S. Cleveland）首创，缩写为 LOESS 或者 LOWESS。[1] 在普通的移动平均数中，无论有多少确定的数据点，平滑值就是数据点的平均数。在LOESS 图中，平滑值是通过赋予数据中邻近的数据点最大的权重和远端数据点较小的权重计算得到的（或者没有权重，取决于分析者已经确定的范围）。

对于 CPS 数据，LOESS 发挥着对每一年度数据进行修饰的作用。对于 GSS 数据，由于其更小的样本量，LOESS 发挥了更为重要的令可获得信息最大化的功能，与最小平方法（OLS）回归趋势线或者移动平均数相比，形成了更加确定的可解释的趋势线。我遵循了克劳德·费希尔与迈克尔·豪特在《差异的世纪》中使用的这个方法，如同费希尔与豪特在其书的附录一中概括的，该方法有三个步骤，具体如下：

1. 采用适合总体趋势（不考虑分组人口或协变量）的LOESS。

2. 生成一个赋予该 LOESS 中每个时间点拟合值的新的变量。

3. 将趋势变量（每个步骤 2）、引人关注的协变量以及自然时间（未重新编码）与协变量之间的相互作用项输入多变量参数回归式中。[2]

在使用 GSS 数据的图中，我没有展示逐次调查的数据点，尤其是对贝尔蒙特来说，样本量太小了，无法为某次确定的调查得出可靠的估计值。

有关图示的最后说明。《分化》中，根据自己不成功地提倡了超过四分之一个世纪的规则，我继续这样对待单数第三人称代词：提到了作者的性别，或者是合著作品的主要作者的性别，这么做并无其他目的。

附录二

"隔离"章节的补充材料

2000 年人口普查

像 2000 年这样每十年一次的、以邮政区为依据的人口普查数据，可以使用美国人口普查局网站上的美国资讯检索站工具下载获得。波多黎各、维尔京群岛（Virgin Islands）与军事设施的邮政区已被删除，剩下了 31720 个邮政区的数据。

邮政区百分位数的计算

百分位数以某邮政区拥有大学学历成年人口的比例和该邮政区家庭收入中位数的标准分数之和为根据，根据人口数量加权。这可能是一件得出标准分数与根据人口数量对这些分数的总和进行加权计算的简单之事，但有一个要求：该百分位数必须要代表与全国国民情形一致的某邮政区中的个体，而不是代表与全国邮政区情形一致的某个邮政区整体。

标准分数

　　标准分数提供了一种比较不同对象的方法。例如，假设你想知道一位身高 5 英尺 4 英寸（大约 162 厘米）的女子体操运动员或者一位身高 6 英尺 10 英寸（大约 208 厘米）的 NBA 球员在他们的参照群体中谁更高一些，你就要把该体操运动员和该球员置于其各自群体的身高分布结果中。这样做依据的是一个简单的数学公式：$Z=(X-M)/S$。公式中，Z 代表标准分数，X 代表个体的数值，M 代表该群体的均值，S 代表该群体的标准差。维基百科对什么是标准差有浅显易懂的解释。

　　建立邮政区指数变量百分位数（*centile*）从 Stata 数据库开始，该数据库中的每个邮政区都有一行内容。数据库中的变量是该邮政区中拥有文科学士学位者的比例（*pbabin*）、该邮政区居民依据 2010 年美元价格计算的成千上万的家庭收入中位数（*medianinc*）和该邮政区中 25 岁及以上居民的人数（*pop 25*）。

　　使用 Stata 的扩展（EXPAND）指令，全国邮政区数据库的扩大部分，相当于 25 岁及以上人口数量的十分之一（例如，一个有 1000 名 25 岁及以上人口的邮政区在扩展的数据库中有 100 行内容），形成了有 18216898 行内容的数据库。对于个体居住的邮政区来说，每一行内容中都包含指数中的两个指标，

pbabin 和 *medianinc* 。计算出两个指标的标准分数，该指数是两个标准分数之和。Stata 中的排位（RANK）功能从低到高进行排序，最高排位表示该普查区中教育与收入结合的最高水平。因此，该百分位数由该指数值的序位数除以 25 岁及以上人口的样本总数得出，然后乘以 100 以使该数值处于 0 到 99 之间。

我准备了两种百分位数，一种使用实际的收入中位数，另一种使用收入中位数的记录值，后者降低了畸高的收入中位数的数值。对两种版本进行考察，二者之间的相关系数为 0.998，这表明对处于分布状况下半部的邮政区来说，相较于收入方面的一些较小的变化，使用实际收入中位数的版本给予了教育方面更大的权重，这对于我来说似乎是同处低端的两种百分位数相对重要性的更为现实的表现。考虑到本书的中心内容，更为重要的问题在于这两种版本是否在最高数值上存在重大的差异，结果表明这种情形不存在。由于仅有不多的例外情形，两种百分位数之间的差异不超出 2 个百分点。我决定选择使用实际收入中位数的版本，这样做会在低端获得更多可解释的结果。

超级邮政区是所有百分位数为 95 及以上的邮政区。

与国会众议院议员的政治观点相关的邮政区

我用来联系国会选区与邮政区的数据库是 zipinfo.com 出售的国会选区数据库。归入一个以上行政区的邮政区被分配给了这个包含了大多数邮编加 4 位编码的地区，该地区对于邮政区的统计分析达到了街区的水平。

作为某个国会选区政治倾向的衡量标准，我平均了美国人争取民主行动组织（ADA）对从第 108 届到第 111 届国会议员自由商的年度计算结果（这些国会议员分别于 2002 年、2004 年、2006 年和 2008 年当选）。由于一届国会在两年期限中的相关程度近乎完美，我仅使用了每届国会中一年（2004 年、2005 年、2007 年和 2009 年）的评定结果。

1960 年人口普查中的普查区

　　1960 年人口普查的普查区数据来自鲍格档案，可从 ICPSR 获得。该数据涵盖了 175 个大都会区，包括了 1960 年人口普查中所有居民（各种年龄）179323175 人之中的 104010696 人。没有收录进数据库中的是纯粹的乡村人口或者居住在不属于大都会区的城镇人口。

　　尽管鲍格档案中没有人口普查局关于收入中位数的计算结果，但我能通过计算分类收入中位数的标准公式再现人口普查的数值，*median*（中位数）=$l+h[(n/2-cf)/f]$，公式中 l 代表该中位数组（该中位数所处的区间）的下限，n 代表实例的总数，cf 代表该中位数组之前区间中实例的累计次数，f 代表该中位数组中实例的数目，h 代表该中位数组的组距（例如，如果该中位数组代表收入在 5000—5999 美元的人群，那么组距就是 1000）。

　　对于收入中位数高于最高 25000 美元的 23 个普查区，普查资料以简单的"25000 美元+"表示。由于使用了 IPUMS 提供的 1960 年人口普查中 1% 的样本，我知道如果超出 25000 美元的收入分布遵循了与 15000—24999 美元收入显现出的相同的对数趋势，我就能期望超出 25000 美元的半数普查区的收入达到 28000 美元或者少一些。然而我也清楚，收入高于 25000 美元的普查区的数量，几乎是我们可能会预测而知的收入从 15000 美元到 24999 美元的普查区数量的三倍。我将 50000 美元作为估计值，25000 美元+人口中有一半会达到这个水平。这个数值很可能是过高了，但宁可失之过高（考虑到自己的论据要点强调了 2000 年新上等阶层的隔离状态，所以只同 1960 年的高收入人群做了比较）。

毕业生样本

出于募集资金的目的，各精英大学密切关注着各自的毕业生，这意味着在这些毕业生的居住地方面，精英大学定期发布的周年调查报告和校友通讯录资料的完整度接近 100%。利用我的哈佛大学年级（1965）周年调查报告与朋友和同事们提供的资料，我记录了哈佛大学、普林斯顿大学、耶鲁大学和卫斯理大学毕业生家庭住址的邮政编码，以下为年级与居住地使用邮政编码的年份：

哈佛大学／拉德克利夫学院　年级／使用邮编年份：1965/1990，1968/1993，1990/2010

普林斯顿大学　年级：1980，1981，1982，1985，1987，1989，1990，1991；使用邮编年份：2009

耶鲁大学　年级／使用邮编年份：1964/1989，1970/2000，1979/2004

卫斯理大学　年级：从 1970 年至 1979 年的毕业生中随机选择；使用邮编年份：1996

对当时处于大学毕业生普遍年龄 22 岁的人而言，HPY 样本家庭住址使用邮政编码的时间是在他们 40—52 岁时，卫斯理大学样本则是 39—48 岁时。

表 B.1 显示了不同学校的样本量、百分位数均值和标准差。

表 B.1　毕业生邮政编码样本的基本统计数据

学校	样本量	百分位数	
		平均数	标准差
哈佛	3499	84.0	21.2
普林斯顿	8049	84.7	20.9
耶鲁	2769	82.8	21.3
卫斯理	1588	79.9	22.4
总计	15905	83.7	21.2

三所一流名校毕业生邮政编码的平均百分位数非常接近，卫斯理大学的平均百分位数与前三者的差距并不大。居住在超级邮政区的 HPY 毕业生的总体比例为 43.6%，相比之下，耶鲁大学的比例稍低，达到 40.9%，哈佛大学为 43.9%，普林斯顿大学为 44.4%。将哈佛大学与普林斯顿大学较高的比例归因于家乡的影响似乎是有道理的——与纽黑文（New Haven）地区对耶鲁大学毕业生的吸引力相比，波士顿地区对哈佛大学毕业生和普林斯顿地区对普林斯顿大学毕业生的吸引力更大。由于波士顿以西的坎布里奇（Cambridge）的邮政区以及普林斯顿周边的邮政区中有着密集的超级邮政区，毕业生们留在母校附近的趋势推高了哈佛大学与普林斯顿大学的总体平均数，这种情形与耶鲁大学无涉。在超级邮政区中居住的卫斯理大学毕业生的比例是 31.5%。

附录三

"贝尔蒙特与费什敦"章节的补充材料

调查对象是如何分配给了贝尔蒙特与费什敦

适合贝尔蒙特与费什敦的职业

职业的定义以美国劳工统计局 1990 年的职业分类系统为根据。IPUMS 的人口普查和 CPS 的数据库均包含了一个以 1990 年分类为根据的跨越时间的一致的变量。对于 GSS 和 NLS 数据库而言,我将 1960 年、1970 年、1980 年和 2000 年的分类目录转换成了 1990 年的分类编码。

当时的职业分成了 8 个类别,下面列出了属于各类别职业的实例。

1. 地位高的专业性职业与符号分析职业(high-status professions and symbolic-analyst occupations)(医生、律师、建筑师、工程师、大学教师、科学家以及电视、电影、出版、新闻媒体中的内容制作人员)

2.(企业、政府、教育机构、基金会、非营利组织和服务机构中的)管理性职位(managerical positions)

3. 中层白领职位（mid-level white-collar positions）（例如，保险业者、采购员、经纪人、检查员、房地产营销人员、广告营销人员、人力资源专家）

4. 高技能技术职业（high-skill technical occupations）（例如，幼儿园到高中的教师、警察、护士、药剂师、理疗师、科学与工程学方面的技师）

5. 专业性蓝领职业（the blue-collar professions）（例如，农场主和管理人员、电工、水管工、模具工、机械师、家具木工）[1]

6. 其他技术性蓝领职业（other skilled blue-collar occupations）（例如，机修工、重型设备操作工、修理工、厨师、焊接工、裱糊工、玻璃装配工、石油钻探工）

7. 低端白领职业（low-level white-collar occupations）（例如，档案管理员、打字员、邮件报纸分拣员、银行出纳员、接待员）

8. 低技能的服务与蓝领职业（low-skill service and blue-collar occupations）（例如，收银员、保安员、厨工、医院清洁工、搬运工、停车场管理员、司机、建筑工人）

贝尔蒙特的职业由第 1 类和第 2 类职业构成，费什敦的职业由第 5 到第 8 类职业构成。

分配规则

独自生活的未婚成年人的社会经济地位（SES）取决于其学历、职业和收入状况，而对于已婚的成年人来说，情况要复杂一些。

1960 年，出于习俗和很少有女性拥有一份社会地位超过丈夫的职业的原因，已婚女性的社会经济地位几乎一直由丈夫的地位决定。随着时间的推移，这两项因素都发生了变化，在 CPS 的"户主"认定上得到了反映。1960 年人口普查中，仅有 1% 已婚夫妻中的妻子被认定为户主。到 2010 年，CPS 调查中已有 42% 已婚夫妻中的女性被认定为户主。

那么，丈夫在装配线工作与妻子任该公司薪资部经理的一对夫妻的 SES 是怎样的呢？虽然没有适合所有情形的答案，但我选择依据人们拥有的职业排名的高低，"尤其"是依据上述 8 类职业的排列次序，将已婚者归入贝尔蒙特或者费什敦。要是配偶中仅有一人有职业，那就依据有职业一方的情形进行分配。如果配偶双方都有一份贝尔蒙特或费什敦的职业，那么我以配偶中学历较高者的教育统计数据为依据。[2] 这些标准还对我在正文中使用的"户主"做出定义。

在上述框架内，对贝尔蒙特或费什敦的人员分配根据下列判定规则进行。

有职业的未婚户主（Unmarried heads of households with occupations）：

· 有大学或更高学历并且从事贝尔蒙特职业者归入贝尔蒙特。

· 仅有高中学历且从事费什敦职业者归入费什敦。

职业状况不明的未婚户主（Unmarried heads of households without known occupations）：

· 仅有高中学历者归入费什敦。[3]

有职业的已婚人士（Married persons with occupations）：

· 配偶中至少有一人从事贝尔蒙特职业且学历在大学或大学以上者归入贝尔蒙特。

· 配偶双方从事费什敦职业且均未高于高中学历者归入费什敦。

· 配偶中一方从事费什敦职业，另一方无职业，且有职业一方仅有高中学历者归入费什敦。

职业状况不明的已婚人士（Married persons without known occupations）：

· 配偶双方仅有高中学历者归入费什敦。[4]

生活于某个家庭中年龄 21 岁及以上且既非户主也非配偶的人士（Persons ages 21 and older living in a household in which they are neither the head of household nor the spouse）：

· 根据其各自的职业与学历归入费什敦或者贝尔蒙特。[5]

关于最后一个类别，既不是户主也不是配偶的成年人，我还是没有选项来确定一个完善的规则。一个同其富有的父母生活的 23 岁的人，即使他是一个酒吧招待，也很可能仍然享受着父母的社会经济地位。然而如同第二部分中几乎所有分析所表明的那样，在对待 30 岁至 49 岁的人群时，该规则变得更加一致和适宜。无论你同谁一起生活，你年龄越大，你的社会经济地位就越多地取决于你自己的学历和职业状况。

出于分类列表的需要，我必须要对 21 岁以下既不是户主也不是配偶的人进行分类。他们被归入根据户主的职业与学历确定的住宅区。[6]

为什么将人们归入住宅区时没有使用收入状况？

职业、学历和收入是社会经济地位的三个标准组成部分，但在确定住宅区时，我没有将收入作为一条标准来使用，原因是包括收入在内的住宅区的定义会夸大业已存在的趋势。例如，如果我要求所有费什敦的人有一份处于最低5分位组的家庭收入，那么我就得确保费什敦有高比例的单亲家庭（并非所有低收入者都是单身父母，但绝大多数单身父母的家庭收入很低）。如果我要求所有贝尔蒙特人都有一份处于最高20%范围的收入，我就得确保几乎每一位户主都身处劳动人口之中（几乎不存在户主身处劳动人口之外而拥有很高的家庭收入的家庭）。

不使用收入标准，费什敦人就可以将都在工作且共同收入为90000美元的蓝领职业夫妻包括在其中，贝尔蒙特人就可以将拥有博士学位任某所大学教师的离异母亲包括在内，由于工作半天，其拥有一份中等收入，而使用收入标准则会将这两类人排除在外。由于学历与职业同收入相关，所以，即使仅使用学历与职业标准，出现一定程度的假象也是不可避免的，然而忽略收入标准可以减少这种假象。

将变化中的贝尔蒙特与费什敦的人口成分因素考虑在内

1960年到2010年的趋势线必须要考虑一个重要的技术问题，即贝尔蒙特与费什敦的人口成分很可能发生了变化。

不断变化的社会阶层的基础

1960 年至 2010 年，用于将人们归入贝尔蒙特与费什敦的各种变量的全国性数据发生了根本性的变化。图 C.1 显示了受教育程度的状况。

没有高中学历的壮年期白人的比例从 50% 下降到了 4%，拥有大学学历者的比例从 10% 上升到了 33%。1960 年的高中辍学者同 2010 年的高中辍学者有着很大的不同，这一点必须肯定，而且这种情形同样适用于大学毕业生。

相同的情形出现在职业领域内。图 C.2 通过两个基本的职业类别——管理性职业与技术性蓝领职业（类别 5 与 6 结合）表明了这一点。

1960 年，47% 的壮年期美国白人工人从事各种蓝领工作，到 2010 年，这一比例已经下降了一半，只有 23%。同时，管

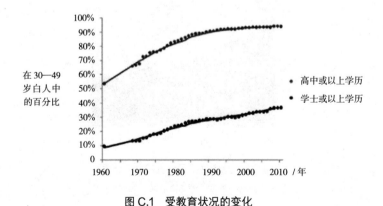

图 C.1　受教育状况的变化

资料来源：IPUMS。样本限于 30—49 岁白人

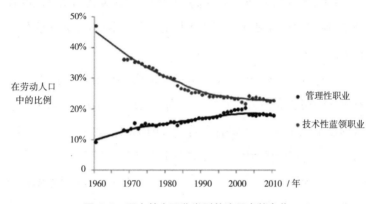

在劳动人口
中的比例

● 管理性职业

● 技术性蓝领职业

图 C.2 两个基本职业类别普遍程度的变化

资料来源：IPUMS。样本限于劳动人口中的 30—49 岁白人

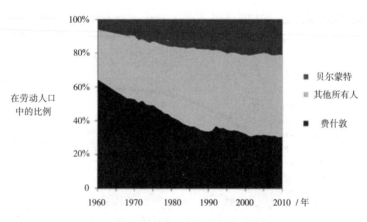

在劳动人口
中的比例

■ 贝尔蒙特

■ 其他所有人

■ 费什敦

图 C.3 两个住宅区状况的变化结果

资料来源：IPUMS。样本限于 30—49 岁白人

理性职业从仅占劳动人口的 9% 增加到了 18%。

结果是从 1960 年到 2010 年，两个住宅区中壮年期白人的分布状况也发生了显著的变化，如图 C.3 所示。

1960 年，64% 的美国壮年期白人符合费什敦的条件，到 2009 年该数字已下降到了 30%。同样是在 1960 年，仅有 6% 的美国壮年期白人符合贝尔蒙特的条件，2010 年这一数字已上升到了 21%。

这就产生了一个问题，费什敦的状况实际上根本没有恶化是不可能的吗？假设因为该住宅区人口成分的变化，费什敦从 1960 年到 2010 年的情形也发生了变化。实际上，费什敦 1960 年的人口到 2010 年有一半以上已经搬走。是哪些人离开了费什敦呢？想必是那些在社会上有着最强的提升潜力的人。削脂从费什敦开始了。相似的假象可能正在贝尔蒙特发生着作用，1960 年到 2010 年间人口数量增加了 2 倍多。或许是因为先前尚未完成大学学业或者未从事专业工作的人的迁入，贝尔蒙特的变化只是表现为人口素质的下降。

最高 20% 与最低 30% 的设计

由于这些假设很有可能解释些什么，所以我们需要一个以贝尔蒙特与费什敦截至 2010 年的人数比例为基础的固定的衡量标准——以整数计，分别为 20% 和 30%。例如，假设我们要了解离婚状况，该趋势线始于 1960 年，结束于 2010 年。要问到的问题是"两个年份中拥有最低学历和受雇从事最低端职业的 30% 人口的离婚率是多少"以及"两个年份中拥有最高学历和受雇从事最高端职业的 20% 人口的离婚率是多少"。

　　选择受教育程度作为标准并不复杂，我以取得的最高学历为准。而选择从"最低端"到"最高端"排序的职业为标准就要复杂得多，本附录开始处列出的 8 个职业类别过于宽泛，还需要一个连续量表。

　　选项之一就是使用这些年来建立的职业声誉指数中的一种，该指数以社会科学家们询问大量的样本人群两种职业中哪一种更具职业声誉时所得到的回答为根据。由于用足够多的人数做了充分的比较，将这些结果融入到连续量表中是可行的。我使用了这些量表中最优的一个，该量表由中尾启子（Keiko Nakao）和朱迪丝·特雷丝（Judith Treas）设计，曾用于本书前期研究中的某些分析。[7] 但该量表最终无法令人满意，甚至最佳指数的排序也常常不能通过表面效度测试——我们不会看着它们说"好的，合理"。例如，在启子－特雷丝的量表中，社会学教师的社会声誉要高于法官，数学教师的社会声誉高于总经理，空中交通管制员的社会声誉高于电气工程师，注册护士的社会声誉高于空间科学家。演员与专业运动员——在我们的名流文化中被当作偶像崇拜的人——的职业声誉低于上述所有职业。所有职业声誉量表中都充斥着这样的实例。另一个重要的职业声誉指数的设计者罗伯特·豪泽（Robert Hauser）与约翰·沃伦（John Warren）审查了职业声誉标准的根据，总结称某种职业所要求的受教育水平是一项比职业声誉的综合标准更有意义的指标，而且"从科学的角度来看，全世界关于职业地位的概念是过时的"。[8]

　　然而，坚持采用职业所需要的受教育水平对于区分 1960 年从事各种蓝领职业的人们来说并没有多大的帮助。成为一名木匠和非技术性工人所需要的从幼儿园到12年级的正规教育年期大致是一样的——1960年，许多码头装卸工人和高技能木匠的学历水平相同，都是一达到法律要求的年期就退了学——但对于两种职业的认知要求是有着相当差异的。关于1960年那些码头装卸工人和木匠，我们会期望拥有进入技术或者白领职业领域潜力的木匠的比例高于那些拥有同样潜力的码头装卸工人的比例。

　　由于将某人归入最高20%或最低30%之中时需使用该人的职业信息，因此我改动了心理测评师厄尔·亨特（Earl Hunt）与塔拉·马蒂斯塔（Tara Madhyastha）的工作成果，二人使用美国劳工部的O*NET等级为各类职业制定认知要求。[9]这些年用于该分析的O*NET数据库包含了801种有技能要求职业的从业者的评定等级，使用固定的问题。例如，对于"手臂稳定性"的特征，从业者要符合该职业1—7项的评定要求，其中第2项是"点蜡烛"，第6项是"切割钻石的琢面"。亨特与马蒂斯塔将注意力集中到了包括语言能力、创意产生、推理能力、定量能力、记忆力、感知能力、空间能力、专注力在内的20种认知要求上。对这20种认知要求的因子分析产生了普遍的结果，为一个世纪以来众多心理测试方法的因子分析赋予了特征：第一因子，代表被称为 g 的一般心理因子，主导着分析的结果。我将该因子负荷用于每一种职业——在IQ的度量标准中表示为该职业的" g 负荷"，平均值100，标准差15——作为该职业的认知要求标准。[10]

为什么某种职业的认知要求标准有助于区别蓝领职业呢？因为认知能力影响着从核物理学家到看门人的所有职业种类的创造力，这一点已经被确定。[11] 这并不否认比如说作为一个木匠所具备的小肌肉运动技能的重要性，但是做一名出色的木匠还要具有良好的视觉空间技能，该技能是 IQ 测试标准的一部分，而且还需要具有同为 IQ 测试标准组成部分的解决问题的能力。

使用某职业各项认知要求的结果自身有几个异常之处——正如两种职业的 g 负荷表明的，作为兽医的各项认知要求真的比作为医生的各项认知要求高吗（哪怕只是一点点）？还有 1990 年人口普查局确定职业类别的方式所产生的问题——尽管各自职业要求的技能组合不同，但导演与制片人和演员处在同一职业类别中。不过这种分类的结果相当不错，尤其是对于在了解费什敦是否受到削脂效应的影响方面有着非常重要意义的蓝领职业来说，更是如此。[12]

依据学历与职业的结合，用于从高到低排列人群的指标设计如下：

受教育程度（Educational attainment）。受教育程度以已经取得的最高学历的标准分数表示，以 30 岁至 49 岁白人在问题中年份的平均值和标准差为根据。

某职业的认知要求（Cognitive demands of an occupation）。就 30 岁至 49 岁有职业白人在问题中年份的职业分布，根据 g 负荷计算出标准分数。

有关该职业的受教育程度与认知要求的标准分数是合并计算的。对没有职业的人来说，受教育程度的标准分数加倍计算。合并的标准分数从最低到最高排序。以下是分配规则：

户主或配偶（Head of household or spouse）：

·　根据户主的受教育程度和职业归入最高 20% 或者最低 30%。

既非户主又非配偶者（Persons who are neither head of household nor the spouse）：

·　根据各自的受教育程度和职业归入最高 20% 或者最低 30%。

由于样本数量大且具有全国代表性，当其他数据库被使用时，CPS 数据就被用作了确定最高 20% 与最低 30% 界限的模板。更确切地说，CPS 样本受教育程度与认知要求的平均值和标准差运用到了其他样本数量少且代表性低的数据库的数据上。对于 GSS 来说，由于其相对较少的样本量，我在确定界限时没有使用单一的年份数据。我合并了 1972 年到 1975 年的 4 次调查结果作为数据的起始点，合并了 2004 年到 2010 年的全部 4 次调查结果作为数据的结束点。

这一做法在数据系列的起始年份给费什敦增加了些许的人口，这些人口代表了即使在 2010 年还会留在费什敦的人们，似乎是合理的。我可以任意确定起始年份，现以 1960 年为例。依据今天的标准来看，最低 30% 是一个受教育状况糟糕到令人吃惊程度的群体。1960 年，最低 30% 中有 59% 的人仅有 8 年的教育年期，只有 12% 的人拥有高中学历。

最低 30% 中仅有 8 年级学历的人口比例这样大，显著地表明了少数费什敦人能力的低下。正如在第九章中指出的，当法律规定未满 16 岁的孩子不得离开学校时，每一个三四十岁的人在 1960 年已经长大成人。通常情况下，孩子们读完 8 年级时已满 14 岁。这些仅有 8 年教育年期的人中有很大一部分（无法准确估计数量）在小学或初中阶段有过重读的情形，这是明显存在严重学习障碍的表现。

这一做法也对贝尔蒙特产生了同样的结果，大幅度地降低了受教育状况的分布水平。1960 年归入贝尔蒙特的所有人都有大学学位，而这种情形在最高 20% 中仅占到了 53%。最高 20% 中有 41% 的人仅有 12 年的教育年期。

为什么最高 20% 与最低 30% 的结果同贝尔蒙特与费什敦的结果如此相似？

在第二部分几乎所有的图表中，你可以从最高 20% 与最低 30% 的标记发现，两个住宅区中人口成分的改变几乎没有产生什么显著的影响。怎么会这样呢？

很容易理解为什么 1960 年至 2010 年间符合贝尔蒙特条件者比例的增加没有产生多大的影响。1960 年，30—49 岁的人已经到了他们从 20 世纪 30 年代末到 50 年代初上大学的年龄，当时许多有能力获得大学学位的人甚至没有打算去读大学。第二章中讨论的大学精选机的作用尚未显现，大量的准大学生们还没有被发掘出来。所以截止到 2010 年，大学精选机发挥作用的几十年增加的符合贝尔蒙特条件的人数，并不必然表明整个中上阶层是由更加聪明的人构成的（精选机对处于能力分布最高端者的效果是最明显的），管理性职业的情形可以说明这一点。1960 年，80% 从事管理性职业的人和因此符合贝尔蒙特职业要求的人没有大学学位，在学历方面不符合贝尔蒙特的条件。到 2010 年，这一比例已经下降到了 47%。2010 年许多贝尔蒙特人拥有与其前辈在 1960 年拥有的相同的职业，唯一的区别是他们在 2010 年手握表明其获得大学学位的一纸文凭。从能力的角度来看，贝尔蒙特这些人的水平不一定是降低了。

同样，当费什敦的壮年期人口从 64% 下降到 30% 时，它确实遭受了失去某些天才的损失，但损失不一定巨大。由于有大量具有全国代表性的白人的样本资料与完善的 IQ 测试方法，1979 年全国青年纵向调查的结果有助于证明这一点。以下数字是 21 世纪初期的职业数据，当时所有样本处于三十七八岁到四十五六岁之间。

如果我们通过职业类别研究平均智商，二者间的联系如同我们预计的那样，见表 C.1。

表 C.1 各类职业的 g 负荷与从事这些职业者的平均智商

职业类别	该类职业的 g 负荷平均数	从业者的平均智商
地位高的专业性职业	120	117
管理性职业	116	107
中层白领职业	111	107
高技能技术职业	107	109
专业性蓝领职业	109	100
低端白领职业	92	103
其他技术性蓝领职业	89	98
低技能的服务与蓝领职业	83	94

资料来源：全国青年纵向调查 1979 年同生群。样本限于白人

g 负荷的排序大约是人们预计的样子，地位高的专业性职业在顶端，低技能的服务与蓝领职业在底端，其他的职业类别以适度的差异依次排列。对于中层白领职业、高技能技术职业和专业性蓝领职业要求的相似性也能说明问题。直观上，没有理由认为做一名护理人员就需要比做电气工程师更聪明，这些人与同一单位中从事中层职业的人之间也不应该存在差别。

1979 年全国青少年纵向调查中，实际从事这些职业的白人的平均智商基本上遵循了相同的顺序，只是出现了更多集中的情形，那些从事管理性职业、中层白领职业和高技能技术性职业者的情形都大致相同。某种程度上，这很可能反映出了测量误差的问题——实际从事中层白领职业的人有可能随意地对自己的职业做出描述，让调查员误以为是管理性职业而进行编码。在某种程度上，这也反映出各种职业合计的问题。除了"总经理与公职遗产管理人"以外，1990 年对管理人员的职业类别没有做高级管理人员与初级管理人员的区分，NLSY-79 的样本中没有一个人已经是总经理。51 个"会计师与审计师"拥有 113 的平均值毫无意外地表明，该职业类别的各种职业间存在着 IQ 的梯度。

尽管存在着这些问题，但来自表 C.1 的重要两点是：（1）是的，通过 IQ 进行职业分类实际存在，（2）但是此方法很不完善。如我在前几页中所说的，尽管木匠有潜力成为护理人员的比例要比码头装卸工人高，但是表 C.1 表明这些比例之间的差距是适中的。

因此，用于解释使用贝尔蒙特 - 费什敦方法与最高 20%- 最低 30% 方法在结果中普遍存在较小差异的部分理由，是 1960 年通过 SES 对人群分类时经济很萧条，而且从那时到 2010 年间，许多迁出费什敦的人做起了并不比他们放弃的工作要求高的工作。但这不可能是故事的全部。即使当我们将 1960 年的样本限定在不仅符合费什敦的条件，而且学历和所从事职业的认知要求都处在费什敦分布状况下半部的人群时，该情形依然显著，这些人在婚姻、就业、犯罪与宗教信仰方面的记录同费什敦其他人大致相同。结果表明，1960 年强有力的社会与经济行为规范几乎为所有人接受。

GSS 调查的样本量

CPS 的样本数量巨大，甚至到了将分析对象限定为 30 岁至 49 岁白人都不会出现样本量问题的程度，但 GSS 的情况就不一样了。贝尔蒙特用于单独调查年份样本的中位数仅为 81，减少时为 48。就费什敦而言，相应的数字是 216 与 143。因此我一开始就采用了包括所有 25 岁到 64 岁人在内的更广泛年龄段的 GSS 的分析数据。这种做法的效果是将用于单独调查年份的贝尔蒙特与费什敦样本的中位数分别扩大到了 122 和 373，但是我发现这样做的结果与将样本限定在 30 岁至 49 岁的分析结果几乎相同。表 C.2 说明了这个问题，显示了贝尔蒙特的起始值（合并了 1972 年到 1976 年的调查结果）、结束值（合并了 2006 年到 2010 年的调查结果）和二者之间的差别。

表 C.2　GSS 对于贝尔蒙特使用 30—49 岁样本与 25—64 岁样本结果的比较

指标	调查年份	年龄范围				差别
		30—49 岁	样本量（n）	25—64 岁	样本量（n）	
"婚外性行为始终是不道德的"	1972—1976	51.7%	174	51.1%	282	0.6
	2006—2010	70.6%	221	69.9%	408	0.7
"婚姻非常美满"（已婚受访者的百分比）	1972—1976	73.0%	215	74.9%	338	−1.9
	2006—2010	73.0%	259	71.7%	474	1.3
无信仰者	1972—1976	9.0%	278	10.6%	470	−1.6
	2006—2010	21.2%	397	22.1%	725	−0.9
事实上的俗人	1972—1976	27.0%	278	31.1%	470	−4.1
	2006—2010	41.8%	397	41.4%	724	0.4
定期参加礼拜仪式的信教者	1972—1976	62.6%	203	60.8%	324	1.8
	2006—2010	53.4%	232	54.5%	426	−1.1
宗教核心群体	1972—1976	31.5%	168	28.1%	270	3.4
	2006—2010	22.5%	387	24.6%	704	−2.1
在总统选举中投票	1972—1976	92.8%	276	91.5%	461	1.3
	2006—2010	92.2%	385	93.7%	700	−1.5
"通常可以信任他人"	1972—1976	74.8%	218	70.5%	376	4.3
	2006—2010	55.9%	315	57.3%	572	−1.4
"人们通常尽力做到公平"	1972—1976	79.6%	216	76.7%	374	2.9
	2006—2010	75.0%	236	75.5%	429	−0.5
"人们通常乐于助人"	1972—1976	69.9%	216	65.9%	375	4.0
	2006—2010	59.3%	236	62.1%	430	−2.8
"非常幸福"	1972—1976	48.2%	278	45.3%	468	2.9
	2006—2010	40.1%	339	40.2%	625	−0.1

　　对费什敦而言，由于样本量很大，结果甚至会更加接近。因为与 30—49 岁人群的结果很相似，我决定保持表述的一致性，在 GSS 中使用与 CPS 相同的 30—49 岁的年龄范围。

"婚姻"章节的补充材料

对第八章中图表的说明

关于女性在婚姻中作用的图 8.1

关于我对于 20 世纪 60 年代初期会有 95% 的人同意 GSS 那个说法，即"对相关者而言，男子在外事业成功与女子照料家庭和家人是更好的选择"的估计：

1962 年盖洛普对女性调查时问到，女性是已婚并持家更幸福还是未婚且从事一份职业更幸福。96% 的已婚女性与 77% 的从未结婚的女性称已婚并且持家的女性更幸福，鉴于 1960 年的婚姻统计资料，这意味着盖洛普调查的所有年龄范围的女性中，有 94% 的人会给出这个答案。应该可以假定，几乎所有给出这个回答的女性也会（一致地）同意那个说法，即"对相关者而言，男子在外事业成功与女子照料家庭和家人是更好的选择"。

盖洛普的调查对象限于女性。我们从对 20 世纪 70 年代 GSS 调查问题的回答可以得知，（毫无意外地）男性比女性更有可能称女性的位置是在家庭之中——二者的平均差距为 8 个百分点。

考虑到 60 年代初期会有大约 94% 的女性同意该说法以及同意该说法的男性比例会更高的间接证据，95% 的估计值似乎是两性比例相加的最小值。

我还对回答盖洛普问题的受访者的年龄差别进行了调查，只不过这些差别微不足道。21 岁至 29 岁与 50 岁至 60 岁女性以及 30 岁至 49 岁白人女性的差别各不超出 1 个百分点。

关于婚外性行为的图 8.2

关于 GSS "已婚者同其丈夫或妻子以外的人发生性行为怎么样"的问题与我对 60 年代初期会有 80% 的人认为这总是不道德的估计：

1962 年盖洛普调查中提出的这个问题是通过妻子来确定婚外性行为的，而且受访者均为女性，84% 的已婚样本和 85% 的从未结婚样本做了否定的回答。GSS 的这个问题没有明确配偶中谁不忠于谁，只是问到了同配偶以外的人发生性行为，提出了这个事关两性的问题。

在 GSS 的调查结果中，白人女性间没有显著的与年龄相关的差别。在该问题上的性别差异为 7%，与男性相比，更多的女性称婚外性行为是不道德的。设想该问题如果在 1962 年向配偶双方提出，女性的回答仅会略有差别，折中了 GSS 调查中观察到的性别差异，我预测这种情形的可能性有 80%。这个估计值还具有表面效度，在实施于 2000 年、2002 年、2004 年、2006 年和 2008 年的 GSS 调查中，由于混合了性别，所有 30 岁至 49 岁白人中有 78% 的人给出了"是不道德的"回答。同 20 世纪

60 年代前 5 年相比，2000 年至 2008 年间有更多 30 岁至 49 岁的白人认为婚外性行为始终是不道德的，这似乎不合理，据此很难令人相信 80% 的估计值对 1960 -1964 年来说是太低了。

关于结婚率的图 8.3

关于图 8.3 的一个看似合理的假设，就是初婚年龄不断增大实际上是结婚率明显下降的一个假象：它显示了 30 多岁仍然未婚者增加的数量，但他们最终是会结婚的。不过，即便 1960 年到 2010 年间初婚的平均年龄增大，最终推迟到 30 岁以后结婚者的比例也只占到了总人口的一小部分。40 岁至 49 岁白人的曲线图与图 8.3 中趋势线所展示的 40 岁至 49 岁者的情形几乎完全一样。年龄 40—49 岁者中，贝尔蒙特已婚白人的比例是从 1960 年的 94.5% 到 2010 年的 84.3%，30—49 岁者中该比例为 94.0% 和 82.7%。年龄 40—49 岁者中，费什敦已婚白人的比例是从 1960 年的 83.1% 到 2010 年的 49.6%，30—49 岁者中该比例为 84.2% 与 48%。

关于离婚率的图 8.5

图 8.5 将分居者包括在内。CPS 调查中已婚但分居白人的比例从 1960 年到 2010 年间没有显著的改变，保持在 1.3% 到 2.4% 之间。一般来说，分居意味着离婚。分居一年导致离婚的可能性超过 50%，更长时间分居导致离婚的可能性迅速增加到 90% 以上。[1]

关于"非常美满"婚姻的图 8.6

关于我对 20 世纪 60 年代前 5 年会有 63% 的受访者称他们的婚姻非常美满的估计：

1962 年盖洛普调查中，女性被问及她们的婚姻有多美满，提供的选项是"极度美满""相当美满"和"不那么美满"。57% 的已婚女性称其婚姻"极度美满"，同时有 39% 的已婚女性称"相当美满"，有 4% 的女性称"不那么美满"。性别差异与 30 岁至 49 岁年龄范围以外者的修正值相比，数量很小并且方向相反，相互抵消。

难以估量的问题出现在选项表述的差异上：盖洛普调查中的"极度美满"与 GSS 调查中的"非常美满"；盖洛普的"相当美满"与 GSS 的"很美满"，以及盖洛普的"不那么美满"与 GSS 的"不太美满"。最后两对选项似乎大致对等，但是在我看来，称婚姻"极度美满"设定了比"非常美满"更高的标准（"极度"令我想到了能够合理解释"非常美满"的心满意足以外的东西）。高多少呢？只加 3 个百分点到 1962 年的结果中，令其刚好达到 60% 感觉似乎太少。加 8 个百分点令其达到 65% 感觉好像又太多。最后你就看到了 63%（62.5% 可能有点儿可笑）。要是有人有更好的观点，我将乐于考虑。

有关非婚生育比例同母亲学历关系的表 8.1

表 8.1 把以女性生育时的学历为根据的人口动态统计数据，调整为以生育女性取得最高学历的最佳估计值为基础的人口动态统计数据。拥有 12 年教育年期女性的情形将会说明适用于所有

学历水平的步骤。

在全国青少年纵向调查的 1979 年同生群中，如果以生育时的学历为根据（该标准由美国国家卫生统计中心提供），那么拥有 12 年教育年期女性的非婚生育比例为 12.10%；如果以女性 40 岁时的学历为根据（以女性最高受教育程度为基础的恰当的分析标准），那么该比例就为 12.83%。因此，我为依据美国国家卫生统计中心给出的有 12 年教育年期女性的非婚生育比例加权 1.060（12.83/12.10 的结果），以使最终受教育程度仍然是 12 年的女性达到一个估计值。随后，我将这些调整后的数字用于特定年份贝尔蒙特与费什敦女性受教育程度的分布中。

阶层差异在结婚与生育年龄方面的影响

与在 20 多岁的大部分时间里忙于读书的人相比，较低学历的人在更小的年龄结婚和生育子女。如果我们控制这些差别，那么在离婚中会减少多少明显的阶层差异呢？

使用 NLSY-79 的调查数据，费什敦的孩子在其母亲 40 岁时经历父母离婚的可能性是 44%，相比之下，贝尔蒙特孩子的可能性是 12%。假定费什敦女性结婚和生育子女的年龄与贝尔蒙特女性相同（平均年龄分别为 25 岁和 31 岁），那么对费什敦的孩子来说，父母离婚的可能性就会是 32%，贝尔蒙特的孩子为 10%——差距依然很大，但比例已有所下降。[2]

如果问题是当今美国的孩子们如何适应社会，就不会产生什么影响了。尽管结婚与生育年龄或许可以解释有关孩子经历父母离婚的比例在各阶层间存在差别的事情，但上等社会经济阶层的人比下等社会经济阶层的人晚婚晚育的事实的确存在。如果我们能想出改变这一局面的办法，那么，我们将会减少不同阶层孩子们今后在适应社会生活方面的差异，只是这与目前的内容不相关。

附录五

"诚实"章节的补充材料

对第十章中图表的说明

关于白人罪犯来自何处的图 10.1

当我报告说联邦与州监狱的罪犯中有 80% 来自劳动阶层时，一个本能的反应就是怀疑该数字是否因为统计假象而被夸大，但我在文中所称 80% 的数字很可能是低估而不是高估了。

我们从可能夸大这一比例的假象开始。一种可能性是我们要关注的学历方面的假象。罪犯中有着极高的从中学辍学的比例。2004 年，就是最后一次在押罪犯调查的年份，年龄在 20 岁至 49 岁间的白人罪犯中，有 62% 的人教育年期少于 12 年，该比例是数量上占普通人群 15% 的 20—49 岁白人男性的 4 倍。成为一名高中辍学者就可能把一个人丢给了费什敦：也许全体罪犯中包括许多在中产阶层或者富裕住宅区长大的年轻人，由于他们惹上了麻烦，从学校退了学，从事蓝领职业，所以看起来像是来自费什敦。

但这种情形不可能是一个有着很大比例的假象，因为费什敦以外的父母们很少有没读完高中的子女。想想全国青年纵向调查中 1979 年同生群的情形，他们出生于 1957 年到 1964 年。父母是贝尔蒙特人的白人男性中，只有 2.5% 的人从高中辍学。所有从高中辍学的白人男性中，有 85% 的人的父母是费什敦人。监狱中那些在费什敦以外被抚养长大的白人高中辍学者可能只占到了全体罪犯中很小的一部分。

另一种可能就是监狱的数据不足以代表白领犯罪。我们假定贝尔蒙特人所犯的主要是涉及侵占或诈骗的罪行——《统一犯罪报告》中仅有的两类可能具有白领犯罪特征的罪行——而且这两类犯罪被判处监禁的概率比抢劫罪或者恶意侵入他人住宅罪要低。

这类情形不可能代表一个大比例的假象，因为侵占罪与诈骗罪只占到严重刑事犯罪中很小的比例。2008 年，联邦调查局公布了 117217 名白人因诈骗罪以及 10517 人因侵占罪而被逮捕。这就意味着，因严重犯罪被逮捕的比例取决于你对"严重"的定义。犯罪指数中的犯罪是谋杀罪、强奸罪、抢劫罪、加重的企图伤害罪、恶意侵入他人住宅罪、纵火罪、盗窃罪和盗窃机动车罪。如果你将侵占罪和诈骗罪作为严重犯罪加入到指数犯罪中，那么这些犯罪占严重犯罪的比例为 10%。如果你加入了一些并非指数犯罪但似乎同诈骗罪和侵占罪一样严重的犯罪——企图伤害罪、伪造文书罪和伪造货币罪，还有买卖赃物罪——那么这个比例就是 6%。要是再加上毒品犯罪，该比例则下降到了 4%。

此外，由于白人因诈骗罪被逮捕的频率是因侵占罪被逮捕频率的 10 倍，常为传统的骗子行骗，而在街头以诱售法行骗不是我们考虑的白领犯罪。还要考虑我刚刚给出的数字是以 2008 年的数字为根据的，当时大约有 18% 被 FBI 认定为白人的人是拉丁裔白人。即使我们假定拉丁族裔的犯罪率没有非拉丁族裔的犯罪率高（一个不准确的假定），估计的非拉丁族裔白人被逮捕者的总数也必须相应地下调。

总之，由于没有确凿的证据，无法为非费什敦人实施的白领犯罪假定一个犯罪率，而该犯罪率会对他们为所有严重犯罪承担责任产生实质的影响，除非你认为有尚未发现的比例巨大的严重白领犯罪存在。

第三种可能性是费什敦以外的人有更好的律师，因此同那些来自费什敦且受到同类犯罪指控的人相比，他们较少被送进监狱。虽然没有确切的方法去评估这种作用的大小，但获得几条观察评论是可能的。某些贝尔蒙特的犯罪者很可能因为他们（在青年犯罪者的案例中，或是他们的父母）聘请了一位好律师而躲过牢狱之灾——但如果法庭注意到被告人因一级重罪第二次或第三次被捕的事实，那么即使是最好的律师也很难为其委托人争取到缓刑的结果。同样，量刑规则的普遍性意味着即使没有好律师的帮助，初犯者也常常不会被判监禁。由于没有考量量刑差异的依据，与许多费什敦犯罪者相比，接受刑事审判的贝尔蒙特犯罪者拥有更出色的律师，使得那些似乎来自费什敦的犯罪者的统计比例发生了重大的变化，这一点或许可以接受。

现在我们讨论问题的另一方面，相反的假设：因为我计算的是罪犯数量而不是犯罪数量，所以费什敦白人犯罪活动的估算比例是被低估了，或许是被严重低估了。

自从犯罪学家马文·沃尔夫冈（Marvin Wolfgang）对1945年出生于费城的所有男性开展创新性的纵向研究以来，学者们发现，曾被逮捕者中有一小部分人实施的犯罪大约占到了全部犯罪的一半。[1]虽然该部分被逮捕者的准确数量因研究而异，但通常占到了住宅区居民的7%，由此形成了犯罪学文献中的一个术语——"肮脏的百分之七"（dirty seven percent）。由于人们被监禁在一定程度上是因为过去的犯罪经历和当前的犯罪行为，尽管狱中罪犯有着比完整的同生群全体成员高得多的平均被逮捕次数，但二者的情形是相同的。图E.1形象地显示了这一情形。

图E.1看似完美的数学函数并非一条拟合线，其源于原始数据。在2004年的在押罪犯调查中，20岁至49岁的白人男性罪犯先前所有的被逮捕次数中，有一半以上累计到了他们中间仅13%的人身上，四分之三以上累计到了他们中间仅31%的人身上。

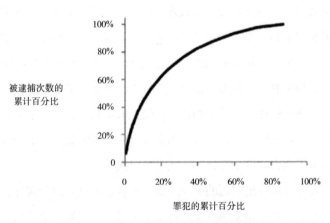

图E.1　少数罪犯中被逮捕次数的集中情形

资料来源：2004年州和联邦罪犯调查。样本限于20—49岁白人男性

来自不同住宅区的罪犯有着不同的被逮捕的经历。在令他们银铛入狱的那次被逮捕经历之前，来自贝尔蒙特的罪犯平均被逮捕 4 次，而来自费什敦的罪犯平均 6.3 次。实际上的差异甚至要比这个更大，因为年龄与先前的被逮捕次数高度相关（正如人们所料），贝尔蒙特与费什敦罪犯的平均年龄分别为 38 岁和 33.6 岁。控制了年龄方面的这些差别因素后，一个 30 岁的费什敦典型罪犯先前的被逮捕次数是 30 岁贝尔蒙特典型罪犯的 2.4 倍。[2] 仅仅这些差别就会让费什敦的犯罪比例远高于通过统计罪犯数量得出的比例。

下一步考虑仅因为其所犯罪行中很小一部分而被逮捕的犯罪者。人们认为，典型的罪犯丁被监禁的前一年在住宅区中犯下了 12 到 15 种非涉毒犯罪的罪行[3]，这是一个高度的偏态分布结果。在约翰·迪卢里奥与安妮·皮尔（Anne Piehl）开展的一项有关威斯康星州罪犯的研究中，非涉毒犯罪的中位数是 12，但平均数是 141。[4] 在较早的一项有关自述犯罪的兰德（Rand）研究中，50% 被定罪的抢劫犯称在被监禁的前一年中实施的抢劫犯罪少于 5 次，然而有 10% 的抢劫犯称他们在那年的犯罪超过 87 次。在频繁作案的恶意侵入他人住宅犯中，50% 的人在入狱的前一年中犯罪少于 6 次，同时有 10% 的人称其犯罪次数超过 230 次。[5] 即使我们去掉罪犯自我吹嘘的成分，处于罪犯中最高四分位组的那些人也很可能在被监禁的前一年中实施了几十次犯罪。如果你一定要根据他们先前被逮捕的次数预测哪些罪犯会处于最高四分位组中，合乎逻辑的期望值是被逮捕次数与自述的数字相关联。由于费什敦罪犯先前被逮捕的次数远远多于贝尔蒙特罪犯，因此对于费什敦犯罪总数比例的估计值会再一次增大。

总而言之，80%的白人男性犯罪是由学历非常低且从事蓝领职业（在他们全都工作的情况下）的男性实施的，要证明这个估计值不是太高而是太低是很容易的。

关于因指数犯罪被逮捕白人情形的图 10.3

关于图 10.3，出现了两个主要的技术问题：我们能以逮捕率作为刑事犯罪率的合乎逻辑的替代标准吗？我们能用全体罪犯的概况去推断被逮捕者的概况吗？下面逐一讨论。

以白人逮捕率替代白人犯罪率。联邦调查局的《统一犯罪报告》公布的犯罪统计数字中不包括犯罪者的种族状况（大多是不明的，尤其对于财产犯罪），更不用说犯罪者的教育和职业背景了。但我们确实有不同种族的被逮捕者的数字，确实有在押罪犯所属住宅区的统计分析资料，使用这些资料，我们就可以通过住宅区得出看似可信的白人犯罪率的估计值。

我们从公布的犯罪数字与白人的被逮捕数字高度相关的这个事实开始。从 1960 年到 2008 年，总体暴力犯罪率与白人因暴力犯罪被逮捕的数字间的相关系数是 +0.92，对财产犯罪而言，相关系数是 +0.91。[6] 图 E.2 以 1960 年作为与系数 1 齐平的基准线，显示了暴力犯罪比例变化的情形。

我们有充分的理由认为，白人被逮捕率的变化使我们了解到了很多白人犯罪活动的变化。

使用罪犯的社会经济概况，作为估计因指数犯罪被逮捕白人在住宅区分布的依据。接下来的问题是贝尔蒙特白人因指数犯

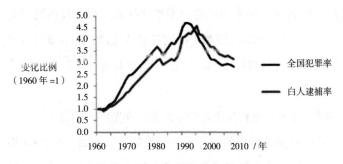

图 E.2　白人暴力犯罪的逮捕率与总体暴力犯罪率

资料来源:《统一犯罪报告》犯罪数据

罪被逮捕者的比例是多少，以及费什敦中同样情形者的比例是多少。我们知道白人罪犯的状况看起来相似，而且从 1974 年到 2004 年间没有发生显著的变化。可以合理地假定因指数犯罪被逮捕者的教育和职业概况与全体罪犯的教育和职业概况相似吗？回答不仅是肯定的，而且与全体罪犯相比，因指数犯罪被逮捕者的教育和职业状况在更大程度上倾向于费什敦，这也是完全有可能的。

　　这个结论的关键是对因指数犯罪被逮捕情形的明确要求。如果我们讨论的是类似司机因超速驾驶而被拦截的轻罪，那么犯罪者的社会经济概况很可能不会与相同年龄和性别的普通人群有多大的差别。如果我们讨论的是类似因持有大麻而被逮捕的不那么普通的犯罪，那么犯罪者的社会经济概况会进一步偏离相同年龄与性别的普通人群，但不会与全体罪犯的概况相似。但是，因某项指数犯罪被逮捕则意味着因谋杀罪、强奸罪、抢劫罪、加重的企图伤害罪、恶意侵入他人住宅罪、纵火罪、盗窃罪等犯罪而被逮捕。2008 年，因暴力指数犯罪被逮捕者的数量只占到了全部被逮捕者数量的 4%，因财产指数犯罪被逮捕者的数量只占到了全部被逮捕者数量的 12%，这是一个有着高度选择性的被逮捕者的群体。

同时，罪犯的教育与职业背景以关押在监狱中的每一个人为基础，其中许多人所犯的罪并不是指数犯罪。例如，在 2004 年的调查中，当时正在服刑的罪犯所犯罪行几乎被平均地分成了指数犯罪与非指数犯罪（53% 的人因某种指数犯罪被监禁），而且因非指数犯罪被定罪者的教育与职业水平均较高。尽管两类罪犯的差别不大（例如，因非指数犯罪被监禁者中有 18% 的人拥有高中以上学历，相比之下，因指数犯罪被监禁者中有 13% 的人拥有高中以上学历），但是该数据确实表明，与因非指数犯罪被监禁者相比，因指数犯罪被监禁者更为密集地集中在了费什敦。

商业领域中的诚信

第十章正文提到我关于来自美国证券交易委员会和国家税务局数据的研究，并称来自上述两个机构的证据无法证明商业诚信发生的系统性变化，下面简介这些努力与尝试的结果。

来自证券交易委员会（SEC）的证据

证券交易委员会负有监管证券市场的职责，认定并起诉违法犯罪者，这似乎令证券交易委员会成为一个极好的数据来源。但长期以来，在判断公司违法行为的变化方面，证券交易委员会没有发布任何可与联邦调查局的《统一犯罪报告》相提并论的东西。

上述情形有一个一定程度上的例外，就是证券交易委员会在对某个涉嫌违法犯罪行为的调查终结时发布的《会计与审计信息强制披露》(Accounting and Auditing Enforcement Release, AAER)。但是在 1994 年以前，每年发布的 AAER 的数量不超过 100 个，而且从未多于 232 个。上市公司大约有 15000 家[7]，由于分子仅有二三百而分母却为五位数，故各种趋势无法解释——这些趋势可能像轻易反映员工或管理政策的变化一样反映公司违法犯罪行为的真实变化，或者只是混乱的干扰信息。[8]

来自国家税务局的证据

对于税法最严重的违反就是税收欺诈。截至 2005 年，提交过纳税申报单的差不多有 600 万家公司和 2500 万家独资企业与合伙企业。同年，国家税务局以公司所得税收欺诈为由做出了 217 项民事处罚。与 AAER 趋势无法解释的原因相同，用这样的数据来解释税收欺诈的趋势也是不可能的。[9]

小额税收违法行为的数据有稍多一点儿的可说明之处。两类违法行为多年以来有着一致的定义：怠于纳税申报，指未能在到期日提交纳税申报单的行为；延迟付款，包括国家税务局最终确定的你实际欠缴联邦政府的任何数额的税款。图 E.3 显示了公司的趋势。

对于公司而言，自 20 世纪 80 年代中期开始，就一直是这种怠于纳税申报率与延迟付款率持续下降的情形。

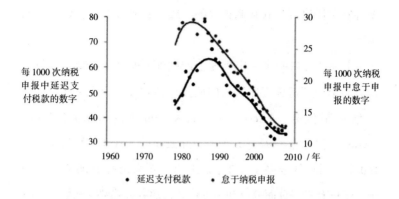

图 E.3　公司怠于纳税申报与延迟支付联邦所得税的趋势

资料来源：《2009年国家税务局数据手册》（*2009 IRS Data Book*）中的表17以及早期版本中的类似表格

认定公司不法行为的其他方法

虽然学者们检验了认定公司不法行为的其他指标，取得了不同程度的成功，但是所有可靠的指标都要使用必须是从公司提交的财务报表中选取的财务指标，而不是有关美国公司的汇总数据报告中的财务指标。对最近观点之一的说明和对于其他尝试的文献综述，见塞奇尼等人的文章（Cecchini et al., 2010）。普雷切尔与莫里斯（Prechel and Morris, 2010）采用的最简单的方法，就是将公司提交给证券交易委员会的某个特定年度（原因并非会计准则的变化）的财务重述用作发现公司不法行为的线索。且不论这一方法的优点与不足，由于缺乏一项重要研究项目应具备的内容，所以使用该方法我无法集成纵向数据库。

个人财务诚信

除了第十章中提出的破产证据以外，我研究了国家税务局的个人数据，但是遇到了与国家税务局的公司数据相同的解释性问题。由于个人的情形与公司的情形不同，每年税收欺诈的案例数以千计，所以无论如何该趋势线都值得研究。见图 E.4。

1984 年至 2000 年间，税收欺诈率急剧下降，之后趋于平稳。这或许反映出国家税务局调查经费或者其他管理失误的减少，但确定没有不诚信行为增加的证据。

对于数量减少了很多但仍较为普遍的怠于纳税申报和延迟付款来说，趋势向着相反的方向发展。自 1978 年以来的趋势见图 E.5。

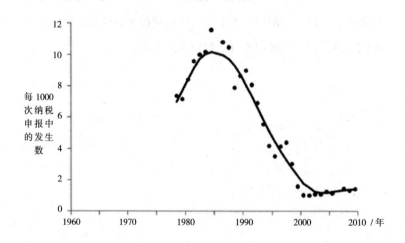

图 E.4　个人税收欺诈

资料来源：《2009 年国家税务局数据手册》中的表 17 以及早期版本中的类似表格

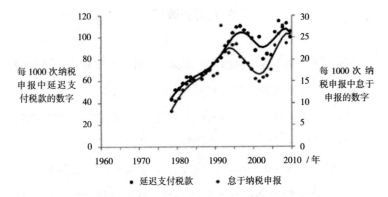

图 E.5　个人对于联邦所得税怠于申报和延迟付款的趋势

资料来源：《2009 年国家税务局数据手册》中的表 17 以及早期版本中的类似表格

　　与公司的趋势相比，该时期怠于纳税申报与延迟付款情形增多。问题是就个人而言，在应对以复杂而著称的美国税法的过程中，怠于纳税申报与延迟付款可能仅反映出了个人的疏忽、拖延或者无心之过，与诚信并无牵涉。这两种行为也可能反映了诚信度的下降，但无法确定各自所起作用的大小。

附录六

"美国社区"章节的补充材料

在第十四章中，我概述了判定社会脱离、公民脱离与政治脱离的结果，本附录将列出作为这些概述根据的数据。

社会脱离

社会脱离的判定使用了 GSS 调查中的问题，这些问题是有关运动俱乐部（例如皮划艇俱乐部）、兴趣小组（例如集邮爱好者俱乐部）、兄弟会团体（例如慈善互助会）、民族团体（例如意大利之子）、退伍军人团体（例如美国海外作战退伍军人协会）、文学或艺术团体（例如贝克街小分队）或者大学生联谊会的成员情况的。非任何一个上述团体的成员就是社会脱离的标志，图 F.1 显示了结果。

这些数据只是启发性的。我们从帕特南的著作中得知，这种脱离状况于 20 世纪 60 年代开始增多，因此，在图 F.1 中，我们正在研究的很可能是迅速增加后已经开始趋于平缓的曲线。在该图的右侧，我们拥有 1994 年以后仅有的一次 GSS 调查——2004

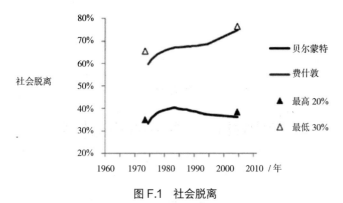

图 F.1　社会脱离

资料来源：对 GSS 数据的分析。样本限于 30—49 岁白人。1972—1994 年数据经局部估计
　　回归法（LOESS）平滑处理。2004 年的数据反映了此次调查的百分比

年 GSS 调查——的结果，为我们给出 21 世纪前 10 年社会脱离
的估计值。如果我们从该数据的表面意义来看，至少从 20 世纪
70 年代起，费什敦社会脱离的程度就远高于贝尔蒙特，差距甚
至还要大。2004 年调查中，贝尔蒙特中有 36% 的人属于社会脱
离，相比之下，费什敦中的比例为 75%。

公民脱离

　　第二个综合指标考量的是各类公民组织的成员，它问及某人
是否是某个服务性团体（例如同济会）、青年团体（例如少棒联
盟教练）、校内服务团体（例如家长教师协会）或政治俱乐部的
成员，不属于这些团体中的任何一个就是公民脱离的标志。注意
我没有将教会团体包括在内，该类团体可能会因宗教信仰而被重
复计算，这在第十一章中已经说到。由于只有 2004 年那次调查

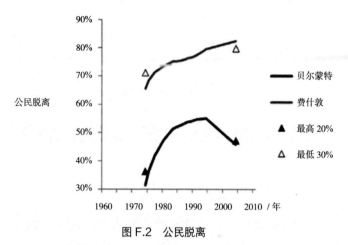

图 F.2 公民脱离

资料来源：对 GSS 数据的分析。样本限于 30—49 岁白人。1972—1994 年数据经局部估计回归法（LOESS）平滑处理。2004 年的数据反映了此次调查的百分比

提出了适宜的问题，我们又一次失望地面对了 1994 年之后数据短缺的情形。图 F.2 显示了这个结果。

当我们注意到 20 世纪 70 年代的趋势线时，贝尔蒙特与费什敦之间的差距已经又一次变大。贝尔蒙特公民脱离状况的加剧一直持续到 90 年代初期，随后在 2004 年唯一的调查中显示出有所减少。在费什敦，整个这一时期公民脱离状况在加剧。趋势的合并表明 2004 年调查中贝尔蒙特与费什敦之间差距悬殊——贝尔蒙特的 45% 对费什敦的 85%。

附录七

"基本美德与生活实质"章节的补充材料

综合社会调查（GSS）中有关幸福的问题问道："总体上，你会如何评价目前的状况——你认为自己非常幸福、很幸福还是不太幸福？"图 15.6 和图 15.7 中出现的对数比率分析中的因变量使用二进制变量，1 代表回答"非常幸福"，0 代表回答"很幸福"或者"不太幸福"。样本限于 1990 年到 2010 年的 GSS 调查结果。自变量及其编码如下：

年龄（Age）。以年计算。

家庭（Family）。由于子女在与婚姻状况无关的幸福方面没有什么大的作用，无论是从未结婚还是曾经结婚，那些独身的人与幸福存在着类似的联系，家庭的变量只有三个：（1）未婚，（2）已婚且称其婚姻"很美满"或"不太美满"，（3）已婚且称其婚姻"非常美满"。

职业（Vocation）。职业对于幸福的主要作用，就是对所从事工作的满意度。更长时间的工作也具有某些独立联系，但出于说明的考虑我已将其忽略。分析最初通过使用职业的四个项目进行：（1）对工作不满意，任何工作时数和工作种类；（2）对工作满意度适中，任何工作时数和工作种类；（3）女性对于做全职家庭主妇非常满意；（4）对工作非常满意且从事有偿工作，任何工作时数和性别。因为对有偿工作满意者与满意的家庭主妇间的区别没有加入到分析之中，所以类别（3）和（4）没有出现在正文的分析之中。

信仰（Faith）。该变量有三个项目，来自第十一章中使用的类别：（1）事实上的俗人——那些或者没有宗教信仰，或公开承认有宗教信仰但一年中做礼拜次数仅有一次的人；（2）承认有宗教信仰并且一年中做过数次礼拜但不属于第三类别的信徒；（3）那些几乎至少每周都做礼拜并称与其信仰的宗教有紧密隶属关系的人。

社区（Community）。由于20世纪90年代到21世纪前10年，GSS调查有关判断社会脱离与公民脱离的数据稀缺，我们被限制到了社会信任一个指标上，该指标概括了第十四章讨论的对乐于助人、公平性以及可信度问题的乐观回复。对三个项目进行编码，结果是消极回答（例如"大多数人极力占你的便宜"）的分值为0，回答"视情况而定"的分值为1，积极回答的分值为2，合计得分就形成了从最低0分到最高6分的一个指标。分析中使用的三个类别是低度社会信任（0—2）、中度社会信任（3—4）和高度社会信任（5—6）。

正文的说明内容概述了探究四个自变量之间所有相互作用的组合方式的对数比率分析。

注　释

互联网资源

引用在线资料的各种标准在不断地发展变化着。我一直采用经过某些简化处理的芝加哥引注格式。像美国大学理事会或美国劳工统计局这样的主要机构的网站可以通过谷歌搜索很容易地找到，无须输入网址。除非需要通过大量的搜索才能找到曾经进入的网站（即使那时，网站也是在不停地发生变化，以至于你输入我曾使用的网址时，常常会看到"无法找到网页"的提示），否则我不会给出我曾用过的这些具体页面的网址。至于可以在线使用的已经进入公有领域的书籍和其他文献，进入提供该书的某机构网站，你可以找到每一条具体引文的背景资料，然后在检索栏中输入引文中的一个短语，查找这本书。依据芝加哥格式的要求，我没有涉及曾经访问该网站的日期。如果你读本书时该日期已不存在，那就说明之前记录的访问日期可能已经失效了。

常用名称缩写

BLS	Bureau of Labor Statistics	美国劳工统计局
CPS	Current Population Survey	人口现状调查
GSS	General Social Survey	综合社会调查
IPUMS	Integrated Public Use Microdata Series	世界人口微观共享数据库
NCHS	National Center for Health Statistics	美国国家卫生统计中心
NLSY	National Longitudinal Survey of Youth	全国青年纵向调查
SAUS	Statistical Abstract of the United States	美国统计概要
UCR	Uniform Crime Reports	统一犯罪报告

序 言

1. 好莱坞头条（Deadline Hollywood）网站，http://www.deadline.com/2010/05/full-series-rankings-for-the-2009-10-broadcast-season/。电视迷网站（Televisionista website），http://televisionista.blogspot.com/2008/06/tv-ratings-2007-2008-season-top-200.html。

2. 人口现状调查没有问及家庭中的子女，然而我们几年后得知，在可能从事全职工作方面，没有幼儿的妻子的数量是有幼儿的妻子的两倍多。

3.《美国电影协会电影制作守则》（The Motion Picture Association of American Production Code）网站，http://productioncode.dhwritings.com/multipleframes_productioncode.php。

4.《时代周刊》网站，http://www.time.com/time/magzine/article/0,9171,898033,00.html。

5. 作者对来自盖洛普民意调查"#1963—0678"数据的分析，从罗珀民意研究中心（Roper Center for Public Opinion Research）网站获得。

6. FBI, *Crime in the United States 1963*.

7. Ross, 1987.

第一部分

1. Reich, 1991.

2. Herrnstein and Murray, 1994.

3. Brooks, 2000, 10.

4. Florida, 2002, xxvii.

5. SAUS-2011, table 509.

6. 选择 25 岁及以上的年龄范围是为了与可得到的有关邮政区的人口普查统计分析相协调，而这个年龄范围也便于将新上等阶层包含在内。在娱乐业或体育界，没有 25 岁以下的人能够升至某行业最高 5% 的地位的例外情形，并且许多在 65 岁以后仍然受雇工作的新上等阶层人士继续坐拥其显赫的职位。

7. 该计算结果如下：美国劳工统计局 2010 年的统计数据表明，有 121987000 名 25 岁及以上的美国人被雇用［《就业与收入在线》（Employment and Earnings

Online），表 8，2011 年 1 月〕。2010 年 3 月的人口现状调查显示，有 23.4% 的人从事专业性或管理性职业。这使得 2010 年受雇从事这些职业的人群中，位于最高 5% 的人数达到 1427248 人〔《职业与收入 2010》（Occupations and Earnings 2010），表 A3，可在劳工统计局网站在线获得〕。

8. 该数字需要修正，而我不会试图为之。2010 年，25 岁及以上从事专业性及管理性职业者的配偶中，有 16% 的人也从事这些职业中的某项职业。但想要估计出由最成功的 5% 者中的两个人构成的夫妻的比例，可能大大超出了尝试得出一个约略数字的范围。

9. 在艾森豪威尔时代，政府内阁由十个职位组成：国务卿、财政部部长、国防部部长、司法部部长、内政部部长、农业部部长、商务部部长、卫生教育与福利部部长、劳工部部长及邮政总局局长。由于从 1971 年起邮政总局局长已不再是内阁的成员，所以我使用九个内阁部门作为艾森豪威尔和肯尼迪时代与乔治·W. 布什和贝拉克·奥巴马时代（截至 2011 年）比较的依据。艾森豪威尔与肯尼迪时代（1953—1963）的内阁成员中，有 46% 的人成长于中下阶层或劳动阶层家庭，相比之下，布什和奥巴马内阁成员（2001—2010）中的这一比例为 27%。艾森豪威尔与肯尼迪时代的内阁成员中，有 32% 的人成长于中上阶层、富裕或有政治影响力的家庭，而布什与奥巴马内阁成员中的这一比例为 54%。

第一章

1. 这些校区是加州大学伯克利分校、斯坦福大学、芝加哥大学、密歇根大学、密歇根州立大学、俄亥俄州立大学和斯沃斯莫尔（Swarthmore）学院。合格的人口普查区限于那些有 500 名 25 岁及以上的成年人并且有 250 个或更多家庭的人口普查区。

2. 住房与城市发展部（Department of Housing and Urban Development）网站，http://www.huduser.org/periodicals/USHMC/spring2001/histdat2.html。

3. 洛杉矶公共图书馆（Los Angeles Public Library）网站，http://dbase1.lapl.org/。

4. 1961—1962 年的估计值为 80000，见 Phillips，1991，appendix A。

5. 埃迪·道（Eddy Dow）于 1988 年 11 月 13 日写给《纽约时报书评》（New York Times Book Review）编辑的信中，就该杜撰的交流内容如何进入文学史做了完整的解释。获自《纽约时报》网站档案馆。

6. 感谢托普里奇现在的所有者为我提供了有关波斯特夫人在托普里奇和她的其

他住宅中的生活方式的资料。

7. 2000年人口普查时，剑桥市66%的居民拥有大学学位，整个剑桥市的收入中位数远高于全国80565美元的平均水平。

8. Brooks, 2000, 55-57.

9. 2011年在美国售出的所有新轿车中，有55%是外国品牌（www.goodcarbadcar.net）。在以劳动阶层为主体的艾奥瓦州的牛顿市（百分位数47），2011年6月10日沃尔玛超市停车场中有83%的汽车是美国品牌（样本量 *n*=200）。2011年5月27日下午，在以劳动阶层为主体的马里兰州的不伦瑞克（Brunswick）（百分位数41），购物中心和附近街道上有64%的汽车是美国品牌（样本量 *n*=200）。2011年6月27日上午，在马里兰州富裕的贝塞斯达（百分位数99），怀尔德伍德购物中心（Wildwood Shopping Center）与乔治敦广场的停车场中，美国品牌汽车的比例分别为23%（样本量 *n*=171）和17%（样本量 *n*=150）。

10. 作者对来自美国疾病控制中心的行为风险因素监测系统（BRFSS）2009年的年度调查数据的分析，数据从疾病控制中心的网站下载获得。

11. 该数据可在仙人掌研究会公民参与的美国网站找到，《独自打保龄》，http://www.bowlingalone.com/data.htm。

12. 作者对于整体人口数据的分析。数据来自皮尤研究中心的饮食/博彩/电影调查，于2007年11月13日发布，可从皮尤研究中心网站获得，http://pewsocialtrends.org/category/data-sets/。

13. 疾病控制中心行为风险因素监测系统2009年的调查中，35%的受访者称他们有时或者每天吸烟。

14. 皮尤研究中心，《美国人花更多的时间追新闻》，2010年9月12日，可在皮尤大众与传媒研究中心在线获得，http://people-press.org/2010/09/12/americans-spending-more-time-following-the-news/。

15. 有关涉及社会经济地位与看电视关系研究的评论，见Gorely，Marshall，and Biddle，2004。

16. 这个数字以2010年前两个季度尼尔森的数据为根据，长期保持着微弱的上升趋势：http://blog.nielsen.com/neilsenwire/media_entertainment/state-of-the-media-tv-usage-trends-q2-2010。

17. 有关母乳喂养与社会经济地位的关系，见Heck，2006。

18. 例如，见Aronson and Huston，2004；Mcloyd，1998；Parcel and Menaghan，

1989。

19. 对纽约父母们申请幼儿园方式的抽样，见 http://blogs.urbanbaby.com/newyork/2010/08/17/a-league-of-your-own-for-school-admissions/。

20. 针对该专业文献向普通读者做出精彩概述，见 Bronson，2009。

21.《美国新闻与世界报道》网站，http://colleges.usnews.rankingsandreviews.com/best-colleges。

22. Brooks, 2000, chapter 3; Florida, 2002, chapters 5-9.

23. Florida, 2002, quoting office architect Don Carter, 123.

第二章

1. 引用在 Karlgaard，2005。

2. Herrnstein and Murray, 1994, chapters 2 and 3. 有关该主题文献的近期调查，见 Gottfredson，2003。

3. Goldberg, 2003, 51-52.

4. 从 1995 年开始，所有《财富》500 强公司能在美国有线电视新闻网财经频道网站找到，http://money.cnn.com/magzines/fortune/fortune500/2011/。1960 年与 2010 年排第 100 位的公司分别是麦克唐纳·道格拉斯和亚马逊，排第 500 位的公司分别是美森耐（Masonite）和百事达（Blockbuster）。

5. Eberstadt, 2008. Broda and Weinstein, 2008，证明居民消费价格指数全面地低估了实际增强的购买力。

6. 关于 CPS 方法的改变是否可以产生 1994—1995 年猛增情形的研究，见 Raffalovich，Monnat，and Hui-shien，2009，该书总结称很可能不会产生。有关使用国家税务局数据的分析，见 Piketty and Saez，2006。图 2.1 的数据中，每个家庭单位有一个收入数字。

7. Brooks, 2000, 178-85.

8. 对于截至 20 世纪 90 年代初期有关大学排名数据的详细说明，见 Herrnstein and Murray，1994，chapter 1。

9. Herrnstein and Murray, 1994, 38. 这些学校是布朗大学（Brown）、布林茅尔女子学院（Bryn Mawr）、哥伦比亚大学、哈佛大学、曼荷莲女子学院（Mount Holyoke）、普林斯顿大学、拉德克利夫学院、史密斯学院、宾夕法尼亚大学、瓦萨学院（Vassar）、韦尔斯利学院、威廉姆斯学院和耶鲁大学。

10. Herrnstein and Murray, 1994, 30.

11. Bender, 1960, 4.

12. Soares, 2007, 38.

13. 就绝对数字而言，大学入学考试成绩前5%的学生四个最大的集中地都是公立大学——加州大学伯克利分校、伊利诺伊大学香槟分校（Illinois at Urbana-Champaign）、密歇根大学安阿伯分校和威斯康星大学麦迪逊分校（Geiger，2002，table 2）。与那些常春藤盟校的学生相比，似乎这些学校中的高分数学生的同班同学更具多样性，然而将这些高分数学生的比例当作是这些大学全部新生的比例则会令人产生误解。盖格105所院校中的公立大学都开设有荣誉课程，并且所有荣誉课程都以相同的方式来描述：努力复制大的州立大学框架下小型文科院校的经验。荣誉学院的学生在和其他优等生组成的小班级中学习专门的课程，由专门挑选的教师授课，许多荣誉课程项目还为优等生提供专用的住所。密歇根大学近期开放了帕尔曼荣誉公地（the Perlman Honors Commons）——实际上，这是一个单独的优等生的活动中心。这些项目对于复制私立精英院校的认知特征和更多的社交互动大有帮助，项目的竞争力也不断增强。截至2010年，进入一流公立大学荣誉课程项目的成绩要求与许多私立精英大学的要求相当。

14.《美国新闻与世界报道》排名的网址是 http://colleges.usnews.rankingsandre views.com/best-colleges。

15. Espenshade and Radford, 2009, chapter 4.

16. Soares, 2007, tables 1.1 and 6.1.

17. Ibid., 3.

18. Ibid., table 6.6.

19. 私立学校的数字专指非天主教私立学校。

20. Golden, 2006.

21. 关于大学招生委员会一直在录取"合适"的人，索尔斯发现了四个作为证据的因素：（1）父母一方拥有研究生或专业性学位，（2）毕业于非天主教私立学校，（3）来自父母双方和学生都参观过艺术博物馆的家庭和（4）在高中的管理机构中担任过工作人员。前三条适合于说明学业成绩。父母一方拥有名牌大学的哲学博士学位、医学学位或法学学位实际上可以确保拥有高智商（获得研究生或专业性学位对于筛选高智商者非常有效）。获准进入竞争激烈的私立学校的学生们已经经历了智商的审查，而且毕业于私立学校的学生可能在学业方面要比公立学校的学生准备得更充分。同父母一方参观过艺术博物馆的年轻人或许是出于对家长的盲目服从，然而这个孩子的智商同是否被给予参观艺术博物馆的机会之间可能存在相关性，他确实得到了这个机会。至于第四个变量，在高中的管理机构中担任工作人员，将这些非学术才能考虑在内的招生办公室似乎是在为该学生的真正才能给予分数，而不是文化资本的半影区。

22. 我一直将现在称为评判性阅读与数学推理的测试称作"数学"与"语文"测试。承蒙大学理事会好意提供的有关父母受教育状况的比例，这些数字尚未公布。

23. 由于阅读本书的人太多，特别是子女即将读大学的父母，他们认为辅导能大幅地提高子女的 SAT 成绩，因此有必要讨论这一问题。1981—1990 年，先前所有研究中的三个不同分析结果发表在同行评审期刊上。分析结果表明，SAT 语文成绩的辅导效果为 9—25 分，SAT 数学成绩的辅导效果为 15—25 分。见 Herrnstein and Murray，1994，400—402。德里克·布里格斯（Derek Briggs）使用 1988 年全国教育纵向研究（National Education Longitudinal Study）的数据，发现 SAT 语文成绩提高了 3—20 分，SAT 数学成绩提高了 10—28 分（Briggs，2004）。唐纳德·鲍尔斯（Donald Powers）与唐纳德·罗克（Donald Rock）使用 20 世纪 90 年代中期 SAT 测试规则修改后参加考试的具有全国代表性的学生样本，发现 SAT 语文成绩平均提高 6—12 分，SAT 数学成绩平均提高 13—18 分（Powers and Rock，1999）。这些效果还没有大到足以影响许多大学改变招生决策的程度。

没有一项发表在同行评审期刊上的研究成果表明，辅导的平均效果能接近你在传闻中听到的一两百分的离奇程度。我在 2007 年调查这个问题时，曾向卡普兰和《普林斯顿评论》（Princeton Review）寻求这类根据，卡普兰回答说出于私人的原因而不发布数据，《普林斯顿评论》没有回复（Murray，2007）。

辅导效果大幅增加的错觉主要出自两个假象。第一个是自我选择。似乎从辅导课程中受益的学生，往往是那些如果得不到辅导就会以自己的努力为考试做准备的学生。第二个是辅导的结果同学生能够自行准备的结果的重合。没有哪个学生是在稳操胜券的情形下迎接 SAT 考试的。如果学生们几年前修过代数课程，那么做一些样题和复习代数课本的内容是合乎情理的。然而一旦在这些常规做法上花费了几个小时以后，学生们准备 SAT 考试的大部分精力就已经被消耗光了。结合自我选择的假象与必要准备的作用，你就会了解使用对照组的独立研究表明正式辅导平均增效很小的原因。

24. 遗传借助基因与环境得以进行，但是由于父母的认知能力与提升孩子认知能力的教养行为密切相关，所以区别是模糊的。此外，已经发现兄弟姐妹所处的共同环境——包括父母为促进其子女的认知发展所做的事情——具有独立于基因之外的很小的长期作用。见 Plomin et al，2001；Rowe，Vazsonyi and Flannery，1994；Rowe，2003。

25. 自配偶智商测试（Jensen，1998，183）以来，配偶智商的相关系数就大约为+0.4，这表明在择偶方面，认知能力的潜在作用很可能一直存在。但是仅凭相关系数不足以理解正文中讨论的那种现象，即高智商的人们相互结婚。正相关反映了两个现象同时发生相应变化的程度，但仅此而已。如果每一位女性都嫁给与其智商完全相同的男性，那么配偶智商的相关系数就会是 +1.0。要是每一位女性都嫁给比其智商高出 20 分的男性，那么配偶智商的相关系数还是 +1.0——但是对于后代智商的含义会是完全不同的。

26. Schwartz and Mare，2005.

27. 这个说法对于公立大学和非重点私立大学来说是准确的，获得这些大学的录取要比毕业容易些，但对于重点大学就不一定了。当 20 世纪 60 年代初期我在哈佛大学学习时，"哈佛最困难的事情是入学"已成为共识。

28. Murray，2008，chapter 3.

29. 原版《科尔曼报告》请参考 Coleman，Campbell，and Hobson，1966。有关《科尔曼报告》再分析的汇编，见 Mosteller and Moynihan，1972。

30. 1979 年全国青年纵向调查中，到 2000 年（当时 NLSY-79 调查对象的年龄为 36—43 岁），白人取得学士、硕士和博士或者专业性学位的平均数分别为 113.3、116.9 和 125.6。对黑人而言，同类的平均数是 99.1、101.7 和 112.2，拉丁裔的平均数为 106.7、106.4 和 115.2。对于不同学位层次智商值稳定性的全面论述，见 Murray，2009。

31. 与最富有和最高学历邮政区的种族成分相关的广义精英的白度问题，在第三章讨论。私营部门中的绝大多数狭义精英也还是白人。有几个例子：截至 2011 年，《财富》500 强的执行总裁中，98% 是白人（一如往常，指的是非拉丁裔白人）；从 2000 年到 2011 年获得奥斯卡金像奖提名的 51 名导演中，92% 是白人；2008 年 123 名最畅销的专栏作家中，95% 是白人。我通过对主要电视网络、新闻和娱乐业高管的调查发现，根本不存在由非白人担任上述领域中决策性职务的情形，只是这些高管中有许多人的种族属性无法确认。

政府职位中狭义精英的白度各异。全州范围内公务员的职位上绝大多数依旧是白人。例如，截至 2010 年底，50 名州长中有 45 人以及 100 名参议员中有 96 人是欧洲裔白人。区级与市级的选举更有可能产生种族多样的公务员（截至 2010 年底，国会众议院议员中有 83% 是白人），但也贡献出了为数不多的几个狭义精英成员。总统任命的官员也存在种族多样化的情形。例如，2010 年底前在位的联邦法官中有 78% 是白人。这些说法的数据从数量庞大的网站收集而来，包括人际网络搜索。有关联邦法官的数据取自 www.uscourts.gov/JudgesAndJudgeships/BiographicalDirectoryOfJudges.aspx。

32. 有关军人资格测试（AFQT）心理测量特性的论述，见 Herrnstein and Murray, 1994, appendix 2。此处使用的数值采用与 NLSY 中 1979 年和 1997 年同生群类似的步骤，通过年龄赋范。

33. Kalmijn, 1994; Kalmijn, 1998.

34. Arum, Roksa, and Budig, 2008.

35. 标准线性回归方程 $\hat{Y} = r_{xy} \dfrac{S_y}{S_x}(X - \bar{X}) + \bar{Y}$ 预测所有可能涉及的因果机制以外的趋均数回归的数值（Humphreys, 1978）。在父母 – 子女智商的趋均数回归情形中，$\hat{Y}$ 是某个特定子女的期待智商，X 是某对特定父母的中间智商，$\bar{X}$ 是父母中间智商的样本平均数，$\bar{Y}$ 是子女智商的样本平均数，r_{xy} 是父母中间智商与子女智商的样本相关系数，S_x 与 S_y 分别是父母中间智商与子女智商的样本标准差。

填写这些参数时，我采用白人的平均数 103 和标准差 14.5。这些数值以标准化的斯坦福 – 比奈（Standfort-Binet）智力量表（第五版，调查对象年龄 12—23 岁，2001 年）、韦克斯勒成人智力量表（Wechsler Adult Intelligence Scale）（第三版，调查对象年龄 16—64 岁，1995 年）、韦克斯勒儿童智力量表（Wechsler Intelligence Scale for Children）（第四版，调查对象年龄 14—16 岁，2002 年）和军队职业倾向测验（Armed Series Vocational Aptitude Battery）(NLSY–97，调查对象年龄 13—17 岁，1997 年）产生的样本平均数数组的平均数为根据。上述这些数据集的标准差平均数是 14.5。承蒙威廉·迪肯斯（William Dickens）提供斯坦福 – 比奈与韦克斯勒标准的数据，发表在 Dickens and Flynn, 2006。在父母中间智商方差的计算中（用于此目的的方程在汉弗莱斯的附录中给出，1978 年），我将配偶智商的相关系数确定为 +0.5，鉴于白人人口的标准差 14.5，得出父母中间智商的期待标准差为 12.6。引出这些具体说明的有关家庭智商相关系数的文献评论，见 Bouchard，1981。

36. 智商 135 的前提是精英大学普通毕业生的智商，位于全部 17 岁人口智商的第 99 百分位，这同最近《美国新闻与世界报道》排名（http://colleges.usnews.rankingsandreviews.com/best-colleges）中十几所顶尖大学评判性阅读与数学成绩相加 1400 分或 1400 分以上的中位数是一致的。2010 年，相加 1400 分的成绩可使一名学生位于所有参加当年 SAT 考试学生的第 97 百分位（由两个考试的已知平均数和标准差以及二者间的相关系数 +0.7 得出的分布状况为根据），但是 2010 年参加考试者的数字仅代表了全国 17 岁人口中的 36%。没有参加当年 SAT 考试的 62% 的 17 岁人口原本能够获得相加 1400 分或更高的成绩，任何与此有关的看似合理的假设，让实际上获得 1400 分以上的学生位于 17 岁人口中的第 99 百分位。有关 2010 年 SAT 考试数据，见《准大学生 2010》（*College-Bound Senior 2010*），可在大学理事会网站获得。有关估计那些没有参加 SAT 考试者成绩的论述，见 Murray，2008，70，以及相关注释。

37. Murray, 2009, 102.

38. Gottfredson, 2003.

39. 下列数字虽然并非通过统计获得，但也代表了一个模拟结果，该模拟依据平均数 103、标准差 14.5 以及相关系数 +0.5，使用 Stata 的 DRAWNORM 指令，创建了两个变量的 1000 万个正态分布值的样本。

第三章

1. Massey, 2009.

2. Ibid., figure 5.

3. Ibid., figure 8.

4. Ibid., 85.

5. 4 倍于 1999 年 CPS（基于所有年龄与种族者）贫困线中位数，2000 年人口普查当年的收入是 67824 美元，失去了 1999 年 CPS 家庭收入第 58 百分位的位置。

6. 在 1960 年与 2000 年的对比中，我采用了 1960 年的人口普查区和 2000 年的邮政区。1960 年人口普查区的数据取自伊丽莎白·马伦·鲍格档案，该档案以为人口普查局印刷出版物中发布的数据做了大量打孔记录信息工作的女性的名字命名。1960 年发布的数据包括拥有 104010696 人的 175 个大都会区，或者 58% 的居民人口。1960 年还不存在的邮政区是远比人口普查区更容易理解的单位，所以我在 2000 年人口普查中采用邮政区，使用了从人口普查局网站通过美国资讯检索站工具下载的完整的全国数据。在直接比较 1960 年与 2000 年数据的情况下，我将比较的大都会区限定在鲍格档案涉及的范围内。

7. 正文中的数字是 41 个普查区家庭收入中位数的数值，通过每个人口普查区中的家庭数目加权。对应的加权用于合计所有人口普查区或邮政区的其他统计数字。60700 美元的标准会被一位拥有学士学位、18 年工作经历和年工作 230 天的奥斯汀教师打破。薪资表来自 http://www.austinisd.org/。

8. 加权平均数基于 25 岁及以上人口。

9. 并非所有的高学历邮政区都是富有的。得克萨斯大学校区所在的邮政区（78705）文科学士学位比例排第三位，达到了 78%，但收入中位数仅有 46480 美元，表明大量拥有文科学士学位的毕业生几乎没有任何收入。然而在其他地方，学历与财富的状况是相称的。

10. Moll, 1985. 其他 7 个是威廉与玛丽学院（William and Mary）、俄亥俄州的迈阿密大学（Miami University）、加利福尼亚大学（所有校区）、密歇根大学、北卡罗来纳大学教堂山分校（Chapel Hill）、佛蒙特大学和弗吉尼亚大学。

11. 2000 年人口普查中，我为了方便而一直称作"中央公园北部"的地区，由从第 94 大街以北的曼哈顿西区到第 96 大街以北的曼哈顿东区的所有邮政区构成。上东城包括从第 60 大街到第 96 大街和第五大道到东河的邮政区。用于该项分析的 1960 年的人口普查区同两大片土地内的这些邮政区的边界是一致的。

12. 纽约市教育局（New York City Department of Education）的薪资表可在下面的网页中找到，http://schools.nyc.gov/NR/rdonlyres/EDDB658C-BE7F-4314-85C0-03F5A00B8A0B/0/salary.pdf。

13. 这三个街区的范围还从两个方向将我和我妻子的家包括在内。我们各自的父亲都是美泰格公司的中层管理人员。

14. 该超级邮政区其他 4% 的人口由美洲印第安人、太平洋诸岛的原住民和确定为混合血统的人组成。

15. 例如，2011 年，亚裔申请者占到了哈佛大学被录取者的 18%。《哈佛大学学报》（*Harvard Gazette*），2011 年 5 月 11 日，http://news.harvard.edu/gazette/story/2011/03/an-unprecedented-admissions-year/。有关从 20 世纪 80 年代起少数族裔入学趋势的完整分析，见 Espenshade, 2009。亚裔学生存在录取劣势证据的最详尽的展示——亚裔申请者们必须有比其他学生（包括白人）更高的 SAT 成绩才能拥有平等的被录取的机会——见 Espenshade, Chung, and Walling, 2004。

16. "荣誉白人"的短语虽然与哈克 1992 年的著作有关，但并未出现在该书中。尽管哈克在许多演讲中使用过这个短语，但他不记得曾在出版物中使用过此短语（Andrew Hacker, personal communication, May 14, 2011）。

17. 人口普查局，http://2010.census.gov/2010census/data/index.php。

18. 美国资讯检索站工具将在 2011 年启用新版本，新版工具的链接会出现在人口普查局网站的主页上，www.census.gov。2000 年人口普查中 6 个邮政区的种族概况如下：

邮政区	白人 %	黑人 %	拉丁裔 %	亚裔 %
02461	82.0	1.0	2.1	11.8
10583	81.8	2.1	2.7	11.4
20007	82.5	4.0	4.2	5.7
60657	82.4	3.4	4.4	5.0
90212	82.4	1.7	2.2	8.3
94301	81.7	1.9	2.1	9.4

19. 这一数字基于截至 2000 年邮政区的类别，不包括那些只有一个邮局的邮政区。

20. 该年级有学生 776 人，截至第 25 次毕业重聚时，收集到了其中 743 人（96%）的信息，有 15 人亡故，135 人生活在国外。就生活在国内的这些人来说，第 25 次重聚简介显示了他们居住的城镇或城市，但是没有显示邮政编码。许多较小的城镇只有一个邮政编码。对于有多个邮政编码的地方，我使用在线的白页查号簿来确定家庭住址及邮政编码。由于姓名中几乎总是包含中间名首字母和配偶或伴侣的名字，除了 45 人以外，其他生活在国内的毕业生的家庭邮政编码都已确定。正文中这些数据的根据是已知生活在国内的 547 人和他们可以被确定的家庭所在地的邮政编码。与邮政编码已被获知的那些人相比，有关资料未被获知者的邮政编码很可能大量地集中在了精英阶层邮政区——这 45 个姓名几乎都能在在线白页查号簿中找到，工作地址位于纽约市、洛杉矶、旧金山、芝加哥或者波士顿的最高档的邮政区内，但他们的家庭电话号码和地址未登记。

21. 这一点值得注意，《天堂中的布波族》一书的评论者分别是《纽约时报》的珍妮特·马斯林（Janet Maslin）、《华尔街日报》的埃米莉·普拉格（Emily Prager）和《华盛顿邮报》的乔纳森·亚德利（Jonathan Yardley），三人的成年生活经历让他们对新上等阶层成员了如指掌，而且三人都认为布鲁克斯把握住了这一点。

22. 有关该样本的细节，见附录二。

23. 你可能会对这三个孤立的超级邮政区感到好奇，两个小的位于该地图的左上象限，一个大的位于该地图的右侧中部。两个小的超级邮政区包括成年人口138 人的巴恩斯维尔（Barnesville）和成年人口 76 人的比尔斯维尔（Beallsville）两个马里兰州小镇。大的超级邮政区是 20721 邮政区，成年人口 14451 人，隶属于马里兰州的鲍依（Bowie），是全国 3 个拥有多数非洲裔美国人的超级邮政区中的一个（82% 是黑人）。另外两个是微型的邮政区，一个是俄亥俄州的威尔伯福斯（Wilberforce），靠近代顿（Dayton），邮政编码 45384，成年人口 123 人（95%是黑人），一个是伊利诺伊州芝加哥城郊住宅区的奥林匹亚菲尔兹（Olympia Fields），邮政编码 60461，成年人口 3347 人（55% 是黑人）。

24. 在少数情况下，一个有着 90 或者更高百分位数的单独邮政区会将某个超级邮政区同其他超级邮政区群分隔开来。我在超级邮政区群中包括了这样的超级邮政区。

25. 将旧金山与纽约、华盛顿和洛杉矶包括在内是一个主观判断，其根据是最近 30 年中信息技术行业获得的巨大影响力，该影响力不仅是技术和经济方面的，而且还有文化方面的。对于不住在我列出的城市和因被排除在狭义精英之外而感到极其愤怒的那些身价几十亿美元的执行总裁们而言，我只能说许多的大公司会在全国范围内不出现连锁反应的情况下破产。

26. 有关文献综述与原始数据，见 Cardiff, 2005 和 Mariani, 2008。左派教师的影响力因学院和系的类别而大有差异，人文学科与社会科学的倾向性最为显著。以下是来自马里亚尼的左、右派对比实例，2008 年，表 3，从高到低排列：英语7.4∶1，历史 / 政治学 6.2∶1，社会科学 5.8∶1，人文学科 5.4∶1，物理学 4.1∶1，生物学 4.0∶1，工程学 1.5∶1，健康科学 1.0∶1，商学 0.8∶1。同那些非重点的院校（2.7∶1）相比，重点院校教师左倾的情况更甚（3.7∶1）。

27. 2007 年，皮尤研究中心卓越新闻项目（Pew for Excellence in Journalism）开展了一项对 500 名记者的调查，报告了全国媒体业三个层次的结果：高管人员（执行总裁、总经理与发行人）、资深编辑与制作人以及普通记者与编辑。自由主义倾向最低的是高管人员，左、右派对比为 1.6∶1，资深编辑与制作人的比为2.1∶1，普通记者与编辑为 6.7∶1。在最后一个群体中，12% 的人称自己非常自由，28% 的人称自己自由，3% 的人称自己保守，还有 3% 为非常保守（皮尤研究中心卓越新闻项目，Journalism，2008，55）。该报告的 PDF 文件可在 http://www.stateofthemedia.org/2008/Journalists%20topline.pdf 找 到。 还 可 见 Groseclose，2005。

28. 来源：几乎每一届奥斯卡颁奖典礼。

29. Callahan, 2010, chapter 1.

30. 当一个超级邮政区代表了该城镇唯一的邮政区，或者某城镇有一个以上的邮政区而超级邮政区至少代表了其中的一半时，正文中的百分比代表了城镇层级的结果。数据从各州选举委员会的网站获得，有些网站提供镇的数据，有些则不提供。

31. Bishop, 2008, 1-8.

32. 数据下载自 ADA 网站。

第四章

1. Tocqueville, 1840, vol.2, Google Books.

2. 设计一个测试的想法以及问题7与问题11（或许我还忘记了几个）来自Brooks，2000。

3. "主要养家者"被定义为由一对已婚夫妻主导的家庭中具有更高的职业类别者。

4. 作者的分析，以 1979 年至 2006 年间追踪的 NLSY-79 样本中仅仅错过两次调查的人为根据。

5. 皮尤宗教与公共生活论坛（Pew Forum on Religious and Public Life）网站，http://religious.pewforum.org/affiliations。

6. Bishop, 2008.

7. Murray, 2008, chapter 2.

8. 这些表明智商平均数为 115 的学校的标准差是 12，而不是全国的标准差 15，这与对那些数值大大高于或低于全国平均数的子群的经验观察结果是一致的。

9. 美国疾病控制中心，http://www.cdc.gov/BRFSS/。

10. Chinni, 2010, introduction. Kindle edition.

11. Pickuptrucks.com，http://news.pickuptrucks.com/2011/01/2010-year-end-top-10-pickup-truck-sales.html。

12. 在 1995—1998 年分布式数据库生活方式数据中：如果你没有大学学位，并且无论在何处每年的收入都低于 10 万美元，那么你每年钓鱼 5 次或更多次的可能性为 14%。拥有大学学位且年收入 10 万美元以上者，可能性为 4%。如果推断处于社会经济地位中极少几个最高百分位的人群中也存在这种联系，那么百分比想必会相应地下降。

13. 我的基本资料来源是 http://en.wikipedia.org/wiki/List_of_casual_dining_restaurant_chains。我进入那些在世界各地设有专卖店的餐馆的网站去估算其在美国设立专卖店的数目。

14. 有些连锁店是私营的，其收入必须要估计在内。120 亿美元是一个极其保守的估计值。

15. 票房 Mojo 网（Box Office Mojo），http://www.boxofficemojo.com/yearly/chart/?yr=2009&p=.htm。

16. 好莱坞头条（Deadline Hollywood）网站，http://www.deadline.com/2010/05/full-series-rankings-for-the-2009-10-broadcast-season/。

17. 斯普林菲尔德商业杂志网（SBJNet），http://sbj.net/main.asp?SectionID=18&SubSectionID=23&ArticleID=86519。

第五章

1. Herrnstein, Bekle, and Taylor, 1990.

2. Herrnstein and Murray, 1994, 34.

第二部分

1. U.S. Bureau of the Census, 1975, vol. I, series D, table nos.182-232. 这些数字指的是所有年龄和种族的男女工人。

第六章

1. Grund, 1837, Google Books.

2. 引用在 Adams，1889，Google Books。

3. 同上。

4. 同上。

5. 同上。

6. Kurland, 1986, vol.1, chapter 13, document 36, http://press-pubs.uchicago.edu/founders/documents/vlch13s36.html。

7. Benjamin Franklin to William Strahan, February 16, 1784, in Murphy, 1906, Google Books.

8. 引用在 Spalding, 1996, 30。

9. Adams, 1889, Google Books.

10. Tocqueville, 1840, vol. 2, Google Books.

11. Grund, 1837, Google Books.

12. Adams, 1889, Google Books.

13. Hamilton, 1833, Google Books.

14. Grund, 1837, Google Books.

15. 托马斯·杰斐逊致纳撒尼尔·梅肯（Nathaniel Macon），见 *The Works of Thomas Jefferson*, federal ed., vol. 12（New York and London：G. P. Putnam's Sons, 1904-5），Online Library of liberty。

16. 其他的美德，一种说法是虔诚、博爱、勤奋和节俭，另一种说法是和谐、勤奋和简朴。乔治·华盛顿 1789 年 5 月致基督教长老会最高宗教会议（General Assembly of Presbyterian Churches），见 Allen, 1988, 181；及乔治·华盛顿 1789 年 1 月 29 日致拉菲特侯爵（Marquis de Lafayette），见 Allen, 1988, 161, Online Library of Liberty。

17. 约翰·亚当斯 1787 年 9 月 23 日致外交国务秘书杰伊（Secretary Jay），见 Adams, 1856, vol. 8, Online Library of Liberty。

18. 托马斯·杰斐逊 1812 年 8 月 4 日致威廉·杜安（William Duane），见 Ford, 1904, Online Library of Liberty。

19. 有关犯罪的历史数据，见 Gurr, 1989。

20. 关于起诉盗窃的数据来自 Nelson, 1967。关于米德尔塞克斯县人口的数据来自 Chickering, 1846, Google Books。

21. 相比较而言，美国 2008 年报告的盗窃犯罪率为万分之三百一十九，这个数字不包括在其他所有财产犯罪中，或者认为所有盗窃犯罪未经报告。根据 2008 年《统一犯罪报告》。

22. 19 世纪的城市中，也存在着暴民这种特殊的角色。尽管这一主题的内容丰富，但就像边远地区的斗殴行为一样，暴民的活动只在个别情形下归入我们平常认为的犯罪或者不诚实的范围中。

23. Tocqueville, 1840, vol. 1, Google Books.

24. Hamilton, 1833, Google Books.

25. Grund, 1837, Google Books.

26. James Wilson, "Of the Natural Rights of Individuals", in *Collected Works of James Wilson*, vol. 2, ed. Kermit L. Hall and Mark David Hall (Indianapolis: Liberty Fund, 2007), Online Library of Liberty.

27. John Adams, *Diary*, June 2, 1778.

28. John Adams, "John Adams to the Young Men of the City of New York", in *The Works of John Adams, Second President of the United States: With a Life of the Author, Notes and Illustrations*, vol. 9(Boston: Little, Brown and Co., 1856), Online Library of Liberty. 即使热衷于婚外情并有着大量此方面经历的本杰明·富兰克林也曾说："单身汉不是一个完整的人，就像是奇怪的半个剪刀，还没有找到它的同伴，而且还没有完整剪刀的一半有用。"本杰明·富兰克林 1787 年 5 月 18 日致伦敦的托马斯·乔丹（Thomas Jordan），引自 Murphy，1906，Google Books。

29. Martineau, 1837, part 2, Google Books.

30. Tocqueville, 1840, vol. 2, Google Books.

31. Ibid.

32. Ibid.

33. Grund, 1837, Google Books.

34. Novak, 2002, 34.

35. 华盛顿离职演说，Online Library of Liberty。

36. 约翰·亚当斯致马萨诸塞州国民警卫队第三师第一旅军官，见 *The Works of John Adams*。

37. 约翰·亚当斯致 F. A. 范德肯普（F. A. Vanderkemp），引用在 Novak，2002，epigraph。

38. 詹姆斯·麦迪逊 1825 年 11 月 20 日致弗雷德里克·比斯利（Frederick Beasley），引用在 Novak，2002，33。

39. Thomas Jefferson, *Notes on the State of Virginia*, Online Library of Liberty.

40. 这一逸事记录于尊敬的伊桑·艾伦牧师（Reverend Ethan Allen）的日记中，该日记现收藏于国会图书馆，见 Novak，2002，31。其真实性未经确认。杰斐逊任职期间，艾伦还是一个孩子，所以可能该逸事充其量是传闻。然而写在1807年一封信中的这段文字反映出了同该事一致的感悟力："践行道德规范对于社会福祉必不可少，（我们的造物主）已着意将其箴言永久地铭刻于我们的内心之上，使得这些箴言不会为我们敏锐的头脑所忽略。我们完全赞同耶稣基督道德戒律的约束力，纯粹的道德戒律只存在于耶稣基督的话语中。因此，对我而言，这是一个原则问题，即我们可以就产生分歧的无所谓的问题发表任何意见，但要避免打扰他人的安宁。"托马斯·杰斐逊致詹姆斯·菲什巴克（James Fishback），见Foley，1900，Google Books。

41. 托马斯·杰斐逊1813年9月18日致威廉·坎比（William Canby），http://www.beliefnet.com/resourcelib/docs/57/Letter_from_Thomas_Jefferson_to_William_Canby_1.html。

42. 引用在Clark，1983，413。

43. 引用在Novak，2002，37。基督教与自治社会的基本需要之间联系的例子，见Novak，2002，chapter 2。

44. Tocqueville, 1840, vol.1, Google Books.

45. New York Times, April 22, 1910, p. 1, New York Times Archives.

第八章

1. 有关该观点的出色论述，见Hymowitz，2006。

2. 罗珀民意研究中心网站，http://www.ropercenter.uconn.edu/.USGALLUP.556POS.R137M。

3. 同上。

4. 这个计算结果乘以GSS调查的"已婚人士中婚姻美满者"的百分比。由于CPS调查拥有更大数量和更高全国代表性的样本，故GSS采用CPS已婚人士的百分比。

5. Aronson and Huston, 2004.

6. Fomby and Cherlin, 2007; Cavenagh and Huston, 2006.

7. Bronte-Tinkew et al., 2006; Harper and McLanahan, 1998.

8. Sourander et al., 2006.

9. Bauman, Silver, and Stein, 2006; Denise et al., 2005.

10. Warner and Hayward, 2006.

11. Pearson, Muller, and Frisco, 2006.

12. Carlson, 2006.

13. Brown, 2000.

14. 对具体报刊文章的引用只是说明了文献的数量庞大。一些主要的评论资料是 McLanahan and Sandefur, 1994；Mayer, 1997；McLanahan, 2001；Aronson and Huston, 2004；and Hymowitz, 2006。

15. 在此计算中，我排除了同丧偶单亲共同生活的子女。

16. Malinowski, 1930, Google Books.

17. Laslett, Oosterveen, and Smith, 1980.

18. Brown and Manning, 2009.

19. Bumpass and Lu, 2000.

20. Ibid.

21. Aronson and Huston, 2004, table 1.

22. Ibid., table 2.

23. Brown, 2004, table 1.

24. 概括在 Bumpass and Lu，2000。

第九章

1. 16 岁及以上白人 1960—1964 年的失业率为 5.1%，2008 年为 4.5%。为避免与 2009 年和 2010 年高失业率的比较混淆，我以 2004—2008 年的失业率来取代 2006—2010 年最近五年的失业率。劳工统计局网站。

2. 1960 年的度量标准以十年一次的人口普查为根据，1968 年的度量标准以 CPS 调查为根据，二者在退出劳动人口者数量上的小幅下降应该被忽略。总的来说，我们知道壮年期男性中白人男性的劳动参与率在这十年间保持平稳，将数量上的小幅下降归因于资料之间的差别是谨慎的。尽管两种调查中使用了相同的劳动人口方面的问题，然而还是可能存在一些不可比性，因为 CPS 数据全部来自 3 月调查，而人口普查数据收集的时间跨度要更大一些。另一个问题是劳动人口以外人群。与 CPS 调查结果相比，1960 年人口普查明显更有可能确认劳动人口以外的某个人拥有一份职业。

3. 该图的另一个独特之处是仅有高中学历的男性数量在 1993—1994 年的突然激增。我本人确信这不是一个错误编码或其他数据差错的结果，但我没有可以解释它的理由。

4. Herrnstein and Murray, 1994, chapters 7-8.

5. 对于 16 岁及以上非机构平民人口，我使用劳工统计局公布的全国失业率来反映劳动力市场的整体状况。

6. 有关年份与全国失业率二元变量（就业或者失业）回归的对数比率分析。

7. CPS 公布了时数的间隔（1—14，15—29，30—34，35—39，40，40—48，49—59，60+）。我采用每个间隔的中间值，60+ 数值取 65，来做每周工作时数的估计。

8. Sundstrom，1999. 提出证据证明，时间日志的每周工作小时数的估计值在每周总数上小于 CPS 的估计值，大学学历者的差别最大。这种差别是否代表了对工作时间的真正的高估或者两种标准所体现的职业种类的差别尚不清楚。

9. 劳工统计局网站，www.bls.gov。《2009 年就业统计》，http://www.bls.gov/oes/current/oes_nat.htm。依据 2010 年美元价格换算。

10. 劳工统计局网站。

11. 大学学历男性的闲暇时间为 104.3 小时，高中学历以下男性的闲暇时间为 101.9 小时，二者之间有 2% 的差距。Aguiar and Hurst，2009，table 2-2.

12. Ibid., 2.

13. Ibid., tables 3-2B, 3-3B, 3-3C.

14. 1985 年的研究没有种族变量。这些结果适用于各种族男性。

15. Nakosteen and Zimmer, 1987.

16. Becker, 1981.

17. Gilder，1973。Gilder，1986，修订版。

18. 那篇主张男性创造力提高的有很大影响力的文章，见 Korenman and Neumark，1991。一些支持这一观点的新颖证据，见 Ginther and Zavodny，2001，他们使用 "奉子成婚"（男性在女性怀孕后与之结婚，如未怀孕则可能不结婚）作为一种减轻选择后果的方式。反对男性创造力提高的观点，见 Cornwell and Rupert，1997；Krashinsky，2004；Dougherty，2006。

19. 这些结果的根据，是有关年份、婚姻状况（二态）、30—49 岁白人男性的失业率、有关学历的分类变量（大学或大学以上学历、仅有高中学历和二者之间的学历）以及学历与婚姻的相互作用项的二元变量（在劳动人口之中或之外）回归的对数比率分析。1960 年与 2010 年的拟合值将 1960/1968—2010 年壮年期白人男性失业率平均数确定在 4.1%。

20. 作者的分析，IPUMS 的根据是非在校的 18—64 岁白人女性。

21. 我设定了用以计算 100 以内百分率的最小值。一直到 20 世纪 70 年代中期，CPS 有关贝尔蒙特的数据中 30 多岁和 40 多岁单身女性的数量很少。这意味着贝尔蒙特 1969 年的百分率以 1968—1970 年为根据，1972 年的百分率以 1971—1972 年为根据，1974 年的百分率以 1973—1974 年为根据，1976 年的百分率以 1975—1976 年为根据。

22. 从 1960 年到 2008 年，所有 30—49 岁白人受雇女性每周工作时间的平均数是 36.5 小时，从 1988 年一直到 2008 年除有一年外，显示出从 20 世纪 60 年代末的大约 35 小时到超过 37 小时的上升趋势。

23. 更正式一些的说法，是该趋势线显示了 CPS 调查中家庭的百分率，对已婚家庭来说，配偶中有一人在受访前一周至少工作了 40 小时，或者对未婚家庭而言，被指定为户主的人在受访前一周至少工作了 40 小时。样本限于要么是被编码为户主的人，要么是户主的配偶。

第十章

1. 年龄 30—49 岁从事蓝领职业的高中辍学者通常生活在劳动阶层住宅区，即使他们的孩提时代是在贝尔蒙特度过的。有关贝尔蒙特－费什敦分类的理由，是要有一种确定某住宅区现有人口属性的方法，而不是依据他们父母的社会经济等级。但犯罪是一个例外，由于有太多的犯罪是十几岁或者二十几岁的青年人所为，因此我调查了在押罪犯大概的社会经济背景，在附录五中做了介绍。没有根据认为大量符合费什敦条件的成年罪犯确实出于中产阶层或者中上阶层家庭。

2. 有关罪犯职业的数据是贫乏的。该调查询问了有关服缓刑者在受访时或被逮捕前拥有职业的几个不同的问题，但结合了所有的回答也只得到了不到一半的受访者的职业数据。在那些确实提供了职业信息的人群中，76% 的人从事的职业符合费什敦的条件，仅有 7% 的人从事的职业符合贝尔蒙特的要求。20—49 岁白人男性中，二者的比例为 59% 和 25%。

3. Joe Nocera, "Still Stuck in Denial on Wall St.", *New York Times*, October, 2010.

4. 依据第十三章做出的破产宣告包括对部分或全部债务的偿还计划。

5. 从 1972 年一直到 2005 年，该数字的根据是"非商业"申请破产的数量。在 1981 年之前的《美国统计概要》中，申请破产的数量是从债务人职业的角度公布的。由于结合了全部公开的数据，从 1972 年到 1980 年间我们有了两个标准。因为在 1981 年前的编码中，"雇员"与"其他，非商业"情形的总数就包含在那些年间的几百个"非商业"申请破产的案件中，所以我采用该总数来替代 1960—1971 年非商业申请破产案件的数量。

6. Domowitz and Eovaldi, 1993, 列举了 1978 年法案中的 13 个"保护债务人"的条款，其中包括一份对于豁免（破产人可能拥有的财产）和限制债权人权利的扩展清单。

7. Domowitz and Eovaldi, 1993, 检验了使用 1961 年到 1985 年数据的多变量回归模型，并断定该法案在头几年的效果并不显著。

8. 米歇尔·怀特（White, 1998）从两类人的角度介绍了这种情形的发生方式：A 类人仅因时运不济陷入难以应付的财务困境而申请破产，B 类人"采用与许多家庭预先计划减轻其税收负担相同的方法，提前计划利用破产的可能性获利"（第 215 页）。她后来完成了有关破产法不同豁免水平的财务计算，并且证明如果你是一个不太在乎失信于债权人的人，那么依据美国破产法打算为破产付款确实是可能的。

9. Sullivan, Warren, and Westbrook, 2000.

10. Zhu, 2011.

第十一章

1. Putnam, 2000, 66.

2. Ibid., 67.

3. Leege and Kellstedt, 1993; Verba, Schlozman, and Brady, 1995; McKenzie, 2001.

4. Levin, 1994.

5. Hummer et al., 1999.

6. Idler and Kasl, 1992.

7. Lehrer and Chiswick, 1993.

8. Koenig, McCollough, and Larson, 2001.

9. 例如，见 Donahue and Benson, 1995; Muller and Ellison, 2001; Regnerus, 2000。

10. Hutchinson, 1986.

11. Hoge, Johnson, and Luidens, 1994, 1.

12. Ibid., 2-6.

13. Ibid., 1994, 1-4. 从 20 世纪 50 年代中期一直到 1963 年，声称最近 7 天中做过

一次礼拜者的百分比为 47%—52%，70 年代前 5 年中，该百分比下降至 40%—42%。

14. Hadaway and Marler, 1998.

15. International Social Survey Program：Religion 2，1998，引自 Hunsberger and Altemeyer，2006，13，table 1。

16. Larson and Witham, 1998.

第十二章

1. Milano, 2008, 76-77. 米拉诺，一位费什敦的终生居民，还写了另外两本有关费什敦历史的书。

2. 通过资料了解到，1960 年费什敦有 20 个人不是白人，肯·米拉诺写道："20 个？哇，听起来很多了，这令我感到意外。"1960 年数据的根据是费城 18A 与 18B 人口普查区，接下来一直到 2000 年数据的根据是费城 143 和 158 人口普查区。这两个人口普查区的边界很接近当地人对费什敦边界的定义——特拉华河、法兰克福大道和诺里斯大街与约克大街之间的中间地带。

3. Rossi, 1955.

4. Binzen, 1970.

5. 引用 ibid.，103。

6. Ibid.

7. 斯墨拉康的研究也包括本地人定义的费什敦的范围，只不过她的活动中心靠近北侧地区。

8. 在这里，我还没有试着就有关白人劳动阶层文化存在的文献做出评论。其中的许多内容——宾曾关于费什敦的书是一部报刊式的作品——写于 20 世纪 60 和 70 年代，美国白人劳动阶层强烈抵制被认为是政府以损害其利益为代价偏袒非洲裔美国人的做法，这促使宾曾做出了写这本书的决定，例证见 Sennett and Cobb，1972；Rubin，1976。自 20 世纪 60 年代起，许多有关白人劳动阶层的文献一直专注于种族问题，而对于种族问题之外有关白人劳动阶层社会的有益内容做出介绍的，见 Kornblum，1974；Hirsch，1983；Halle，1984；McLeod，1987。斯墨拉康的论文对本书而言具有独一无二的价值，部分原因是该论文碰巧将肯辛顿区作为研究的地点（当我选定费什敦作为虚构的劳动阶层社区名称时，还不知道有斯墨拉康的论文存在），部分原因是我在本书第二部分中描述的趋势完全显现后，该论文介绍了费什敦居民90年代末的生活状况。

9. Smallacombe, 2002, 206.

10. Ibid., 209.

11. Ibid.

12. Ibid., 208.

13. Ibid., 210.

14. Ibid., 165.

15. Ibid., 220.

16. 1960年人口普查区数据显示了14岁及以上男性的劳动参与状况，而2000年人口普查区数据则采用了16岁及以上的年龄范围。我选用20—64岁作为费什敦男性在1960年与2000年会被期望进入劳动人口的年龄范围（截至2000年，20岁及以上费什敦人的大学入学率仍然非常低）。我将1960年14—18岁白人男性和那些65岁及以上男性的全国劳动参与率用作实际上处于这些年龄范围的费什敦男性的劳动参与率，以获得20—64岁男性劳动参与率的估计值。对于2000年，除了把较年轻男性的年龄范围从14—19岁替换为16—19岁以外，我遵循了相同的做法。通过复制限于来自劳动阶层家庭白人男性的全国性统计资料，我再次复核了2000年这个极高的数字（30%）。这一做法得出的估计值为29%。

17. Smallacombe, 2002, 194.

18. Ibid.

19. 本条及以下对肯·米拉诺的引用内容源于2011年春天的谈话和电子邮件。

20. Smallacombe, 2002, 214.

21. Ibid., 85.

22. Ibid., 166.

23. Ibid., 239.

24. Ibid., 238.

25. Ibid., 227.

26. Ibid., 227-228.

27. Ibid., 233.

28. Ibid., 254.

29. Ibid., 259.

30. Ibid., 271-272.

31. Ibid., 264.

32. Ibid., 148.

33. Ibid., 147.

34. 有关以艾奥瓦州奥尔温（Oelwein）为背景的叙述，见 Reading，2009。

第十三章

1. 收入是指以工资形式从私有来源处获得的货币，以及来源于交易、股息、权益、租金或其他非政府救济金的所得。对于仅由两个成年人构成且截至 2010 年 CPS 调查时户主不超过 65 岁的家庭，我将使用贫困线标准，对 1959—2009 年的标准用定额美元来表示。我采用这一做法来替代每一年的实际标准，是因为随着时间的推移，使实际标准不太具有可比性的贫困线标准的报道和计算结果发生了变化，但差别很小。例如，1959 年，由一个男性为主的两个成年人构成的家庭（在贫困标准的计算结果中不再做区别）的实际标准是 1963 美元，以 2010 年 CPS 调查为根据的标准是 1960 美元（1959 年美元价格）。

2. 由于许多类似服务员或赌场发牌员工作纯收入的主要来源是小费，所以 6% 的比例夸大了最低工资工作的普遍程度。劳工统计局网站，http://www.bls.gov/cps/minwage2010.htm。

3. 劳工统计局网站，http://www.bls.gov/oes/current/oes_nat.htm#00-0000。职业 37 — 1012，换算成 2010 年美元值。

4. 我也不是说货真价实的全职住家父亲们就不像全职住家母亲们那样体面地忙碌着，但他们的数量一直太少，无法影响统计结果。

5. 1960 年的人口普查中不包含收入来源。因此 1959 年计算结果的前提是没有 30—49 岁男性领取政府救济金。尽管从技术角度来看，这并不正确，但从 1959 年起政府对于男性资助的来源（主要是退伍军人津贴和伤残津贴）和数量一直极其稀少，因此差错的程度不太可能超出 1 个百分点。

6. Ross, Danziger, and Smolensky, 1987.20 世纪 40 年代与 50 年代的贫困状况持续减少，但没有在 60 年代加快减少的速度。有关批判 60 年代政策的细节，见 Murray，1984。

7. 这个数字的根据是包括政府救济金在内的总收入，因为 GSS 调查没有分列该类别——这是妨碍对该社区隔离人群中未重复部分予以准确计算的技术问题之一。

8. 图 13.4 推断出了从 1974 年到 2004 年再回到 1960 年的 GSS 数据中观察到的隔离人群的趋势线。支持该推断的假定以罗伯特·帕特南 20 世纪 50 年代以来的社会资本趋势线为根据，见 Putnam，2000，该趋势线显示出从 60 年代初以来团体成员数量急剧下降，帕特南的发现将在第十四章得到更为详细的讨论。

第三部分

1. 引自 Alfred L. Malabre Jr.，*Lost Prophets:An Insider's History of the Modern Economists*（Cambridge，MA：Harvard Business School Press，1994），220。

第十四章

1. Banfield, 1958, 85.

2. Tocqueville, 1840, 514.

3. Olasky, 1992, 86.《美国同情心的悲剧》（*The Tragedy of American Compassion*）一书的第五章与第六章中有大量的类似数据。

4. Pollock, 1923, in Skocpol, 2003, 63-64.

5. Skocpol, 2003, especially chapters 2 and 3.

6. Ibid., 108-109.

7. Ibid., 110-111.

8. 20 世纪 20 年代中期，罗伯特与海伦·林德（Helen Lynd）开展了对美国印第安纳州曼西（Muncie）的权威性研究，他们报告称"商业阶层"与"劳动阶层"受访者样本中隶属于各种团体者，实际上代表了白领与蓝领职业群体。57% 的劳动阶层男性与 36% 的劳动阶层妻子（所有受访者均已婚）隶属于至少一个团体，数量上高于当前对费什敦观察所得的全部数据，但是与商业阶层的数据对比则相形见绌：后者中男性的比例是 97%，妻子的比例为 92%。B. Lynd and H. Lynd, 1929, appendix table 19.

9. Putnam, 2000.

10. Ibid., chapters 2, 3, 6, 7.

11. 帕特南指出，这事实上低估了实际减少的投票者的数量，因为 1965 年以后南方的选举意味着许多黑人的投票并没有反映出参与选举的新的倾向，只是反映出他们在民权运动与《1965 年选举权法案》（Voting Rights Act of 1965）之后具有这样做的能力。Putnam, 2000, 31-33.

12. Brooks, 2000, 106.

13. 例如，Nie, 2001；Wellman et al., 2001；Hampton and Wellman, 2003；Bargh, 2004；Williams, 2006。

14. 这个与下两个事例与我的家人直接相关，只是我的家人经历的很多事例中的几个。如果你在蒙住眼睛的情况下从盛有弹子的碗中随机拿出的前三个弹子都是紫色的，那么该碗中有大量紫色弹子的可能性就很大。通过互联网表现出的有关社会资本的这些事例如此众多，它们都来自我自己的家人和朋友们的家人，在我看来，我们很可能正在见证传统社会资本的转变，这种转变远远超出了学术文献所记录的范围，这似乎是极有可能的。

15. Jim Jansen, "Use of the Internet in Higher-Income Households", November 24, 2010, Pew Research Center's Internet & American Life Project, www.pewinternet.org.

16. Keith N. Hampton et al., "Social Networking Sites and Our Lives", June 16, 2011, Pew Research Center's Internet & American Life Project, www.pewinternet.org.

17. 与大多数使用 GSS 数据的图表不同，由于样本量充足（除 1968 年与 2008 年之外的所有选举中，至少有两个 GSS 调查结果可合并为贝尔蒙特与费什敦提供样本），本图显示了每个选举年份的数据点。

18. 在 1952 年与 1956 年投票的选举样本中，大约有 72% 不具有高中学历的各种族成年人被用于《美国选民》（The American Voter）的各项分析（Campbell, 1960，table 15-1，p. 252）。虽然在未完成高中学业者中加入白人投票率是不准确的，但比例不可能会低于 75%，而且可能已接近 80%。

19. Fukuyama, 1995.

20. Putnam, 2007, 134.

21. 帕特南使用了各种数据资料以获得 1972 年以前信任度的对比情况。就整体成年人而言，各种族中信任他人者的比例已从 1960 年的大约 53% 下降到了 1972 年的 49%。Putnam, 2007, table 38, 140.

22. Ibid., 149-150.

23. Murray, 2003, chapter 19.

24. Field, 2003; Putnam, 2000.

第十五章

1. 我想不起那个栏目的名称或访谈的日期——我是在许多年前看到的，用谷歌搜索也没找到——只记得格芬脸上令人们对他的话信以为真的苦笑。

2. 在1990年到1998年以及2000年到2010年的调查中，对自称幸福与家庭、职业、社区和信仰之间关系的考察是分别进行的，目的是查看其间的关系是否已经发生改变。除小有差别外，没有发生改变。合并调查结果扩大了样本量，为多元分析提供了更高的稳定性。有关幸福与工作、婚姻、宗教、收入的数量测度的关系以及其他各种话题的讨论，见Brooks，2008。

3. 有关表明婚姻对幸福独立作用的文献评论与根据，见Stutzer，2006。

4. 幸福问题提供的4个选项取代了GSS调查提供的3个选项，而且选项用语也与GSS选项大不相同："根本不幸福""不很幸福""幸福"与"很幸福"。相应地，社会资本基准调查中认为自己"非常幸福"者的绝对百分比无法同GSS数据中这类人相比。结果差异的含义是，21世纪前10年的GSS数据中，32%的壮年期白人称其"非常幸福"，相对应的社会资本基准调查中的百分比为42%。21世纪前10年GSS数据中，称"不太幸福"者的百分比为9%，而社会资本基准调查中称"根本不幸福"或"不很幸福"者的百分比之和为4%。

5. SCBS还有一个合并了非选举政治参与方式的各项测度的"抗议活动指数"——签署请愿书、出席政治会议或集会、加入政治团体或工会组织以及参加示威集会、抗议、联合抵制或示威游行。然而该样本中46%的人分值为0，无法创建类似其他指数截点的"非常高"与"非常低"的类别。需要指出的是，在抗议活动指数的得分为0的人群中，有39%的人回答称他们"非常幸福"，而获得该指数最高分值者的百分比为46%。

6. 所有截点的计算采用全部SCBS样本（各种族、各年龄）适用样本权重的方法。

7. 我应当指出，捐赠与志愿服务指数包括一个以宗教志愿服务和慈善为基础的指标，该指标也许已经涵盖了笃信宗教者中早已讨论过的高层次的幸福。或许你会怀疑是否所有这些指数包括了"非常低"与"非常高"类别中相同的人群，这大概可以解释结果中的相似性，回答是否定的。指数间的相关系数是适中的，大多数处在+0.3到+0.5之间，这意味着人们归入了不同指数的不同范围中。例如，以壮年期白人中具有最高相关系数（+0.54）的一对指数——群体参与指数和捐赠与志愿服务指数为例。关于捐赠与志愿服务指数，1219人归入了最高类别，但他们中只有 413 人归入到群体参与指数的最高类别中，而且这些结果是对应最高一对相关指数的。得出社区参与的不同类型各自（大致上）同自称幸福的更高层次独立存在联系的结论似乎是合理的。

8. 多元分析的简单版本单独考量每一个自变量（自变量是因变量的假定原因）。在此处采用的分析类型，称为对数比率分析，该简单版本会向你展示通过每一个自变量的各个类别而给予回答"非常幸福"的概率的增加数量。例如，以工作满意度变量为例，其有 4 个类别，"非常不满意""略微不满意""适度满意"与"非常满意"。该分析为 4 个类别中的每一个给出了一个单独的数据——增加的数量。

更为复杂的多元分析版本要了解的，是在我们思考不同的组合——美满婚姻与无宗教信仰、高度社会信任与高职业满意度等——如何相互作用时发生了什么。问题是由于增加了变量，组合的数目会呈指数倍地增加。推测出包含数种变量间各种组合的分析结果是容易做到的——计算机不会感到疲劳——但是大多数与相互作用项联系的数据不仅会失去统计学意义上的显著性，而且还会变得很小，使它们在有关回复"非常幸福"的概率方面失去了辨别作用。此外，你必须记住，计算机是不会担心是否有充分的理由期待有相互作用结果可能存在，或者某个具体组合的样本数是否大到足以做出解释的程度，它只是忠实地遵从指令而已。如此一来，计算机赋予任何一个相互作用以某种"结果"。该程序并不能表明"仅仅是干扰信息掩盖了真实的联系"，所以必须由分析者做出判断。在正文所述的分析中，只有婚姻与职业之间存在重要的相互作用的结果。因此，这些结果的根据是有关婚姻、工作满意度、社会信任与宗教参与程度的类别变量以及婚姻与工作满意度之间的相互作用。年龄同样被列为控制变量。

9. 有关幸福与收入方面文献的最新评论，见 Brooks，2008，chapter 5。有关幸福与收入不平等方面文献的评论，见 ibid., chapter 6。

10. 该分析通过使用收入与类别自变量的相互作用项而进行，但是所有的相互作用效果太小，未能接近统计显著性的要求。图 15.2 中描述的结果复制了图 15.6 中的结果，后者附加了一个以定值美元表示家庭收入的连续性变量。

11. 这些数字适合于年龄 40 岁和 50500 美元——在该多元分析中所使用样本收入中位数（50499 美元）的整数。

第十七章

1. Vol.2 of the *Glasgow Edition of the Works and Correspondence of Adam Smith* (Indianapolis: Liberty Fund, 1981).Chapter: *[IV.vii.c] part third: Of the Advantages which Europe has derived from the Discovery of America, and from that of a Passage to the East Indies by the Cape of Good Hope*. Online Library of Liberty.

2. Rifkin, 2004.

3. Zuckerman, 2008; Layard, 2005.

4. Fischer, 2010.

5. Fischer and Hout, 2006.

6. 许多自由论者不会赞同这种说法，称新政是结束的开始。我同意这个说法，即新政是将以后的联邦权力扩展予以合理化的开端，然而实际上，在肯尼迪遇刺后的下一个转折点出现之前，美国计划依然生机勃勃。

7. 汤因比的作品因萨默维尔（Somervell）出版于1946年的6卷精编版著作而风行一时。这6卷著作发表于1934年到1939年，萨默维尔于1957年出版了其精编版著作的7—10卷，而汤因比的著作已在第二次世界大战末至1954年间出版。

8. Toynbee, 1946, chapter 19.

9. Ibid., 439.

10. Himmelfarb, 1984.

11. 我忽略了准贵族的规范，该规范可能被认为已经存在于19世纪末东北部人数很少的精英阶层中。

12. "True Manliness", in *The New McGuffey Fourth Reader*, 1901, 42-47. 可通过谷歌图书在线获得。

13. 尽管西欧的非论断主义与美国相比甚至更加极端，但我对于来自西欧的数据并无充分的了解，因此无法确信欧洲上等阶层举止与言语间的差距与美国上等阶层的一样大。

14.《牛津英语词典》给出了现在已过时的第二层含义："不恰当的，不美观的"。

15. 关于斯佩林的豪宅：Jeannine Stein, "The House of Spelling: Massive Construction Project in Holmby Hills Flusters Some Neighbors", *Los Angeles Times*, April 8, 1988。关于亨利·麦金内尔从辉瑞公司离职：CNBC News, December 22, 2006, "Pfizer's McKinnell—The $200 Million Man", CNBC News website; "Golden Parachutes : Bosses Who Walked Away with Large Payouts", the online version of *The*

Economist, July 27, 2010。

16. 墨菲与福布斯数据都包括工资、奖金、股票期权和其他形式的报酬。用于图 17.1 的福布斯图表，来自 http://www.forbes.com/lists/2011/12/ceo-pay-20-year-historical-chart.html，意在展示从 1989 年到 2011 年的报酬状况，但这些年份指的是数据发布的年份而非支付报酬的年份。因此，我已将所有的数据推后一年，例如，我确定 902.6 万美元为 2010 年的数据，而福布斯将该数据确定为 2011 年的。

17. 对于那些即便将公司带上绝路也想要一个可观的离职待遇的执行总裁来说，我认为确实发生了道德问题，但这不在此处讨论的范围之内。

18. Bizjak, 2011.

19. 在西方发达国家中，私营部门创造的财富要么占到了社会财富的全部，要么是绝大多数。发达国家中政府雇员缴纳的税款，相当于其薪金回收款的一部分，而不是对于该福利国家财政的捐款，罕有例外。

20. The Federalist, no. 51, http://www.foundingfathers.info/federalistpapers/.

21. 该口号由马克思在《哥达纲领批判》(*Critique of the Gotha Programme*) 中首次提出，1875 年 4 月或 5 月初。可在线获得，http://www.marxists.org/archive/marx/works/download/Marx_Critique_of_the_Gotha_Programme.pdf。

22. Wilson, 1998.

23. Murray, 2005.

24. Murray, 2006, 21.

25. Fogel, 2000, 17.

26. Ibid., 25.

27. Ibid., 176-177.

附录一

1. Cleveland, 1979.

2. Fischer and Hout, 2006, 253.

附录三

1. "专业性蓝领职业"指有助于劳动者自主创业或者顺利得蓝领工作中的管理职位的高技能蓝领工作。

2. 该规定意味着即使丈夫与妻子都从事费什敦职业，其配偶拥有副学士或者更高学位者也没有分配给费什敦。

3. 因为数据库展示的是某人的教育年期而非取得的最高学历，所以已完成13年学校教育者被界定为"仅有高中学历"。已经完成14年学校教育者被认为具有与获得副学士学位者同等的学力。

4. 尽管已婚夫妻双方都拥有大学学位，户主年龄30—49岁，但是双方都没有职业，未被分配给某个住宅区，原因可能是缺失数据或者是数据存在一些其他问题（这样一对夫妻中，两人都没有职业的情形是非常少见的）。在CPS数据库中，户主年龄30—49岁的691942对已婚白人夫妻中，这样的夫妻仅有471对。

5. 正文中的规则包括生活在家庭中但都不是户主的已婚人士。例如，已婚的子女仍然同配偶父母中的一方共同生活。属于这种情形的人群只在CPS调查或人口普查数据中得到确认，所占比例非常小。

6. 以21岁为节点，是因为该年龄所具有的作为成年年龄的传统地位。

7. Nakao and Treas, 1994.

8. Hauser and Warren, 1997.

9. 承蒙厄尔·亨特提供未发布的数据。

10. 实际上，使用这些职业声誉量表中的一个就会产生与使用认知需求标准大致相同的结果。g负荷与中尾和特雷丝职业声誉指数的相关系数为+0.74，同豪泽和沃伦指数的相关系数为+0.76。以人口普查局使用的1990年职业编码为根据。

11. 有关截至20世纪90年代初职业创造力与认知能力文献的讨论，见Herrnstein and Murray，1994，chapter 3。有关截至21世纪初上述文献的更新，见Gottfredson，2003。

12. 排名垫底的职业是伐木工、农产品分级分选工、建筑设备操作工、矿工、码头和其他搬运工、仓库物料员、包装工、打包工和设备清洗工。

附录四

1. Bramlett and Mosher, 2002, table 35.

2. 这些结果出自以第一模型中的住宅区和第二模型中的住宅区、母亲结婚的年龄以及母亲生育的年龄为根据的二元变量（在其母亲40岁时该孩子是否经历父母离异）回归的对数比率分析。

附录五

1. 出生于 1945 年的最早同生群的结果，见 Wolfgang，Figlio，and Sellin，1972。费城 1958 年同生群复现了这一研究成果，见 Tracy，1990。

2. 这些结果是经过对年龄 20—49 岁白人男性罪犯以年龄、教育年期、职业分类以及教育与职业分类相互作用为根据的先前被逮捕次数的回归得出的。对两个住宅区的年龄调整至 30 岁，教育方面的数值根据来自两个住宅区罪犯的平均受教育程度做了调整——贝尔蒙特与费什敦分别为 17 年和 10 年，通过本方法得到的贝尔蒙特与费什敦先前被逮捕的适当数字分别为 2.46 次和 5.92 次。

3. Levitt, 1996; Dilulio and Piehl, 1991; Dilulio and Piehl, 1995.

4. Dilulio, 1991.

5. Greenwood and Abrahamse, 1982, xiii.

6. 在本次与随后的其他统计资料中，我没有采用 1974 年到 1980 年《统一犯罪报告》中的逮捕数据。在这些年间，大量的执法机构报告的并非完整的 12 个月的结果，而且这些结果存在于已出版的《统一犯罪报告》中。

7. 彭博新闻社（Bloomberg LP）。

8. 需要指出的是，证券交易委员会《会计与审计信息强制披露》的发布数量在 1983 年到 2003 年间有所增加，后来出现了下降。

9. 需要指出的是，从 1978 年一直到 2009 年的第一手数据来看，国家税务局税务欺诈案件的发生数量有所下降。

参考文献

Adams, Charles Francis, ed. 1856. *The Works of John Adams, Second President of the United States: With a Life of the Author, Notes and Illustrations*. Boston: Little, Brown & Co.

Adams, Henry. 1889. *History of the United States During the First Administration of Thomas Jefferson*. New York: Charles Scribner's Sons.

Aguiar, Mark, and Erik Hurst. 2009. *The Increase in Leisure Inequality: 1965–2005*. Washington, DC: AEI Press.

Allen, W. B., ed. 1988. *George Washington: A Collection*. Indianapolis: Liberty Fund.

Aronson, Stacey R., and Aletha C. Huston. 2004. The mother-infant relationship in single, cohabiting, and married families: A case for marriage? *Journal of Family Psychology* 18 (1):5–18.

Arum, Richard, Josipa Roksa, and Michelle J. Budig. 2008. The romance of college attendance: Higher education stratification and mate selection. *Research in Social Stratification and Mobility* 26:107–21.

Banfield, Edward C. 1958. *The Moral Basis of a Backward Society*. Glencoe, IL: The Free Press.

Bargh, John A., and Katelyn Y. A. McKenna. 2004. The Internet and social life. *Annual Review of Psychology* 55 (1):573–90.

Bauman, Laurie J., Ellen J. Silver, and Ruth E. K. Stein. 2006. Cumulative social disadvantage and child health. *Pediatrics* 117:1321–27.

Becker, Gary S. 1981. *A Treatise on the Family*. Cambridge, MA: Harvard University Press.

Bender, Wilbur J. 1960. Final report of W. J. Bender, Chairman of the Admission and Scholarship Committee and Dean of Admissions and Financial Aids, 1952–1960. Harvard University.

Binzen, Peter. 1970. *Whitetown USA: A First-Hand Study of How the "Silent Majority" Lives, Learns, Works, and Thinks.* New York: Random House.

Bishop, Bill. 2008. *The Big Sort: Why the Clustering of Like-Minded America Is Tearing Us Apart.* Boston: Houghton Mifflin.

Bizjak, John, Michael Lemmon, and Thanh Nguyen. 2011. Are all CEOs above average?: An empirical analysis of compensation peer groups and pay design. *Journal of Financial Economics* (June):538–55.

Bouchard, Thomas J., Jr. 1981. Familial studies of intelligence: A review. *Science* 212 (May 29):1055–59.

Bramlett, M. D., and W. D. Mosher. 2002. Cohabitation, marriage, divorce, and remarriage in the United States. In *Vital Health Statistics* 23 (22): National Center for Health Statistics.

Briggs, Derek C. 2004. Evaluating SAT coaching: Gains, effects, and self-selection. In *Rethinking the SAT: The Future of Standardized Testing in University Admissions*, edited by R. Zwick. New York: Routledge Falmer.

Broda, Christian, and David E. Weinstein. 2008. *Prices, Poverty, and Inequality: Why Americans Are Better Off Than You Think.* Washington, DC: AEI Press.

Bronson, Po, and Ashley Merryman. 2009. *Nurture Shock: New Thinking About Children.* New York: Hachette Book Group.

Bronte-Tinkew, Jacinta, Kristin A. Moore, and Jennifer Carrano. 2006. The influence of father involvement on youth risk behaviors among adolescents: A comparison of native-born and immigrant families. *Social Science Research* 35:181–209.

Brooks, Arthur C. 2008. *Gross National Happiness.* New York: Basic Books.

Brooks, David. 2000. *Bobos in Paradise: The New Upper Class and How They Got There.* New York: Simon & Schuster.

Brown, Susan L. 2004. Family structure and child well-being: The significance of parental cohabitation. *Journal of Marriage and the Family* 66 (May): 351–67.

———. 2006. Family structure transitions and adolescent well-being. *Demography* 43:447–61.

Brown, Susan L., and Wendy D. Manning. 2009. Family boundary ambiguity and the measurement of family structure: The significance of cohabitation. *Demography* 46 (1):85–101.

Bumpass, L.L., and Hsien-Hen Lu. 2000. Trends in cohabitation and implications for children's family contexts in the United States. *Population Studies* 54 (1):29–41.

Campbell, Angus, Philip E. Converse, Warren E. Miller, and Donald E. Stokes. 1960. *The American Voter.* New York: Wiley.

Cardiff, Christopher, and Daniel B. Klein. 2005. Faculty partisan affiliations in all disciplines: A voter-registration study. *Critical Review* 17 (3–4):237–55.

Carlson, Marcia J. 2006. Family structure, father involvement, and adolescent outcomes. *Journal of Marriage and the Family* 68:137–54.

Cavenagh, Shannon E., and Aletha C. Huston. 2006. Family instability and children's early problem behavior. *Social Forces* 85:551–80.

Chickering, Jesse. 1846. *A Statistical View of the Population of Massachusetts from 1765 to 1840*. Boston: Charles C. Little & James Brown.

Chinni, Dante, and James Gimpel. 2010. *Our Patchwork Nation: The Surprising Truth About the "Real" America*. New York: Gotham Books.

Clark, Ronald W. 1983. *Benjamin Franklin: A Biography*. New York: Random House.

Cleveland, W. S. 1979. Robust locally weighted regression and smoothing scatterplots. *Journal of the American Statistical Association* 74 (368):829–36.

Coleman, James S., Ernest Q. Campbell, and Carol J. Hobson. 1966. *Equality of Educational Opportunity*. Washington, DC: National Center for Educational Statistics.

Cornwell, C., and P. Rupert. 1997. Unobservable individual effects, marriage, and the earnings of young men. *Economic Inquiry* 35 (2):285–94.

Denise, Kendrick, et al. 2005. Relationships between child, family, and neighbourhood characteristics and childhood study. *Social Medicine* 61:1905–15.

Dickens, William T., and James R. Flynn. 2006. Black Americans reduce the racial IQ gap: Evidence from standardization samples. *Psychological Science* 17 (10):913–20.

Dilulio, John J., Jr., and Anne Morrison Piehl. 1991. Does prison pay?: The stormy national debate over the cost-effectiveness of imprisonment. *Brookings Review* 9 (4):28–35.

Dilulio, John J., and Anne Morrison Piehl. 1995. Does prison pay?: Revisited. *Brookings Review* 13:21–25.

Domowitz, Ian, and Thomas L. Eovaldi. 1993. The impact of the Bankruptcy Reform Act of 1978 on consumer bankruptcy. *Journal of Law and Economics* 36 (2):803–35.

Donahue, Michael J., and Peter L. Benson. 1995. Religion and the well-being of adolescents. *Journal of Social Issues* 51 (2).

Dougherty, Christopher. 2006. The marriage premium as a distributed fixed effect. *Journal of Human Resources* 41 (2):433–43.

Eberstadt, Nicholas. 2008. *The Poverty of the Poverty Rate: Measure and Mismeasure of Material Deprivation in Modern America*. Washington, DC: AEI Press.

Espenshade, Thomas J., Chang Y. Chung, and Joan L. Walling. 2004. Admission preferences for minority students, athletes, and legacies at elite universities. *Social Science Quarterly* 85 (5):1422–46.

Espenshade, Thomas J., and Alexandria Walton Radford. 2009. *No Longer Separate, Not Yet Equal: Race and Class in Elite College Admission and Campus Life*. Princeton, NJ: Princeton University Press.

Field, John. 2003. *Social Capital*. New York: Routledge.

Fischer, Claude S. 2010. *Made in America: A Social History of American Culture and Character*. Chicago: University of Chicago Press.

Fischer, Claude S., and Michael Hout. 2006. *Century of Difference: How America Changed in the Last One Hundred Years*. New York: Russell Sage Foundation.

Florida, Richard. 2002. *The Rise of the Creative Class*. New York: Basic Books.

Fogel, Robert W. 2000. *The Fourth Great Awakening and the Future of Egalitarianism*. Chicago: University of Chicago Press.

Foley, John P., ed. 1900. *The Jeffersonian Cyclopedia*. New York: Funk & Wagnalls.

Fomby, Paula, and Andrew J. Cherlin. 2007. Family instability and child well-being. *American Sociological Review* 72 (April):181–204.

Ford, Paul Leicester, ed. 1904–5. *The Works of Thomas Jefferson*. Vol. 11, *Federal Edition*. New York: G. P. Putnam's Sons.

Fukuyama, Francis. 1995. *Trust: The Social Virtues and the Creation of Prosperity*. New York: The Free Press.

Geiger, Roger L. 2002. The competition for high ability students: Universities in a key marketplace. In *The Future of the City of Intellect: The Changing American University*, edited by S. Brint. Stanford, CA: Stanford University Press.

Gilder, George. 1973. *Sexual Suicide*. San Antonio: Quadrangle.

———. 1986. *Men and Marriage*. Gretna, LA: Pelican Publishing.

Ginther, Donna K., and Madeline Zavodny. 2001. Is the male marriage premium due to selection?: The effect of shotgun weddings on the return to marriage. *Journal of Population Economics* 14 (2):313–28.

Goldberg, Steven. 2003. *Fads and Fallacies in the Social Sciences*. Amherst, NY: Humanity Books.

Golden, Daniel. 2006. *The Price of Admission: How America's Ruling Class Buys Its Way into Elite Colleges—and Who Gets Left Outside the Gates*. New York: Random House.

Gorely, Trish, Simon J. Marshall, and Stuart Biddle. 2004. "Couch Kids: Correlates of Television Viewing Among Youth." *International Journal of Behavioral Medicine* 11 (3):152–63.

Gottfredson, Linda S. 2003. g, jobs, and life. In *The Scientific Study of General Intelligence: A Tribute to Arthur R. Jensen*. Oxford: Pergamon.

Greenwood, Peter W., and A. Abrahamse. 1982. *Selective Incapacitation*. Santa Monica: Rand Corp.

Groseclose, Tim, and Jeffrey Milyo. 2005. A measure of media bias. *Quarterly Journal of Economics* 120 (4):1191–237.

Grove, Robert D., and Alice M. Hetzel. 1968. *Vital Statistics Rates in the*

United States, 1940–1960. Washington, DC: National Center for Health Statistics.

Grund, Francis J. 1837. *The Americans in Their Moral, Social, and Political Relations.* Vol. 1. London: Longman, Rees, Orme, Brown, Green, and Longman.

Gurr, Ted R. *Violence in America: The History of Crime.* Newbury Park, CA: Sage.

Hacker, Andrew. 1992. *Two Nations: Black and White, Separate, Hostile, Unequal.* New York: Charles Scribner's & Sons.

Hadaway, C. Kirk, and P. L. Marier. 1998. Did you really go to church this week?: Behind the poll data. *The Christian Century,* May 6, 472–75.

Halle, David. 1984. *America's Working Man.* Chicago: University of Chicago Press.

Hamilton, Thomas. 1833. *Men and Manners in America.* London: T. Cadell.

Hampton, K., and B. Wellman. 2003. Neighboring in Netville: How the Internet supports community and social capital in a wired suburb. *City & Community* 2 (4):277–311.

Harper, Cynthia C., and Sara S. McLanahan. 1998. Father absence and youth incarceration. Presented at the American Sociological Association, 1998.

Hauser, Robert M., and John Robert Warren. 1997. Socioeconomic indexes for occupations: A review, update, and critique. *Sociological Methodology* 27:177–298.

Heck, Katherine E., Paula Braveman, Catherine Cubbin, Gilberto Chavez, and John Kiely. 2006. Socioeconomic status and breastfeeding initiation among California mothers. *Public Health Reports* 121 (1):51–59.

Herrnstein, Richard J., Terry Belke, and James Taylor. 1990. New York City Police Department Class of June 1940: A Preliminary Report. Cambridge: Harvard University.

Herrnstein, Richard J., and Charles Murray. 1994. *The Bell Curve: Intelligence and Class Structure in American Life.* New York: Free Press.

Himmelfarb, Gertrude. 1984. *The Idea of Poverty: England in the Early Industrial Age.* New York: Alfred A. Knopf.

Hirsch, Arnold R. 1983. *Making the Second Ghetto.* Cambridge, UK: Cambridge University Press.

Hoge, Dean R., Benton Johnson, and Donald A. Luidens. 1994. *Vanishing Boundaries: The Religion of Mainline Protestant Baby Boomers.* Louisville: Westminster/John Knox Press.

Hummer, R. A., Richard G. Rogers, Charles B. Nam, and Christopher G. Ellison. 1999. Religious involvement and U.S. adult mortality. *Demography* 36 (2):273–85.

Humphreys, Lloyd G. 1978. To understand regression from parent to offspring, think statistically. *Psychological Bulletin* 85 (6):1317–22.

Hunsberger, Bruce E., and Bob Altemeyer. 2006. *Atheists: A Groundbreaking Study of America's Nonbelievers.* Amherst, NY: Prometheus Books.

Hutchinson, William R. 1986. Past imperfect: History and the prospect for liberalism. In *Liberal Protestantism: Realities and Possibilities*, edited by R. S. Michaelson and W. C. Roof. New York: Pilgrim Press.

Hymowitz, Kay S. 2006. *Marriage and Caste in America: Separate and Unequal Families in a Post-Marital Age*. Chicago: Ivan R. Dee.

Idler, Ellen, and Stanislav V. Kasl. 1992. Religion, disability, depression, and the timing of death. *American Journal of Sociology* 97 (4):1052–79.

Jensen, Arthur R. 1998. *The g Factor: The Science of Mental Ability*. Westport, CT: Praeger.

Kalmijn, Matthijs. 1998. Intermarriage and homogamy: Causes, patterns, trends. *Annual Review of Sociology* 24:395–421.

———. 1994. Assortative mating by cultural and economic occupational status. *American Journal of Sociology* 100:422–52.

Karlgaard, Richard. 2005. Talent wars. *Forbes*, October 31.

Koenig, Harold G., Michael E. McCullough, and David B. Larson. 2001. *Handbook of Religion and Health*. New York: Oxford University Press.

Korenman, Sanders, and David Neumark. 1991. Does marriage really make men more productive? *Journal of Human Resources* 26 (2):282–307.

Kornblum, William. 1974. *Blue-Collar Community*. Chicago: University of Chicago Press.

Krashinsky, Harry A. 2004. Do marital status and computer usage really change the wage structure? *Journal of Human Resources* 29 (3):774–91.

Kurland, Philip B., and Ralph Lerner, eds. 1986. *The Founders' Constitution*. Chicago: University of Chicago Press.

Larson, Edward J., and Larry Witham. 1998. Leading scientists still reject God. *Nature* 394 (6691):313.

Laslett, Peter, Karla Oosterveen, and Richard M. Smith, eds. 1980. *Bastardy and Its Comparative History: Studies in the History of Illegitimacy and Marital Nonconformism*. Cambridge, MA: Harvard University Press.

Leege, David, and Lyman A. Kellstedt, eds. 1993. *Rediscovering the Religious Factor in American Politics*. New York: M. E. Sharpe.

Lehrer, Evelyn L., and Carmel U. Chiswick. 1993. Religion as a determinant of marital stability. *Demography* 30 (3):385–404.

Levin, Jeffrey S. 1994. Religion and health: Is there an association, is it valid, and is it causal? *Social Science and Medicine* 38 (11):1475–82.

Levitt, Steven D. 1996. The effect of prison population size on crime rates: Evidence from prison overcrowding litigation. *Quarterly Journal of Economics* 3:319–52.

Lynd, Robert, and Helen M. Lynd. 1929. *Middletown: A Study in American Culture*. New York: Harcourt, Brace and Co.

MacLeod, Jay. 1987. *Ain't No Makin' It: Leveled Aspirations in a Low-Income Neighborhood*. Boulder: Westview Press.

Malabre, Alfred L., Jr. 1994. *Lost Prophets: An Insider's History of the Modern Economists*. Cambridge, MA: Harvard Business School Press.

Malinowski, Bronislaw. 1930. *Sex, Culture, and Myth.* 1962 ed. New York: Harcourt, Brace & World.

Mariani, Mack D., and Gordon J. Hewitt. 2008. Indoctrination U? Faculty ideology and changes in student orientation. *PS: Political Science and Politics* 41:773–83.

Martineau, Harriet. 1837. *Society in America.* Vol. 3. London: Saunders and Otley.

Massey, Douglas S., Jonathan Rothwell, and Thurston Domina. 2009. The changing bases of segregation in the United States. *Annals, American Academy of Political and Social Science* 626:74–90.

Mayer, Susan E. 1997. *What Money Can't Buy: Family Income and Children's Life Chances.* Cambridge, MA: Harvard University Press.

McKenzie, David J. 2001. Self-selection, church attendance, and local civic participation. *Journal for the Scientific Study of Religon* 40 (3):479–88.

McLanahan, Sara S. 2001. Life without father: What happens to the children? Princeton, NJ: Center for Research on Child Wellbeing.

McLanahan, Sara, and Gary Sandefur. 1994. *Growing Up with a Single Parent.* Cambridge, MA: Harvard University Press.

McLoyd, Vonnie C. 1998. Socioeconomic disadvantage and child development. *American Psychologist* 53 (2):185–204.

Milano, Kenneth W. 2008. *Remembering Kensington and Fishtown: Philadelphia's Riverward Neighborhoods.* Charleston: History Press.

Moll, Richard. 1985. *Public Ivies: A Guide to America's Best Public Undergraduate Colleges and Universities.* New York: Penguin.

Mosteller, Frederick, and Daniel P. Moynihan, eds. 1972. *On Equality of Educational Opportunity.* New York: Random House.

Muller, Chandra, and Christopher G. Ellison. 2001. Religious involvement, social capital, and adolescents' academic progress: Evidence from the National Educational Longitudinal Study of 1988. *Sociological Focus* 34 (2).

Murphy, John J., ed. 1906. *The Wisdom of Benjamin Franklin.* New York: Brentanos.

Murphy, Kevin J. 1999. Executive compensation. In *Handbook of Labor Economics,* edited by O. Ashenfelter and D. Card. North Holland: Elsevier.

Murray, Charles. 1984. *Losing Ground: American Social Policy, 1950–1980.* New York: Basic Books.

———. 2003. *Human Accomplishment: The Pursuit of Excellence in the Arts and Sciences, 800 B.C. to 1950.* New York: HarperCollins.

———. 2005. The inequality taboo. *Commentary,* September 13–22.

———. 2006. *In Our Hands: A Plan to Replace the Welfare State.* Washington, DC: AEI Press.

———. 2007. Abolish the SAT. *The American,* July/August.

———. 2008. *Real Education: Four Simple Truths for Bringing America's Schools Back to Reality.* New York: Crown Forum.

———. 2009. Intelligence and College. *The National Interest* 1 (1):95–106.

Nakao, Keiko, and Judith Treas. 1994. Updating occupational prestige and socioeconomic scores: How the new measures measure up. *Sociological Methodology* 24:1–72.

Nakosteen, Robert A., and Michael A. Zimmer. 1987. Marital status and earnings of young men: A model with endogenous selection. *Journal of Human Resources* 22 (2):248–68.

National Center for Health Statistics. 1941. Vital Statistics of the United States, 1939, Part I. Washington, DC: National Center for Health Statistics.

Nelson, William E. 1967. Emerging notions of modern criminal law in the Revolutionary era: An historical perspective. *N.Y.U. Law Review* 450.

Nie, N. H. 2001. Sociability, interpersonal relations, and the Internet: reconciling conflicting findings. *American Behavioral Scientist* 45:420.

Novak, Michael. 2002. *On Two Wings: Humble Faith and Common Sense at the American Founding.* San Francisco: Encounter Books.

Olasky, Marvin. 1992. *The Tragedy of American Compassion.* Washington, DC: Regnery Gateway.

Parcel, Toby L., and Elizabeth G. Menaghan. 1989. Child home environment as a mediating construct between SES and child outcomes. Department of Sociology, The Ohio State University.

Pearson, Jennifer, Chandra Muller, and Michelle L. Frisco. 2006. Parental involvement, family structure, and adolescent sexual decision making. *Sociological Perspectives* 49:67–90.

Phillips, Kevin. 1991. *The Politics of Rich and Poor: Wealth and the American Electorate in the Reagan Aftermath.* New York: HarperPerennial.

Piketty, T., and E. Saez. 2006. The evolution of top incomes: A historical and international perspective. *American Economic Association Papers and Proceedings* 96:200–205.

Plomin, Robert, Kathryn Asbury, P. G. Dip, and Judith Dunn. 2001. Why are children in the same family so different? Nonshared environment a decade later. *Canadian Journal of Psychiatry* 46:225–33.

Pollock, Ivan L. 1923. *The Food Administration in Iowa.* Vol. 1. Iowa City: State Historical Society of Iowa.

Powers, Donald E., and Donald A. Rock. 1999. Effects of coaching on SAT I: Reasoning test scores. *Journal of Educational Measurement* 36 (2):93–118.

Putnam, Robert D. 2000. *Bowling Alone: The Collapse and Revival of American Community.* New York: Simon & Schuster.

———. 2007. E pluribus unum: Diversity and community in the twenty-first century. *Scandinavian Political Studies* 30 (2):137–74.

Raffalovich, Lawrence E., Shannon M. Monnat, and Tsao Hui-shien. 2009. Family income at the bottom and at the top: Income sources and family characteristics. *Research in Social Stratification and Mobility* 27:301–9.

Reding, Nick. 2009. *Methland: The Death and Life of an American Small Town.* New York: Bloomsbury.

Regnerus, Mark D. 2000. Shaping schooling success: Religious socialization and educational outcomes in metropolitan public schools. *Journal for the Scientific Study of Religion* 39:363–70.

Reich, Robert B. 1991. *The Work of Nations: Preparing Ourselves for 21st-Century Capitalism.* New York: Alfred A. Knopf.

Rifkin, Jeremy. 2004. *The European Dream: How Europe's Vision of the Future Is Quietly Eclipsing the American Dream.* New York: Penguin.

Ross, Christine, Sheldon Danziger, and Eugene Smolensky. 1987. The level and trend of poverty in the United States, 1939–1979. *Demography* 24 (4): 587–600.

Rossi, Peter H. 1955. *Why Families Move: A Study in the Social Psychology of Urban Residential Mobility.* Glencoe, IL: The Free Press.

Rowe, David, A. T. Vazsonyi, and D. J. Flannery. 1994. No more than skin deep: Ethnic and racial similarity in developmental process. *Psychological Review* 101 (3):396–413.

Rowe, David C. 2003. Assessing genotype-environment interactions and correlations in the postgenomic era. In *Behavioral Genetics in the Postgenomic Era,* edited by R. Plomin, J. C. DeFries, I. W. Craig, and P. McGuffin. Washington, DC: American Psychological Association.

Rubin, Lillian D. 1976. *Worlds of Pain: Life in the Working Class Family.* New York: Basic Books.

Schwartz, Christine R., and Robert D. Mare. 2005. Trends in educational assortative marriage from 1940 to 2003. *Demography* 42 (4):621–46.

Sennett, Richard, and J. Cobb. 1972. *The Hidden Injuries of Class.* New York: Vintage.

Skocpol, Theda. 2003. *Diminished Democracy: From Membership to Management in American Life.* Norman: University of Oklahoma Press.

Smallacombe, Patricia Stern. 2002. Why do they stay: Rootedness and isolation in an inner-city white neighborhood. PhD dissertation, Sociology, University of Pennsylvania, Philadelphia.

Soares, Joseph. 2007. *The Power of Privilege: Yale and America's Elite Colleges.* Stanford, CA: Stanford University Press.

Sourander, Andre, et al. 2006. Childhood predictors of male criminality: A prospective population-based follow-up study from age 8 to late adolescence. *Journal of the American Academy of Child and Adolescent Psychiatry* 45:578–86.

Spalding, Matthew, and Patrick J. Garrity. 1996. *A Sacred Union of Citizens: George Washington's Farewell Address and the American Character.* New York: Rowman & Littlefield.

Stutzer, Alois, and Bruno S. Frey. 2006. Does marriage make people happy, or do happy people get married? *Journal of Socio-Economics* 35:326–47.

Sullivan, Teresa A., Elizabeth Warren, and Jay Lawrence Westbrook. 2000. *The Fragile Middle Class: Americans in Debt.* New Haven, CT: Yale University Press.

Sundstrom, William A. 1999. The overworked American or the overestimated workweek? Trend and bias in recent estimates of weekly work hours in the United States. Santa Clara, CA: Santa Clara University.

Tocqueville, Alexis de. 1840. *Democracy in America.* Translated by H. Reeve. New York: J. & H. G. Langley.

Toynbee, Arnold J., and D. C. Somervell. 1946. *A Study of History: Abridgment of Volumes I–VI.* 1987 ed. Oxford: Oxford University Press.

Tracy, P. E., Marvin E. Wolfgang, and Robert M. Figlio. 1990. *Delinquency Careers in Two Birth Cohorts.* New York: Plenum Press.

U.S. Bureau of the Census. 1975. *Historical Statistics of the United States, Colonial Times to 1970.* 2 vols. Vol. 1. Washington, DC: U.S. Bureau of the Census.

Verba, Sidney, Kay L. Schlozman, and Henry E. Brady. 1995. *Voice and Equality: Civic Voluntarism in American Politics.* Cambridge, MA: Harvard University Press.

Warner, David F., and Mark D. Hayward. 2006. Early-life origins of the race gap in men's mortality. *Journal of Health and Social Behavior* 47:209–26.

Wellman, B., A. Q. Haase, J. Witte, and K. Hampton. 2001. Does the Internet increase, decrease, or supplement social capital? *American Behavioral Scientist* 45:436.

White, Michelle J. 1998. Why it pays to file for bankruptcy: A critical look at the incentives under U.S. personal bankruptcy law and a proposal for change. *University of Chicago Law Review* 65 (3):685–732.

Williams, Dmitri. 2006. On and off the 'Net: Scales for social capital in an online era. *Computer-Mediated Communication* 11 (2):593–628.

Wilson, Edward O. 1998. *Consilience: The Unity of Knowledge.* New York: Alfred A. Knopf.

Wolfgang, Marvin E., R. M. Figlio, and T. Sellin. 1972. *Delinquency in a Birth Cohort.* Chicago: University of Chicago Press.

Zhu, Ning. 2011. Household consumption and personal bankruptcy. *Journal of Legal Studies*:1–37.

Zuckerman, Phil. 2008. *Society Without God: What the Least Religious Nations Can Tell Us About Contentment.* New York: New York University Press.